避税之盾

税务机关反避税解析

朱 青 编著

中国人民大学出版社

· 北京 ·

序　言

目前，在图书市场上有关避税（有的名为"税务筹划"，其实就是避税）的书很多，然而它们的内容大同小异，看着厚厚的一本书，但其介绍的很多方法在实践中根本行不通。为什么？原因很简单，有矛就有盾，有避税就有反避税。在税收领域，这个"盾"就是指税法中的反避税措施。试想一下，如果市面上避税的书都那么管用，而且有几十个版本，每年发行几万册甚至几十万册，那么税务机关每年还能征收上来十几万亿元的税收吗？税收收入每年还能增长吗？**其实，避税在很多情况下只是一种理念，国家在颁布和执行税收法规时，已经想到可能会有一些纳税人要利用税法中的漏洞或空间进行避税，所以在有人生产"矛"的同时，政府早已准备好了"盾"，从而使"矛"很难派上用场，或者使其杀伤力大为下降。**所以，无论是企业还是个人，在研究避税之"矛"的同时，都应当充分了解"盾"，要了解税务部门的反避税措施和运行机制，正像兵法中所说的"知己知彼，百战不殆"。面对市面上如此众多的避税教材，我一直想写一本关于反避税的书，旨在告诉读者：**避税绝不是一件容易的事，也不是一件可以随心所欲的事，更不可能只读**

几本避税的书就能轻轻松松地不用缴税了；至少我想让读者知道，对于其采用的避税手段，税务机关都有破解的方法。在这个领域，可谓是"魔高一尺，道高一丈"。

我对于避税和反避税的认识也有一个不断深化的过程。早年间，一些企业请我去讲税务筹划，或者说如何避税。后来，税务机关也开始请我去讲类似的课程，主题自然是反避税。在备课和讲课的过程中，我就发现：避税和反避税完全是"矛"与"盾"的关系，如果只讲其中一个方面，肯定是不全面的。所以，在此之后，无论是企业还是税务部门请我讲这方面的课程，我都要从"矛"和"盾"两个方面进行介绍，让征纳双方都知道避税和反避税实际上是双方围绕着税法进行博弈的过程；**避税是纳税人钻税法漏洞或滥用税法的过程，而反避税是税务机关堵塞漏洞并矫正纳税人不当税务行为的过程**。在本书中，我也是先讲"矛"，然后再讲"盾"。例如，过去税法规定企业接受捐赠的收入是可以不纳税的，当时很多企业利用这个规定规避所得税，但 2003 年国家下发文件规定企业的捐赠所得也需要缴纳所得税，一下就堵住了纳税人通过接受捐赠进行避税这条路。又如，过去企业可以不分配海外利润并将其常年囤积在国际避税地子公司的账上，以规避我国的企业所得税。然而，2008 年的《中华人民共和国企业所得税法》增加了一条反避税规定，即居民企业在境外低税负地区设立的受控外国公司，并非由于合理的经营需要而对利润不做分配或者减少分配的，在上述利润中应归属于该居民企业的部分，应当计入该居民企业的当期收入缴纳所得税。因此，这条所谓的"受控外国企业法规"彻底堵住了跨国企业利用不分配海外利润进行避税的漏洞。本书就是希望通过介绍征纳双方的一来一往、一招一式，让读者了解到避税是有障碍的，甚至是有风险的。

本书共分八章。第1章主要介绍什么是避税。由于我国以及大多数国家都没有避税的法律定义，所以本书尝试从避税与偷税、避税与税务筹划的区别入手来给"避税"进行定位和定性，并在此基础上分析避税行为的特征及其危害、各国政府对避税的态度以及反避税的原则和措施。第2章主要介绍如何通过完善税法以堵塞税法漏洞，从而防范纳税人避税。第3章介绍反避税的一个重要领域，即针对转让定价的税务管理。通常说来，纳税人避税先要寻找到一个低税国（避税地），并在那里设立关联企业，然后再通过滥用转让定价将公司集团的一部分利润转移到低税国的关联企业，借以规避高税国的税收。对于这种避税手段，很多国家建立起一套针对关联企业之间转让定价的审查和调整制度，使公司集团滥用转让定价进行避税的手段难以得逞。第4章主要介绍受控外国公司法规。跨国公司在将公司集团的利润转移到低税国的关联企业后，还会让这些转移过去的利润继续保留在低税国企业的账上不做分配或不汇回，这样才能规避其母公司所在高税国的税收。对于这种情况，母公司所在的高税国就需要制定受控外国公司法规，将这些应分未分或应汇未汇的利润纳入本国的征税范围。第5章介绍离岸间接转让财产的反避税措施。近年来，离岸间接转让财产特别是间接转让股权的国际避税行为越来越普遍。对此，国际组织非常重视，我国财税部门也为此专门出台了应对措施。纳税人进行国际避税，除了要规避有关国家的基础所得税，还要规避预提所得税，其手段是通过择协避税来滥用双边税收协定。第6章"防止滥用税收协定"主要介绍防范滥用税收协定的方法。第7章"限制资本弱化"介绍如何防范企业通过大量债务融资以规避所得税的方法。第8章介绍了反避税措施的兜底性条款"一般反避税规则"。

2017年，我在中国人民大学出版社出版了《企业税务筹划：原理与方法》，向读者介绍了税务筹划的基本概念和基本方法，在后两章也简单介绍了一些反避税的内容；本书重点介绍了反避税的内容，可以被看作《企业税务筹划：原理与方法》的姊妹篇。通过这两本书，希望读者能对避税与反避税有一个全面的了解。本书在写作过程中参考了大量国际文献，也介绍了一些国家和国际组织反避税的先进经验及做法。实际上，反避税特别是国际反避税并不能靠一个国家单打独斗，必须有国际社会的相互协作和配合。目前，经济合作与发展组织（以下简称"经合组织"，OECD）和联合国都在协调各国反避税的进程，并给予一定的指导，这些对我国读者了解全球反避税的进展非常必要。此外，本书在写作过程中根据理论联系实际的指导原则加进了不少案例或举例分析，以帮助读者更好地理解税收的相关法律条文。当然，尽管作者已做了很大努力，但毕竟水平有限，加之年事已高，所以书中难免会有一些错误或不尽如人意之处，在此衷心希望读者给予批评指正！

朱　青

目 录

CONTENTS

第1章

先从避税之矛谈起

无论古今中外，一谈到税，人们就感到痛苦。的确，自己辛辛苦苦赚到的钱现在要拿出来交给国家，确实有些舍不得。当然，从大道理来讲，国家的运转一时一刻都离不开税收。马克思就曾说过，"税收是政府的奶娘"，也有人翻译成"赋税是喂养政府的奶娘"。但无论怎么翻译，我们都能从中看出税收对政府的重要意义。而政府把征收上来的税款又用在给老百姓提供公共产品上，所谓"取之于民，用之于民"。这么一分析，又觉得纳税是光荣的。**此外，任何国家对于纳税人违法不交税的行为都是要严厉打击的，不仅要罚款，而且还可能抓人。**① 这才有了美国著名的政治家本杰明·富兰克林（Benjamin Franklin）所说的："在这个世界上，除了死亡和税收以外，其他没有什么东西可以说是确定的。"② 言外之意，

---

① 根据《中华人民共和国税收征收管理法》（以下简称《税收征管法》），纳税人偷税，除了要按日缴纳万分之五的滞纳金以外，并处不缴或者少缴的税款百分之五十以上五倍以下的罚款。根据《中华人民共和国刑法》（以下简称《刑法》）第二百零一条的规定，偷税在一定条件下还要被处以七年及以下的有期徒刑或者拘役。

② In this world nothing can be said to be certain, except death and taxes.

纳税是确定的，人活着就要纳税。总之，在文明的社会中，偷税的成本太高，属于得不偿失，所以绝大多数人都不会铤而走险，拿鸡蛋往石头上撞。但由于纳税痛苦，一些人又动了心思，能不能在不违法的前提下少缴或不缴税呢？这就引发了"避税"的问题。

1.1 厘清概念

1.1.1 简单粗暴的偷税

在详细分析避税之前，我们先来谈谈偷税（tax evasion），因为偷税行为远早于避税，自从有了税收，纳税人就有偷税和抗税行为的发生，而避税需要充分利用法律的漏洞，甚至还需要专业人士的指点，那是后来才有的事情。

偷税又称逃税，我们经常听到"偷逃国家税款"的说法。各国法律对偷税都有确切的法律表述。例如，美国《国内收入法典》第7201节将偷税界定为"以任何方式有意逃避或阻扰税款评估或缴纳的行为"。在2009年美国国内收入署（IRS）发布的《税收犯罪手册》中也有对偷税的界定，指出偷税包括两种行为：一是有意逃避和阻挠纳税评估，其手段主要是填报虚假的纳税申报表，如漏报收入或申报纳税人无权抵扣的开支；二是有意逃避和阻挠支付税款，如隐藏应当拿来用于支付税款的货币资金或财产。英国税务海关总署（HM Revenue & Customs）在《应对偷税》的工作简报中对偷税的界定是：人们蓄意不缴纳应当缴纳的税款。《税收征管法》第六十三条明确规定："纳税人伪造、变造、隐匿、擅自销毁账簿、记账凭证，或者在账簿上多列支出或者不列、少列收入，或者经税务机关通知申报而拒不申报或者进行虚假的纳税申报，不缴或者少缴应纳税款的，是偷税。"根据这个定义，我们可以把偷税的手段归纳为以下三种：

第一，弄虚作假，包括伪造、变造、隐匿、擅自销毁账簿、记账凭证等。这实际是一种欺诈行为，而欺诈本身就是违法行为，情节严重的可以构成刑法上的诈骗罪。

第二，违反税法，包括在账簿上多列支出或者不列、少列收入。这里的"多"或"少"都是相对于税法规定的数量。纳税人的行为虽然是真实的，没有弄虚作假，但他违反了税法，也构成偷税。例如，企业为了拓展业务往往要搞业务招待，其发生的业务招待费可以在税前列支，但税法明确规定了列支的限额。《中华人民共和国企业所得税法实施条例》（以下简称《企业所得税法实施条例》）第四十三条规定："企业发生的与生产经营活动有关的业务招待费支出，按照发生额的 60% 扣除，但最高不得超过当年销售（营业）收入的 5‰。"如果一家企业的老总请客户吃饭花了 3 000 元，财务在税前全部列支，那就属于多列支出，因为按照税法的规定只能列支 1 800 元。

第三，拒不申报，即经税务机关通知申报纳税而拒不申报。很多人会说，税务局没有人打电话催我们申报纳税呀，所以我们也没有报税。然而，目前对"通知申报"的司法解释是：办理了税务登记就视同通知申报了，而哪家正规的企业不会办理税务登记呢？

《税收征管法》第六十三条对偷税的界定中还有"进行虚假的纳税申报"。在这里，虚假的纳税申报不同于错误的纳税申报，它同样含有弄虚作假的成分，所以可将虚假的纳税申报纳入弄虚作假的手段之中。

偷税要借助上述三种手段，但还要有"不缴或者少缴应纳税款"的后果。如果企业本来就是一个免税单位，就谈不上偷税了。如果企业当年有巨额亏损，不用缴纳所得税，但又故意多列了一笔支出或者少列了一笔收入，算不算偷税呢？例如，有一家企业2021年被认定的亏损为1 000多万元，但后来经审计发现，该企业在当年有一笔10万多元的支出是虚假列支，那么这种虚列支出的行为算不算偷税？从2021年来看，这种虚假列支的行为对企业当年的应纳税额没有影响，因为即使没有这笔10万多元的支出，企业当年仍是亏损的，还是不用缴纳企业所得税的。然而，这笔虚列的支出影响了该企业未来的纳税义务，会使该企业在未来少纳税，所以在性质上仍属于偷税。当然，在实践中，可能有的税务机关对这种行为不按偷税论处，这另当别论。

目前在实务中，对偷税争议最大的，是纳税人由于不懂法或者理解有误，或者因粗心疏忽而不缴或者少缴了应纳税款，这算不算偷税？从法律角度说，偷税要有主观故意，比如美国税法在对偷税的定义中也强调"有意"（willfully），但从《税收征管法》第六十三条对于偷税的定义上看，判定纳税人偷税并不需要主观故意，至少在字面上关于这一点是模糊的。在偷税的三种手段中，弄虚作假的主观故意性非常明显，拒不申报也具有主观故意性，但"多列支出或者不列、少列收入"却从文字中看不出主观故意性，因为多列、不列、少列在这里都只是结果，而纳税人无意或者故意为之都可能造成这样的结果。司法界人士普遍认为，偷税要有主观故意，无意或者疏忽等造成不缴或者少缴应纳税款的，不应该属于偷税。《国家税务总局关于税务检查期间补正申报补缴税款是否影响偷税行为定性有关问题的批复》（税总函〔2013〕196号）认为："税务机关没有证据证明纳税人具有偷税主观故意的，不按偷税处理。"此外，《国家税务总局关于北京聚菱燕塑料有限公司偷税案件复核意见的批复》（税总函〔2016〕274号）也指出："从证据角度不能认定该企业存在偷税的主观故意。综上，我局同意你局的第二种复核意见，即不认定为偷税。"由此看来，在认定偷税时，对纳税人的主观故意性要有充分的依据。但在许多场合，纳税人是否有偷税的主观故意性很难判定，所以这类案件有时还需要司法裁决。根据谁主张谁举证的原则，如果税务机关认定纳税人偷税，就要对其行为具有主观故意性承担举证责任。

为什么要如此严格地界定偷税行为呢？这是因为纳税人构不构成偷税，其面临的后果是不一样的。《税收征管法》第六十三条规定："对纳税人偷税的，由税务机关追缴其不缴或者少缴的税款、滞纳金，并处不缴或者少缴的税款百分之五十以上五倍以下的罚款；构成犯罪的，依法追究刑事责任。"如果纳税人不构成偷税，一般只需缴纳滞纳金①；如果纳税人被认定为未按照规定的期限办理纳税申报，可以处二千元以下的罚款；情节严重的，可以处二千元以上一万元以下的罚款；如果纳税人被认定为编造虚假计税依据②，可以处五万元以下的罚款。

在偷税后果中，更为严重的是追究刑事责任。《中华人民共和国刑法》中专门有一节"危害税收征管罪"，其中的第二百零一条规定："纳税人采取欺骗、隐瞒手段进行虚假纳税申报或者不申报，

---

① 《税收征管法》第三十二条规定，滞纳金要按日加收万分之五。滞纳金在性质上属于晚缴税的利息，按日加收万分之五，相当于年利率18.25%。

② 《税收征管法》第六十四条有如此规定，其实编造虚假计税依据已经属于第六十三条中的"进行虚假的纳税申报"，即属于偷税。

逃避缴纳税款数额较大并且占应纳税额百分之十以上的，处三年以下有期徒刑或者拘役，并处罚金；数额巨大并且占应纳税额百分之三十以上的，处三年以上七年以下有期徒刑，并处罚金。"由此可见，偷税是违法行为，但不一定构成犯罪。但如果偷税的金额比较大，达到了《刑法》第二百零一条规定的程度，就触犯了刑律，就要受到刑事处罚。当然，在实际生活中，我们很少听到有人因为偷逃税而进了班房，这主要是因为2009年《刑法》第七次修正案以后在第二百零一条中加进了"首违不抓"的条款，也就是说：有逃税行为，"经税务机关依法下达追缴通知后，补缴应纳税款、缴纳滞纳金，已受行政处罚的，不予追究刑事责任；但是，五年内因逃避缴纳税款受过刑事处罚或者被税务机关给予二次以上行政处罚的除外"。所以，有个别演艺明星的偷逃税比较严重，但由于他（她）是初犯，又接受了行政处罚（俗称"交了罚款"），所以就免受了牢狱之灾。但如果这些人五年内再次逃税，并且数额达到了刑事处罚的程度，就要依法追究其刑事责任。

另外，《税收征管法》第五十二条还规定，对于偷税行为，税务部门可以无限期追征，即"对偷税、抗税、骗税的，税务机关追征其未缴或者少缴的税款、滞纳金或者所骗取的税款，不受前款规定期限的限制"。追征就是老百姓所说的"秋后算账""躲得过初一，躲不过十五"。如果纳税人偷税，在偷税行为发生后无论多长时间，税务机关都有权找上门来要求纳税人补税，并缴纳滞纳金和罚款。由于滞纳金的年利率高达18.25%，**如果从偷税到接受行政处罚的时间过长，很有可能滞纳金将超过偷税的本金，这样会给纳税人带来巨大的财务损失。**

1.1.2　费尽心机的避税

避税（tax avoidance）是舶来品，但在各国的法律里基本没有对这个概念的定义。我们在讲避税的概念之前，先介绍一下美国著名的财政学家乔纳森·格鲁伯（Jonathan Gruber）在《公共财政与公共政策》中列举的两个很有意思的避税案例。第一个例子是英国有一个船舶设计师，他为了规避英国的不动产税（市政税），把自己的住房建在了一座浮桥上。当税务官员想对他的住房征收不动产税时，这个设计师就让浮桥在河面上飘来飘去，并给税务机关提供了很多浮桥的地址，最后迫使税务机关放弃对其住房征税的计划。第二个例子是，泰国政府对商铺门脸前面悬挂或摆放的标牌（如小吃店、洗染店等）征收标牌税，而且标牌税的税率取决于标牌上的文字：如果是纯泰文的，税率最低；如果是纯英文的，税率最高；如果是泰、英两国文字混合的，税率居中。泰国商家为了招揽外国游客，同时少缴标牌税，便纷纷悬挂或摆放写有巨大英文字体且右上角写有很小泰文字体的标牌，以享受中档税率。因为泰国的税法没有具体规定附有多大泰文字体的泰、英两国文字的标牌属于混合文字的标牌，所以在写有巨大英文字体的标牌上写很小的泰文字体就可以享受中档税率。

看完这两个案例，我们再来谈谈国外学术界给避税下的定义。在早期，人们对避税与偷税并不做区分。1860 年英国有一个诉讼案（Fisher v. Brierly），法官特纳（L. J. Turner）建议用偷税（tax evasion）来代表纳税人合法地少纳税，而用"税收违法"（tax contravention）表示当前人们所说的偷税行为。然而，现代意义上"避税"和"偷税"的概念最早是从美国开始使用的。1916 年的 Oliver Wendell

Holmes in Bullen v. Wisconsin 案件使用了这两个概念，后来英国也开始接受这两个概念。到 20 世纪 50 年代，英国的学者和作者也开始使用"偷税"（tax evasion）和"避税"（tax avoidance）的概念，但直到 20 世纪 70 年代，美、英等国还有许多人将这两个概念混用，将合法的节税说成"tax evasion"（偷税）。所以，为了防止误会，目前很多人还在使用"合法避税"和"违法偷税"来强调两者的区别。

下面了解一下目前国外学术界和政府部门给避税下的定义。投资百科（Investopedia）给避税下的定义是："避税是利用合法的手段减少个人和企业应当缴纳的所得税的数量。它通常需要通过申报许多可以扣除的费用和抵免额来实现。避税不同于偷税，后者要借助违法的手段，如少报收入或虚列扣除。"维基百科给出的避税定义是："避税是在一个管辖区内合法地利用税收制度，以便在法律的框架内减少应纳税的数量。"美国国内收入署网站上有一份关于纳税人责任的培训资料，上面是这样定义避税的："避税是减少纳税义务和最大化税后收入的行为，它完全是合法的。"英国议会在 2021 年 4 月 13 日发布的一份关于避税和偷税的研究简讯中指出：避税区别于偷税，后者的行为违反了法律；反之，避税符合法律。不过，恶性（aggressive）或滥用的避税寻求的是遵从法律的字眼，但违背了法律本身的目的。曾任英国大法官兼司法大臣的大卫·高克（David Gauke）指出：偷税发生在一些人违反法律的时候；避税遵从的是法律的字眼，但不是法律的精神，所以政府寻求将避税行为最小化是正确的。从国外学者给避税下的定义，我们至少可以总结出以下几点：一是避税明显不同于偷税，偷税违法而避税不违法。二是避税减少的是纳税义务，而不是税款本身；偷税是在纳税义务已经发生的情况下少纳税或不纳税。三是尽管避税不违法，但也不是什么光明正大的行为，即避税的合法也只是停留在字面上，就像英国的大卫·高克所说的，它只是遵从法律的字眼，而不是法律的精神；或者说，避税有时候是滥用法律，这种行为是政府不希望看到的，所以要反避税，就像大卫·高克所说的将避税行为最小化。四是由于英语词汇的局限性，国外学者在表述避税概念时往往是用合法（legal）或不合法（illegal）。其实，用中文准确地表述避税应该是不违法，因为有时候法律存在空白，也就是无法可依，此时纳税人少纳税或不纳税就不是合法，而是不违法。

　　结合国外学界给避税下的定义以及避税的主要做法，我们尝试给避税下一个定义：**避税是纳税人利用税法的差异、漏洞或盲区，在没有真实商业目的的情况下，通过人为设计经营模式或业务架构以达到规避、减少或延迟纳税义务的一种不违法行为。**从这个定义可以看出，避税与偷税最大的区别是不违法，它既不违反税法，又不违反刑法等其他法律。尽管避税是一种不违法行为，但也不是税务机关希望看到的，因为纳税人避税没有真实商业目的，是一种"打擦边球"的行为，而且它直接损害了国家的税收利益，所以税务机关对它是零容忍的，是要进行反避税的。**然而，由于避税毕竟没有直接违反法律，所以税务机关不能像对待偷税那样对其"又打又罚"，只能让纳税人补缴税款（税法里叫"特别纳税调整"）并支付一定的利息（而非滞纳金），但不处以罚款。此外，对避税的追征期也不同，偷税是无限期追征，而避税的追征期为十年。**

🛡 例 1-1

　　江苏的一个企业集团要上一个研发项目。在公司董事会讨论这个问题时，公司的财务总监提出：可考虑让宁夏子公司与江苏母公司共同分摊这笔研发费用，这样在税收上对公司整体有利。其理由是：①税法允许成本分摊。《中华人民共和国企业所得税法》（以下简称《企业所得税法》）第四十一条规定，"企业与其关联方共同开发、受让无形资产……在计算应纳税所得额时应当按照独立交易原则进行分摊"。②宁夏子公司分摊研发成本后，就可以分享新技术（无形资产）带来的超额利润，而宁夏子公司在当地仅按9％的实际税率①缴纳企业所得税。此时，如果向宁夏子公司多分配一些利润，企业集团的整体税负就会下降。③宁夏子公司取得的利润在当地按9％的税率缴纳企业所得税后，将税后利润再向江苏母公司进行分配时，江苏母公司不用再就其进行补税，因为这笔收入属于《企业所得税法》第二十六条中规定的免税收入（即符合条件的居民企业之间的股息、红利等权益性投资收益为免税收入）。④尽管税法要求企业在执行成本分摊协议时应遵照实际分享的收益与分摊的成本相配比的原则，但实际执行中宁夏子公司究竟应分享多少利润仍属于转让定价问题，属于"模糊地带"，最多会接受税务部门的特别纳税调整而构不成偷税。经过一番激烈的争论，最终董事会采纳了财务总监的意见，由江苏母公司与宁夏子公司共同出资研发新技术。上述案例就属于一个避税案例。因为江苏母公司完全可以自主研发这项新技术，只是出于税收上的考虑才让宁夏子公司参与研发。虽然这种做法也利用了西部大开发和少数民族地区的税收优惠政策，但企业的

---

① 宁夏属于西部地区，鼓励类产业企业适用的企业所得税名义税率为15％；与此同时，宁夏又是少数民族地区，企业所得税由地方分享的部分（40％）可以免征，这样实际税率仅为9％。

这种研发安排并没有真实的商业目的，完全是为了"投机取巧"，这是国家不希望看到的。

例 1-2

　　南方有一家企业投资了 1.2 亿元准备生产残疾人轮椅。《财政部、国家税务总局关于增值税几个税收政策问题的通知》（财税字〔1994〕60 号）第二条规定："供残疾人专用的假肢、轮椅、矫型器（包括上肢矫型器、下肢矫型器、脊椎侧弯矫型器），免征增值税。"但该企业在前期购置设备时有大量的增值税进项税额，而《中华人民共和国增值税暂行条例实施细则》第三十六条规定："纳税人销售货物或者应税劳务适用免税规定的，可以放弃免税，依照条例的规定缴纳增值税。放弃免税后，36 个月内不得再申请免税。"该企业遂决定先放弃免税，等 3 年后再申请免税。但 3 年后，该企业在申请免税时又遇到了一个问题，即根据《中华人民共和国增值税暂行条例》第十条和财税〔2016〕36 号文附件 1 中的规定，已抵扣进项税额的外购货物（包括固定资产等），如果用于免征增值税项目，其进项税额不得从销项税额中抵扣，已抵扣的要用公式（固定资产净值×适用税率）计算出来并从当期进项税额中转出。此后，该企业财务总监提出了一个建议，企业可适当承接一些当地自行车厂的委托加工业务。因为根据《中华人民共和国增值税暂行条例实施细则》第二十一条的规定，企业不能抵扣进项税额的外购货物（包括机器设备）不包括那些既用于增值税应税项目又用于免税项目的货物。残疾车企业承接部分自行车的委托加工业务，既可以享受免税又可以不将抵扣完的增值税进项税额转出，这种行为究竟应当怎么定性？从其承接当地自行车厂的委托加工业务来看，完全没有真实的商业目的，这么做的唯一目的就是可以不将机器设备已抵扣的一部分增值税转出，从而减少当期的纳税义务，所以应当将这种行为定性为避税。

在税收实务中，避税与偷税也要严格界定。上面已经介绍过，纳税人偷税要面临一些经济后果（如滞纳金及罚款）和法律后果，**而根据我国的税法，纳税人因避税而在面临特别纳税调整的情况下只需要缴纳一定的利息，没有行政处罚和刑事处罚。**① 所以，一种少纳税或不纳税的行为属于避税还是偷税，对纳税人而言就显得至关重要。但避税与偷税并没有明确的法律分野，两者从理论上说也只是一步之遥，因为避税过度了就属于偷税。例如，2021 年 12 月南方某市税务局稽查局披露了一起某网络主播的偷税案。该网络主播在上海设立了多家个人独资企业和合伙企业，并以企业的名义与直播平台签订合同，其目的是将个人从事直播带货取得的佣金、坑位费等收入由个人综合所得（适用最高 45％的超额累进税率）转换为企业的经营所得，并享受当地对经营所得核定征收的低税负。据报道，直播带货的主播很多都采取上述运营模式，而且这种模式还是所谓正规机构"税收统筹"设计的结果。但该网络主播直播带货的所有成本费用都不从其设立的个人独资企业和合伙企业的账上列支（因为这些企业已经核定征收，列支成本费用已不会影响其应纳税额），而是列支在与其关联的查账征收的企业，其成立的众多个

---

① 《企业所得税法》第四十八条规定：税务机关依照本章规定作出纳税调整，需要补征税款的，应当补征税款，并按照国务院规定加收利息。

人独资企业和合伙企业只负责收钱，在经营上没有发挥任何功能，所以该市税务机关认定这些企业只是"壳"公司，它们存在的目的只是为了"虚晃一枪"骗取收入的核定征税，其行为已经构成了偷税。最终，该市税务机关对该主播按偷税论处，同时追缴税款、加收滞纳金并处罚款共计十多亿元。这是一起典型的从避税越"雷池"而成为偷税的案例。

1.1.3　循规蹈矩的税务筹划

人们在研究避税问题时还会遇到一个概念，即税务筹划，也有人称其为税收筹划、纳税筹划、税收策划等，反正它们都来自英文tax planning。planning 这个英文单词翻译成中文是计划的意思，那么为何不将 tax planning 译成税收计划呢？因为税务部门需要编制税收计划，即一个地区下一年增值税收多少、企业所得税收多少，事先要有个预算（计划），如果把 tax planning 译成税收计划，很容易跟税务部门的工作搞混。另外，"筹划"在中文里还有"想想办法"的含义，它也比较符合现实中税务筹划工作的性质和内容。

那么，什么是税务筹划？国外把税务筹划界定为一种合法的减少纳税义务的行为，而且这种行为并不违反政府的立法意图，是一种光明正大的行为，甚至它是政府希望看到的。说白了，**税务筹划就是纳税人利用税法提供的税收优惠措施达到减少或推迟纳税义务的行为**。下面举几个税务筹划的案例加以说明。

例 1-3

北京一家饲料企业要扩大生产规模，需要在原料产地设立子公司，备选的地区有东北三省和内蒙古自治区。在选址的过程中，该企业的财务总监提出，根据国家西部大开发的税收政策，即《财政部、海关总署、国家税务总局关于深入实施西部大开发战略有关税收政策问题的通知》（财税〔2011〕58号）的第二条，"自2011年1月1日至2020年12月31日，对设在西部地区的鼓励类产业企业减按15％的税率征收企业所得税"，企业应当在内蒙古自治区设立子公司。因为根据财税〔2011〕58号文第四条的规定，内蒙古自治区属于享受15％税率的西部地区，而东北三省不在15％的税收优惠之列。最后，该企业的决策层听取了财务总监的意见，在内蒙古自治区投资设立了生产性子公司。应当说，该企业的上述行为属于一种税务筹划。因为企业在内蒙古自治区享受15％的低税率是税法赋予企业的权利，国家希望通过这种低税率优惠政策鼓励企业到西部地区投资办厂，拉动当地的经济发展，因而企业响应国家的号召到西部地区去投资完全是一种阳光下的行为，并不构成避税。

例 1-4

某农业公司的主要业务为收购周边农户和小型养鸡场的肉鸡，然后对外出售，但税务机关没有将其认定为农业生产者。《中华人民共和国增值税暂行条例》（以下简称《增值税暂行条例》）第十五条第（一）款规定，农业生产者销售的自产农产品免征增值税。由于该农业公司不是农业生产者，而且是从农户手里购买肉鸡再销售，所以不符合增值税的免税条件。《财政部、国家税务总局关于印发〈农业产品征税范围注释〉的通知》（财税字〔1995〕52号）第一条规定："'农业生产者销售的自产农业产品'，是指直接从事植物的种植、收割和动物的饲养、捕捞的单位和个人销售的注释所列的自产农业产品；对上述单位和个人销售的外购的农业产品，以及单位和个人外购农业产品生产、加工后销售的仍然属于注释所列的农业产品，不属于免税的范围，应当按照规定税率征收增值税。"但是，该文对于委托加工收回的农产品是否属于自产农业产品没有明确规定，而《国家税务总局关于纳税人采取"公司＋农户"经营模式销售畜禽有关增值税问题的公告》（国家税务总局公告2013年第8号）明确指出，采取"公司＋农户"经营模式从事畜禽饲养属于农业生产者销售自产农业产品。经人指点后，该公司与农户签订了养殖合同，并向农户提供鸡苗、饲料及疫苗等，而农户将肉鸡交付该公司销售。在这种委托养殖模式下，主要的养殖成本由公司负担，同时公司向农户支付劳务费。在经营模式转变后，当地税务机关根据国家税务总局公告2013年第8号认定该公司为农业生产者，其委托农户养殖的肉鸡属于自产农业产品，这样该公司对外销售肉鸡就可以享受免征增值税的政策。国家税务总局公告2013年第8号指出："目前，一些纳税人采取'公司＋农户'经营模式从事畜禽饲养，即公司与农户签订委托养殖合同，向农户提供畜禽苗、饲料、兽药及疫苗等（所有权属于公司），农户饲养畜禽苗至成品后交付公司回收，公司将回收的成品畜禽用于销售。在上述经营模式下，纳税人回收再销售畜禽，属于农业生产者销售自产农产品，应根据《中华人民共和国增值税暂行条例》的有关规定免征增值税。"除了畜禽饲养，制种企业提供亲本种子委托农户繁育并从农户手中收回，再经烘干、脱粒、风筛等深加工后销售种子，也属于农业生产者销售自产农业产品，根据《国家税务总局关于制种行业增值税有关问题的公告》（国家税务总局公告 2010 年第 17 号）可以免征增值税。在这个案例中，该公司利用税法允许的"公司＋农户"经营模式，从非农业生产者转变为农业生产者，从而享受了增值税免税待遇。这是利用税收优惠减少纳税义务的案例，这种经营模式帮助农民从事经营活动，符合政府的立法初衷，所以属于税务筹划，不属于避税。

例 1-5

为了促进软件产业的发展，财政部、国家税务总局在 2011 年 10 月下发了《关于软件产品增值税政策的通知》（财税〔2011〕100 号）。该文第七条规定："对增值税一般纳税人随同计算机硬件、机器设备一并销售嵌入式软件产品，如果适用本通知规定按照组成计税价格计算确定计算机硬件、机器设备销售额的，应当分别核算嵌入式软件产品与计算机硬件、机器设备部分的成本。凡未分别核算或者核算不清的，不得享受本通知规定的增值税政策。"某机械制造公司为了享受这种软件税收优惠政策，决定对机床的销售额和嵌入式软件的销售额分别进行核算。该机械制造公司生产和销售数控机床，每台机床的实际生产成本为 20 万元，成本利润率为 15％，机床的总价格为 32 万元。按照财税〔2011〕100 号文：

$$
\begin{aligned}
&\text{当期嵌入式软件产品销售额} \\
&= \text{当期嵌入式软件产品与计算机硬件、机器设备销售额} - \text{当期计算机硬件、机器设备销售额} \\
&= 32 - [20 \times (1 + 15\%)] \\
&= 9(\text{万元})
\end{aligned}
$$

$$
\begin{aligned}
&\text{即征即退} \\
&\text{税额} \\
&= \frac{\text{当期嵌入式软件}}{\text{产品增值税应纳税额}} - \frac{\text{当期嵌入式}}{\text{软件产品销售额}} \times 3\% \\
&= 9 \times 13\% - 9 \times 3\% \\
&= 0.9(\text{万元})
\end{aligned}
$$

由于该公司按照财税〔2011〕100号文的要求分别核算了嵌入式软件产品与计算机硬件、机器设备部分的成本，所以每台机床可以享受即征即退增值税0.9万元，达到了节税的目的。这种行为是税法允许的，也是国家鼓励和希望看到的，所以是一种税务筹划行为。

例1-6

某市有两个大学生小张和小王自主创业开了一家面包店，出售店里自己烘焙的面包和咖啡、牛奶等饮料。在办理工商登记时，小王根据自己在大学里学到的财税知识提出经营范围一定要选择"餐饮服务"，而不选"商贸"，并让小张买几套桌椅放在店里。小张有些不解，觉得这么小的店铺还用放什么桌椅？小王对他解释道，如果面包店不放桌椅就不能算餐饮场所，即使我们在工商登记的经营范围是餐饮服务，店里出售的面包、饮料等也要按13%的税率缴纳增值税（属于销售货物）；如果店里摆放几张桌椅，这些商品就可以按6%的税率缴纳增值税。因为餐饮服务属于生活服务，适用6%的增值税税率，而财政部、国家税务总局发布的《关于全面推开营业税改征增值税试点的通知》（财税〔2016〕36号）中的附件1《营业税改征增值税试点实施办法》规定："餐饮服务，是指通过同时提供饮食和饮食场所的方式为消费者提供饮食消费服务的业务活动。"显然，如果面包店里不摆放桌椅，就不可能成为饮食场所，那么面包店提供的就不是餐饮服务，而是销售货物，其适用的税率就会大幅提高。实际上，小王就是在做税务筹划！在经营活动面临高、低两档税率时，她通过改变实质经营活动（登记成餐饮服务并摆放桌椅）来选择适用较低的税率，并没有违反法律，是主动享受了国家对生活服务规定的低税率，并不是一种避税活动。

1.1.4 避税与税务筹划有何不同

那么，税务筹划与避税有没有区别呢？有，**两者的区别主要是在道德层面，即税务筹划符合道德规范，而避税虽不违法但不道德。**英国的邓宁勋爵（Lord Denning）就有一句名言："避税可能是合法的，但并不是一种美德"（The avoidance of tax may be lawful，but it is not yet a virtue）。既然税务筹划合法，又讲道德，那么它应当就是政府希望看到和鼓励的，实际上就是纳税人利用政府的税收优惠政策以减轻纳税义务的一种行为。对于这种行为，政府不仅不反对，而且还要大力提倡。例如，卷烟是有害商品，各国政府为了阻止人们吸烟，往往对卷烟征收很高的消费税：我国对甲级卷烟在产制环节征收56％的消费税，这还不算在产制环节对卷烟征收的从量税、在批发环节征收的11％的消费税和按0.005元/支加征的从量税；欧盟规定，卷烟的消费税要达到零售价的60％以上。面对如此之高的税收以及被税收抬高的香烟价格，很多人决定戒烟了。当然，不抽烟了，就不用负担卷烟消费税了，这种行为就属于税务筹划。对于人们通过戒烟规避消费税的行为，政府不仅不反对，而且还希望看到，因为这有利于人民的身体健康。再举一个例子，我国实行西部大开发政策，为了鼓励企业到西部去投资，《财政部、税务总局、国家发展改革委关于延续西部大开发企业所得税政策的公告》（财政部公告 2020 年第 23 号）规定，企业如果到西部地区①投资并以《西部地区鼓励类产业目录》中规定的产业项目为主营业务，且其主营业务收入占企业收入总额 60％以上，则可以按 15％的税率缴纳企业所得税，而正常的企业所得税税率为 25％。另外，《企业所得税法》第二十九条规定："民族自治地方的自治机关对本民族自治地方的企业应缴纳的企业所得税中属于地方分享的部分，可以决定减征或者免征。"目前，企业所得税中央和地方的分享比例是六四开，即收入的 60％归中央、40％归地方，而像宁夏、西藏等少数民族地区就决定免征属于地方分享的所得税部分，这些地区的企业从事《西部地区鼓励类产业目录》中的产业项目，其企业所得税名义税率仅为 9％（＝15％×60％）。目前，仅宁夏贺兰工业园区就有大量的企业在那里"安营扎寨"，注册的企业已达 2 400 多家，从业人员近 5 万人。如果一家企业响应政府的号召到西部地区或少数民族地区投资办厂并享受企业所得税优惠，其行为就属于税务筹划，而不属于避税。因为无论是从法律层面还是道德层面看，这家企业的行为都不存在问题，政府应当鼓励这种行为。如果这些企业再往前走一步，不仅在西部低税地区注册成立企业，而且还通过操纵转让定价（即关联企业之间的交易作价）把公司集

---

　　① 西部地区包括内蒙古自治区、广西壮族自治区、重庆市、四川省、贵州省、云南省、西藏自治区、陕西省、甘肃省、青海省、宁夏回族自治区、新疆维吾尔自治区和新疆生产建设兵团。另外，湖南省湘西土家族苗族自治州、湖北省恩施土家族苗族自治州、吉林省延边朝鲜族自治州和江西省赣州市，可以比照西部地区的企业所得税政策执行。

团的利润转移到这些低税区，从而降低公司集团的整体税负，那么这种行为的性质就变了，就不再是简单的税务筹划了，而是属于避税。因为这种行为虽然没有违反法律，却是不道德的，主要是它损害了高税区的税收利益，是一种"损人利己"的行为。对于这种利用转让定价向低税区的关联企业人为转移利润的避税行为，税务机关是要给予制止的。

近一段时间以来，我国城市特别是一、二线城市的房价上涨比较快，这样老百姓卖房就有一个缴纳个人所得税的问题。无论是由卖方还是买方负担个人所得税，都增加了房屋转让的成本，所以很多人打起了少缴税的主意。买卖双方签订的所谓"阴阳合同"显然是一种偷税行为，因为这属于一种弄虚作假的欺诈行为，一旦被查出，就要受到严厉的处罚；此外，开假的装修发票冲减卖方收入也是一种偷税行为。后来，不知从什么时候开始，人们想到了通过离婚来规避个人所得税。第一步，卖房（上家）的家庭先离婚，房子归男方，女方净身出户；第二步，买房（下家）的一家也离婚；第三步，上家男娶下家女；第四步，上家男和下家女再离婚，上家男的房子归下家女；第五步，上家男女和下家男女各自复婚。经过上述一轮神操作，房子就从上家无税地转移到了下家，其间房子没有买卖，有的只是夫妻之间的赠予。按照《财政部、税务总局关于个人取得有关收入适用个人所得税应税所得项目的公告》（财政部、税务总局公告 2019 年第 74 号），房屋产权所有人将房屋产权无偿赠予配偶、父母、子女、祖父母、外祖父母、孙子女、外孙子女、兄弟姐妹，对当事双方不征收个人所得税。实际上，这是一种通过"假离婚"来规避个人所得税的做法，它没有直接违反税法，甚至也没有违反《中华人民共和国民法典》中有关婚姻的规定，但"假离婚"是一种不道德的行为。因此，上述行为不能算是税务筹划，而是一种避税。

我国税收法律法规里虽然没有避税的定义，但经常提到避税和反避税的概念。特别是《一般反避税管理办法（试行）》（国家税务总局令 2014 年第 32 号）的第四条还对避税行为进行了解释，指出"避税安排具有以下特征：（一）以获取税收利益为唯一目的或者主要目的；（二）以形式符合税法规定、但与其经济实质不符的方式获取税收利益"。这个理解与国外对避税概念的理解基本是相同的，用一个词来概括就是"阳奉阴违"，即从表面上看是遵循了税法，没有违反税法，但在实际上却违背了税法的立法精神。如前所述，企业打着西部大开发的旗号到低税区去注册公司，但"醉翁之意不在酒"，其到西部设立公司的主要目的是享受那里的低税率，并且是以与经济实质不符的方式获取税收利益，所以完全可以将其界定为一种避税行为。

下面用表 1-1 总结一下税务筹划与避税的区别。

表 1-1　税务筹划与避税的区别

	税务筹划	避税
性质	合法，道德	合法，不道德
结果	节税（利用扣除或抵免等）	规避税收
动机	出于善意	不诚实
目标	利用法律规定和道德法则减轻纳税义务	利用法律规定减轻纳税义务
可接受度	可以接受	不可接受
法律含义	利用税收优惠	利用税法的缺陷
收益	体现在长期	发生在短期

在讨论避税问题时，特别需要注意的是，由于避税毕竟不是阳光下的行为，政府也不希望看到，而且发现纳税人避税还要进行反避税，所以避税一词往往被税务筹划或纳税筹划所取代，即所谓的"张冠李戴"，这样就很容易把税务筹划与避税混为一谈。不仅在国内，国外也面临这个问题。例如，英国税收经济学家西蒙·詹姆斯（Simon James）在《税收经济学》中就指出：在英国，"会计师们把避税称为税务筹划，以强调这种行为的合法性"①。不仅在英国，在世界其他国家，一些专业的会计师事务所或税务师事务所有时也帮助企业避税，这是中介机构很重要的一项业务，但在这个行业里都把它称作税务筹划或者纳税战略，而不叫避税。显然，如果中介机构只帮助企业（或个人）享受税收优惠，恐怕就没有多少业务可做了。因为税收优惠政策都是公开的，在互联网如此普及的今天，纳税人一般都十分清楚自己能够享受到哪些税收优惠，所以没有必要再花很高的价钱去聘请专业人士为其指点迷津。而避税就不一样了，它要利用税法的漏洞或者缺陷，借助一些税收政策的盲区来减轻纳税义务，这就具有一定的"技术含量"了，不是每个人都能做得到的，所以才需要专业人士、专业机构从事这项工作。当然，无论叫什么名字，各国税务部门都有自己的底线，即使人们叫它税务筹划，但如果这种行为过于偏重纳税人的税收利益，不具有真实的商业目的，税务部门也要对这种行为加以纠正，并对由此带来的税收后果进行调整。目前，有的国家把这种避税性质的税务筹划称为恶意税务筹划（aggressive tax planning）。有的国家（如澳大利亚）

---

① James S.，*The Economics of Taxation*，New York：Pearson Education Limited，2000.

对这种税务筹划不仅要进行纳税调整，而且要对纳税人处以罚款。

目前在我国，由于避税经常被税务筹划"鱼目混珠"，所以税务筹划（包括税收筹划）一词往往被官方作为避税的代名词。例如，《国家税务总局关于我国和新加坡避免双重征税协定有关条文解释和执行问题的通知》（国税函〔2007〕1212 号）就指出："**应注意防止纳税人不适当地利用《协定》进行税收筹划，逃避我国税收。**"又如，《国家税务总局关于加强国际税收管理体系建设的意见》（国税发〔2012〕41 号）提出的促进反避税工作向纵深发展的具体意见中就包括**"着重研究解决企业分摊境外成本、利用融资结构、多层控股模式及避税港无经济实质企业进行税收筹划等问题"**。为了区分税务筹划与避税，目前国家税务总局下发的文件一般将阳光下的税务筹划称作"税务规划"或"税收策划"。例如，2009 年 5 月国家税务总局印发的《大企业税务风险管理指引（试行）》（国税发〔2009〕90 号）就把"税务规划具有合理的商业目的，并符合税法规定"作为企业税务风险管理的主要目标之一；2017 年 5 月，《税务总局关于发布〈涉税专业服务监管办法（试行）〉的公告》（国家税务总局公告 2017 年第 13 号）规定，涉税专业服务机构可以从事的业务包括税收策划，并指出税收策划是"对纳税人、扣缴义务人的经营和投资活动提供符合税收法律法规及相关规定的纳税计划、纳税方案"。

将税务筹划和避税严格区分开，主要是因为对于真正的税务筹划①，政府是鼓励的，是希望看到的，不属于被反制的范围；而避税是政府不鼓励、不希望看到的，属于要被反制的行为。

---

① 真正的税务筹划是指并非打着税务筹划的旗号而从事避税行为。

1.2 避税的特征

1.2.1 避税行为没有真实的商业目的

避税有一个非常重要的特征，就是纳税人的行为只在表面上遵从法律，或者没有违反法律，但没有真实的商业目的和实际经营需要，其唯一的目的或者主要的目的就是少纳税。或者说，在避税的情况下，纳税人注重的是税收后果而非经营后果。如果纳税人出于经营上的考虑从事了某种行为或搭建了某种经营架构，但与此同时也减轻了纳税义务，则这属于"歪打正着"，并不属于避税。美国学者丹尼尔·沙维尔（Daniel Shaviro）就指出："典型的公司税避税行为包括大量的纸面交易（paper shuffling），而很少有或根本没有经济效果，它只是创造了有利的税收结果。"如果纳税人的一种行为主要是从经营管理角度考虑的，但客观上也减少了自己的纳税义务，那么这种行为不能算作避税。正因为如此，国外税务机关在判断纳税人的行为是否构成避税时，都把合理的商业目的或经济实质作为其中很重要的标准。例如，英国税务海关总署的反避税组（AAG）列出了避税的几大标识（list of signposts），以供税务人员判定纳税人是否有避税行为，主要包括：①纳税人从事的交易（或安排）没有或只有很少的经济实质，或者这种交易（或安排）的税收后果与纳税人经济地位的变化不成比例；②纳税人的交易（或安排）不会带来或者带来很少的税前利润，而这些交易完全或主要是为了取得预期的减税，从而获取大量的税后利润；③纳税人从事的交易没有或很少有商业上、经营上等非税方面的动因；④纳税人的交易（或安排）所带来的收入、收益或支出等与发生的经济活动或者在英国的增加值不成比例；⑤纳税人从事的交易（或安排）包括一些人为谋划、瞬间性、预定的或者商业上不必要的措施或步骤；⑥纳税人的交易（或安排）导致在以下方面出现不吻合的情况，即法律形式或会计处理与经济实质之间的税务处理、交易各方之间的税务处理、不同管辖权之间的税务处理。①

例 1 - 7

　　美国在 20 世纪 50 年代就发生过一起著名的税务筹划案例。美国沃特曼轮船公司（Waterman Steamship Corporation）拥有两家全资子公司，即泛大西洋公司和佛罗里达海湾公司，前者从事水运，后者从事装卸。沃特曼轮船公司对这两家子公司的投资成本为 70 万美元。后来，有一家汽车运输企业想从沃特曼轮船公司手中收购这两家子公司的股权。由于多年来子公司累积的未分配利润和利润再投资，这两家子公司的股价市值已经涨到了 350 万美元。收购方（汽车运输企业）本来打算一次性支付 350 万美元现金给沃特曼轮船公司，但沃特曼轮船公司却要求收购方支付 70 万美元的现金，同时要求两家子公司向自己分配并支付 280 万美元的股息、红利。最终，收购方同意了这个方案。在年终纳税合并所得税申报表时，沃特曼轮船公司根据美国所得税法第 243 节的规定没有将 280 万美元的股息分配额纳入当年的应税所得。然而，美国联邦税务局认为，沃特曼轮船公司的收购方案是在要花招，它要求子公司在自己出售股权之前向

---

　　① Krever R. , Head J. G. , *Tax Reform in the 21st Century*，Amsterdam：Kluwer Law International，2009.

自己做利润分配没有合理的商业目的，所以这 280 万美元的股息、红利应当作为股权价格的一部分，从而沃特曼轮船公司应当缴纳资本利得税。最终，这场纠纷被搬上了税收法院，而税收法院支持沃特曼轮船公司将股息从应税所得中扣除的做法，认为股息分配是在股权交易之前进行的，而美国税法规定母公司从子公司取得的股息是免税的。对于沃特曼轮船公司刚刚取得了股息就把股权卖掉，税收法院认为：纳税人有权合法地减少自己的纳税义务，所以也有权选择这种处心积虑的出售。

我国税法在转让股权问题上与美国的规定基本相同。《国家税务总局关于贯彻落实企业所得税法若干税收问题的通知》（国税函〔2010〕79 号）第三条规定："企业转让股权收入，应于转让协议生效、且完成股权变更手续时，确认收入的实现。转让股权收入扣除为取得该股权所发生的成本后，为股权转让所得。企业在计算股权转让所得时，不得扣除被投资企业未分配利润等股东留存收益中按该项股权所可能分配的金额。"举例说明，假设甲企业在若干年前花 500 万元投资乙企业并持有乙企业 70％的股权，后来由于乙企业经营业绩不错，留存了大量的未分配利润，导致其股权价格上涨。现在，甲企业想要出售乙企业 70％的股权，评估价格为 1 200 万元。如果按 1 200 万元的价格转让出去，甲企业的股权转让所得为 700 万元（＝1 200－500）。假定甲企业按持有的乙企业 70％的股份可以分得 300 万元的利润，但根据国税函〔2010〕79 号文的规定，甲企业在计算股权转让所得时不能扣减这 300 万元可分配的留存利润。所以，如果甲企业想出售乙企业的股权，可以仿照上述美国沃特曼轮船公司的做法，让乙企业先向自己分配利润。这笔利润由于是直接持有中国居民企业股份而获得的分配利润，在甲企业是免征企业所得税的（《企业所得税法》第二十六条），所以"先分配后转让"的办法可以少缴纳一部分企业所得税。当然，这种做法在我国一般不会被税务机关认定为避税，税务机关也不会对企业的这种行为进行纳税调整，因为企业有权从被投资企业获得应分配利润，而且税法并没有限制企业在转让股权之前行使这个权利。

1.2.2　避税是一种事先的安排，而不是事后"诸葛亮"

避税是规避纳税义务，而不是规避缴纳税款，所以避税一定要有先见之明，要在纳税义务发生之前完成避税的动作。从这个意义上说，避税就是避免发生能导致纳税人不希望看到的纳税义务的经营行为。美国华盛顿大学税收专家斯特温·J. 赖斯教授指出："避税，即人们经常说的'税务筹划'，是控制你的经营活动以避免不希望的税收后果的过程。避税是一个不违法的过程，就像不犯法就不会受到刑法的处罚一样，不从事那些需要纳税的活动就可以避免纳税。不能以任何方式违反法律，然而安排你的事务并控制一些事情的发生，从而规避使你多纳税的税收法规，就可以为你带来节税的效果。""这种在经营活动发生前的税务筹划要求决策制定者在日常的经营活动中必须随时留意各种节税方案。换句话说，有效税务筹划的第一要求是经营决策者要通晓税务，而不在于税务专业人员的税务技巧。"美国弗吉尼亚大学琼斯教授等在《经营与投资计划的税收原则》中，也把避税定义为"为了降低税收成本或增加节税额而进行的交易结构的构建，其目的是使交易的净现值最大化"。也就是说，避税是一种事先的安排，即通过选择适当的业务流程、交易模式、公司结构等来减少纳税义务，而不是在上述内容已确定且应有的纳税义务已发生的情况下再在账目上做一些手脚，从而少缴纳税款。在现实中，企业的经营决策往往不让财务人员参与，等业务流程结束、合同签订后，有关领导觉得税负过重并认为有必要让财务人员想办法少缴或不缴税，此时财务人员只能在账上做手脚。应当说，凡是企业通过会计手段达到少缴税的，都不能算作避税，基本上都属于偷税。

1.3　避税的危害

虽然避税不直接违法，但它对国民经济发展和国家的税收利益也有一定的危害。这些危害主要表现在以下一些方面。

1.3.1　避税有损国家的税收利益

避税对国家税收收入造成的影响与偷税是相同的，它们都会减少税收收入，损害国家的税收利益。特别是国际避税，纳税人在东道国从事经济活动，享受该国的公共服务，却将税收转移到其他国家，使后者得到经济利益。这就违反了基本的税收"交换说"。早在 17 世纪，人们就探讨了国家课税理由的问题，当时比较流行的看法是，纳税人向国家纳了税，同时可以从国家那里得到一定的公共服务，就像人们在市场上花钱买东西一样。人们把国家征税的这种理由称为"交换说"。时至今日，"交换说"也是人们对国家征税理由的一种通俗解释。从这个角度看，一个经营者在甲国生产经营，享受当地政府的公共服务，甚至在当地污染环境，却要通过避税手段把其应在甲国缴纳的税款转缴到乙国，显然，这是不公平的，也是不符合"交换说"的。

1.3.2　避税破坏公平竞争环境

如果纳税人成功避税，其税负就会下降，这样就会造成从事同一经济活动的纳税人中避税者与非避税者之间税负的不平衡，从而不利于构建公平竞争的税收环境。因为在国家财政资金需求一定的情况下，如果张三少缴了税，那么李四就要多缴；也就是说，避税者会把自己的税收负担转嫁给其他纳税人来承担，这显然是很不公平的。

1.3.3　避税抑制经济效率

如果一国的避税环境宽松，还会诱使纳税人从事"税收有效而经济无效"的活动，鼓励他们用减少纳税的办法来发家致富（即所谓的"要想富，吃税务"），从而扭曲纳税人的经济行为。一国的税收制度应当有利于纳税人做到依法纳税，如果税制设计漏洞过多或管理不严，使纳税人可以轻松地滥用法律，从而绕开税法不缴或少缴税款，那么这种税制就会诱使纳税人挖空心思地规避纳税义务，并从避税中获取经济利益，而不再把注意力放在加强经营管理、提高生产经营效率上。

1.4　中外各国如何对待避税

从历史上看，各国政府对避税的态度也发生了很大的变化。在20世纪早期，人们普遍认为避税是纳税人的一种权利，而基于尊重个人权利的意识形态，西方国家的司法界也都认为税务机关对纳税人的避税行为不应进行限制，更不应该进行反避税。例如，美国大法官汉德（Hand）在1946年曾说过一段话："法院曾反复强调，纳税人安排自己的事务以尽量少纳税这一点并没有什么不对，每个人实际上都这么做，无论是富人还是穷人，大家的做法都没有错，因为没有人有一种公共义务使自己支付比税法所要求的更多的税款。税收是强制性的征收，并不是自愿的募捐，以道德的名义要求人们多纳税只能是不真诚的奢谈。"1955 年，英国的拉德克利夫（Radcliffe）委员会在审查英国税收制度的报告中指出，避税并不意味着它在任何情况下都是一件令人讨厌的事。1966 年，加拿大卡特（Carter）委员会在一份报告里也指出，使用避税安排不应当遭到普遍的批评和谴责。

随着社会政治、经济的发展，人们对避税的观念也开始发生变化，避税合法但不合理或不道德的看法开始出现。例如，英国大法官邓宁勋爵在 20 世纪 60 年代末说过一句名言："避税可能是合法的，但并不是一种美德。"从 20 世纪 70 年代开始，发达国家对避税行为越来越重视。这是因为，此前的避税行为并不普遍，而且对政府的税收收入影响不大，但从 20 世纪 70 年代起，避税行为开始猖獗，美国、加拿大、英国、澳大利亚、新西兰等国的公众对避税的态度开始变化，最终导致这些国家颁布了各种各样的反避税法规。尽管避税不违法，但一些西方国家认为避税是纳税人滥用法律的行为，并开始在法律中规定反滥用条款；也就是说，如果某一交易的全部或主要动机是为了避税，则此交易的形式被认为是该纳税人滥用了使用这一形式的权利，税务机关可不予认可。此外，还有许多国家根据"实质重于形式原则"、"真实商业目的原则"和"一般反避税规则"等来反制纳税人的避税行为。由于西方国家对纳税人的避税行为从放纵转向了抑制，因而避税行为并没有在这些国家泛滥成灾。

避税在我国一直没有生存和滋生的法律土壤，甚至早期的社会舆论把避税也视为一种偷税。长期以来，我国税务部门一直把反偷税作为企业所得税管理的一项重要任务，但对反避税工作却重视不够。这主要有两个原因：一是过去企业的偷税问题远比避税问题严重；二是在经济相对封闭的情况下，企业的国际避税问题并不十分突出。然而，随着我国税收法制环境的不断完善以及税务部门对偷税行为稽查力度的逐渐加强，纳税人偷税的风险越来越大。在这种情况下，放弃偷税而改走避税之路，就成为许多纳税人的一种理性选择。**应当说，纳税人放弃偷税而选择避税，是其在依法纳税方面的一种进步，也是我国税收法制建设进一步完善的一个标志，因为偷税毕竟是违法的，而避税是不违法的。**当然，这里所说的避税，是严格意义上的避税行为，纳税人打着避税旗号的偷税行为并不在此列。

我国早期面临的避税主要是国际避税，即随着引进外资政策的实施，在华外商投资企业越来越多，并由于其"两头在外"的经营模式，其中一些企业通过操纵转让定价将我国境内企业的利润转移到境外，以规避我国的企业所得税。在这种情况下，我国税务部门早期开展的反避税主要针对的是外商投资企业。例如，《国家税务总局关于进一步加强涉外税收征收管理的通知》（国税发〔1993〕5号）指出："依照税法法规，认真开展反避税工作，是加强涉外税收征收管理的重要方面。当前反避税的工作重点是关联企业间业务往来的税收管理。"1995年，国家税务总局转发了《福建省国家税务局关于加强外商投资企业反避税工作的通知》（闽国税外〔1995〕10号）。这个通知特别提道：有些同志担心，开展反避税工作，对外商的经营活动过多地监督检查，会把外商吓跑，影响对外开放工作。实践证明，这种顾虑是不必要的。开展反避税工作是为了加强税收的征收管理，保障国家税收收入，保护纳税人的合法权益。我们所反对和防范的是那些利用不正当手段肆意减轻、逃避税收的行为，而且反避税是世界各国普遍的做法，只要我们根据事实，做到有理、有据、有节，依法办事，外商是能够理解和接受的，也会得到遵守法的外商投资者的拥护和支持。1997年，《国家税务总局关于印发〈1997年全国税收工作要点〉的通知》（国税发〔1997〕1号）提出："加大反避税力度，重点抓好对转让定价等避税活动的监控。"随着我国"走出去"企业的不断增多，税务部门的反避税工作也开始关注"走出去"企业。2004年，《国家税务总局关于进一步加强反避税工作的通知》（国税发〔2004〕70号）指出："随着我国改革开放不断深入和'请进来、走出去'战略的实施，反避税工作的重要性日渐突出。"2007年，《国家税务总局关于做好我国企业境外投资税收服务与管理工作的意见》（国税发〔2007〕32号）指出："要加大对境外投资企业的反避税力度，重点审计其来源于避税港及境外受控子公司的所得。"2008年7月，国家税务总局在南京召开全国税务系统企业所得税管理与反避税工作会议，研究部署新形势下如何加强企业所得税管理和反避税工作。这次会议首次将反避税作为企业所得税管理的一项重要内容，在2004年国家税务总局提出的"分类管理，优化服务，核实税基，完善汇缴"的基础上，又加进了"强化评估，防范避税"八个字作为企业所得税管理工作的总体要求。2009年，《国家税务总局关于印发〈特别纳税调整实施办法（试行）〉的通知》（国税发〔2009〕2号）下发，这标志着我国税务机关反避税工作的重点从转让定价扩大到涵盖成本分摊协议、受控外国企业、资本弱化以及一般反避税等领域，反避税工作由此全面升级。此后，国家税务总局不断下发反避税的法规，将我国的反避税工作不断推向深入。例如：2014 年，国家税务总局下发《一般反避税管理办法（试行）》（国家税务总局令 2014 年第 32 号）；2015 年，国家税务总局发布《关于非居民企业间接转让财产企业所得税若干问题的公告》（国家税务总局公告 2015 年第 7 号）；2016 年，国家税务总局下发《关于完善关联申报和同期资料管理有关事项的公告》（国家税务总局公告 2016 年第42 号）；2017 年，国家税务总局下发《特别纳税调查调整及相互协商程序管理办法》（国家税务总局公告 2017 年第 6 号）；2018 年，国家税务总局下发《关于税收协定中"受益所有人"有关问题的公告》（国家税务总局公告 2018 年第 9 号）。特别地，过去反避税主要是反国际避税，即抑制我国境内企业在与境外发生关联交易过程中的避税行为，而国家税务总局公告 2017 年第 6 号第三十八条规定："实际税负相同的境内关联方之间的交易，只要该交易没有直接或者间接导致国家总体税收收入的减少，原则上不作特别纳税调整。"言外之意是，纳税人从事境内关联交易只要影响了国家的整体税收利益（比如将利润从高税区转移到低税区），税务机关也要进行反避税（特别纳税调整）。

1.5　反避税的原则和措施

由于避税的性质，政府对待避税不能像对待偷税那样"又打又罚"，只能采取"一不承认、二要调整"的处理办法，并根据避税的性质和手段制定反避税的原则及措施。

1.5.1　反避税的原则

反避税的原则就是反避税的思路和出发点，它主要包括三个方面。

1. 真实商业目的原则

一般来说，企业在开展经营以后有了收入、有了利润才有纳税义务，才需要缴税。也就是说，经营在先，缴税在后。**所以，企业正常的行为准则应当是把经营或者说从事商业活动放在首位，但避税与此不同，它没有其他目的，唯一目的就是少缴税或不缴税，以获取税收利益。**在实务中，纳税人避税一般都是打着经营的幌子，但背后真实的目的是获取税收利益。如果纳税人出于经营的需要做出了一种商业安排或构建了一种商业模式，但与其他方案相比客观上减轻了税负，那么这种行为不能算作避税。因为在这种情况下，节税只是"副产品"，其背后毕竟有真实的商业目的和经营需要。所以，在反避税的实践中，各国税务机关坚持的一个基本原则就是真实商业目的（也有的国家称其为经济实质原则），即判断纳税人一种减轻纳税义务的行为到底构不构成避税，首先就要看纳税人的行为动机，要看这种行为是不是一种真实的商业安排。例如，欧盟委员会在 2016 年 7 月 12 日发布的《反避税指令》（ATAD）中就指出："为了计算公司所得税的纳税义务，成员国不应当理会纳税人没有真实性（genuine）的安排，这些安排的主要目的或主要目的之一是获取可以绕开遵从税法的税收优势地位；这里所说的不真实安排是指它们的存在没有反映经济现实的合理的商业理由。"这里的不理会（ignore）是说不要被纳税人没有真实安排的假象所迷惑，税收该怎么算就怎么算。我国《企业所得税法》第四十七条也指出：“企业实施其他不具有合理商业目的的安排而减少其应纳税收入或者所得额的，税务机关有权按照合理方法调整。”该条款被认为是一般反避税条款，它也强调避税是“不具有合理商业目的的安排”。2014 年，国家税务总局下发的《一般反避税管理办法（试行）》第四条明确指出，“避税安排具有以下特征：（一）以获取税收利益为唯一目的或者主要目的；（二）以形式符合税法规定、但与其经济实质不符的方式获取税收利益”。

2. 实质重于形式原则

实质重于形式（substance-over-form）是当今许多国家税务部门反避税的一个重要原则，它起源于美国的一个案例。1928 年 9 月 18 日，伊芙琳·格雷戈里（Evelyn Gregory）女士创办了一家叫 Averill 的公司，同时她也是联合抵押贷款公司（The United Mortgage Company）的所有者，而联合抵押贷款公司持有监察证券公司（Monitor Securities Corporation）1 000 股的股份。在 Averill 公司成立 3 天后，格雷戈里女士就把她持有的联合抵押贷款公司的股份转让给了 Averill 公司，并于当年 9 月 24 日注销了 Averill 公司。此后，格雷戈里女士又将其持有的监察证券公司的股份出售，取得收入 13.3 万美元，而她申报的股权成本为 5.7 万美元，净资本利得为 7.6 万美元。但在当年的个人所得税申报表中，格雷戈里女士依据 1928 年的税收法案第 112 节将上述交易视为公司所得税的免税重组，不缴纳所得税。然而，税务局长盖伊·海弗林（Guy Helvering）坚持认为：从经济实质来看，这并不是一次重组，因为格雷戈里女士拥有上述三家公司，她很简单地使用了一种法律战略创造了一种重组的印象，从而使出售监察证券公司的股份免于缴纳所得税。1932 年，美国税收上诉委员会（美国上诉法院前身）做出了有利于格雷戈里女士的裁决，但被美国上诉法院二级巡回法庭驳回。1935 年，美国最高法院也对此案做出了支持美国税务局长的裁决，认为美国税法并不支持只是为了避税的重组。从 1935 年美国最高法院的这个判决开始，实质重于形式就成为美国纳税人必须遵守的一个原则或信条，即纳税人必须遵守交易的经济实质，即使这个实质与交易的法律形式并不一致；税务部门也开始使用这个原则与纳税人为了取得税收利益有意歪曲交易事实的现象做斗争。对此，美国法院也给予了支持。自此以后，实质重于形式原则成为美国税务部门反避税的有效工具。例如，美国最高法院在 1945 年的一个判例中指出："如果允许交易的真实性质被简单的形式主义所掩盖，而这种形式的存在只是为了改变纳税义务，这将严重损害国会税收政策的有效管理。"不只是美国，很多国家都将实质重于形式作为反避税的一个重要原则。例如，2014 年智利修改公司所得税法，其中的一项改革内容就是引入实质重于形式的反避税原则。该税法第 4 条规定："人们应当承担产生于应税行为的纳税责任，而这种责任的依据是应税行为的法律性质和事实，而不论交易各方所展现的形式和现象。"这是智利税法第一次引入这项反避税原则。

对于实质重于形式原则，其实我们并不陌生，因为过去我们经常说的一句话就是"透过现象看本质"。实际上，我国税务部门也接受了实质重于形式原则。例如，《国家税务总局关于确认企业所得税收入若干问题的通知》（国税函〔2008〕875 号）第一条就指出："除企业所得税法及实施条例另有规定外，企业销售收入的确认，必须遵循权责发生制原则和实质重于形式原则。"2009 年，《财政部、国家税务总局关于企业重组业务企业所得税处理若干问题的通知》（财税〔2009〕59 号）第十条规定："企业在重组发生前后连续 12 个月内分步对其资产、股权进行交易，应根据实质重于形式原则将上述交易作为一项企业重组交易进行处理。"2014年，《一般反避税管理办法（试行）》（国家税务总局令 2014 年第32 号）第五条规定："税务机关应当以具有合理商业目的和经济实质的类似安排为基准，按照实质重于形式的原则实施特别纳税调整。"

3. 一步交易原则

一步交易原则（step transaction doctrine）是指将一系列在形式上独立的交易合并，形成一个一体化的事件来进行税务处理。这个原则在美国的司法实践中用得较多，而且它通常与实质重于形式原则结合使用，但我国以及其他国家都很少采用。美国法院对一步交易原则的解释是：一个纳税人寻求从 A 点到 D 点，但在这个过程中，他在 A 点和 D 点之间的 B 点和 C 点停了下来。这两个不必要停顿的全部目的是取得直接从 A 点到 D 点得不到的税收后果。在这种情况下，法院将不会受纳税人所走的弯曲道路的约束，中间的停顿将会被忽略或重新安排。

为了执行一步交易原则，美国法院有三种测试办法：一是最终结果测试，即将在形式上独立的交易合并成一项单独的交易，如果各独立交易构成这项单独交易的组成部分，而这项单独交易从一开始就是纳税人希望产生的最终结果，此时就可以使用一步交易原则。使用这个测试的前提条件就是税收部门要有证据证明交易各方之间有协议或共识，他们希望出现这种最终结果。二是相互依赖测试，就是要搞清楚各项交易是不是相互依存的，以至于如果不把各项交易都完成的话，每一项交易产生的法律关系都将无效。根据相互依赖测试，最重要的就是要看：如果没有其他交易，每一项交易都不会发生。如果存在这种情况，法院就会判定符合一步交易原则。三是约束力承诺测试，即交易各方有正式的责任完成每一项交易。这种测试通常发生在每一项交易之间的时间间隔比较长的情况下，但在实践中使用得不多。

1.5.2　反避税的措施

各国反避税的措施大致可以归纳为以下三大类。

1. 填补税法的漏洞，不给纳税人避税提供可乘之机

由于避税是纳税人利用税法的漏洞或不明之处来规避纳税义务的行为，所以政府反避税最基本的措施之一就是完善税法，堵塞漏洞，不给纳税人留有避税的空间。**特别是在成文法国家，纳税人通常要按"法无禁止即可为"的法谚行事，**这样税收法规条文的严密性就显得更为重要。下一章将比较详细地介绍这方面的内容。

2. 针对某种避税形式，制定特别反避税措施

企业所得税的避税除了纳税人钻税法的漏洞外，通常还有其他一些避税形式，如滥用转让定价、滥用税收协定、资本弱化、设立受控外国公司等。这些避税形式通常被纳税人用来进行国际避税。对付这种类型的避税行为，通常需要政府在所得税立法中加进专门针对某种避税形式的特别反避税规则（SAAR），以牵制纳税人，使其在使用这些避税手段时不能得心应手，更不能为所欲为。例如，《企业所得税法》在借鉴发达国家反避税立法的基础上，专门设立了"特别纳税调整"一章。该章对企业在跨国关联交易中利用转让定价向境外转移利润，通过在避税地设立受控外国子公司并将利润长期滞留在海外，以及向关联企业大量借债从而在税前多列利息费用等避税手段进行了限制。本书后面几章将重点介绍这些特别

反避税措施。

3. 制定一般反避税规则

一般反避税规则（GAAR）是应对多种避税交易的一般性原则。它与特定的反避税条款相比，最大的特点是能够用于反制多种避税行为和避税交易，因而它的适用范围比较广泛；当税务部门发现纳税人滥用税法并从中获取税收利益时，就可以根据这项原则对纳税人的税收结果进行调整。许多国家都是在制定了大量特定反避税规则但仍不能堵住避税漏洞的情况下出台一般反避税规则的。由于该规则具有"包治百病"的功效，所以被国外许多税务专家看作反避税的最后手段，或者说是反避税的兜底性条款。

虽然各国的一般反避税规则有不同的模式和表述，但它们都有两个共同的内容：①一般反避税规则针对的是纳税人为获取税收利益而进行的交易安排；也就是说，只有当纳税人的交易行为是以减少或推迟纳税为唯一目的时，一般反避税规则才能适用。②它授权税务机关对有避税行为的纳税人可以重新确定其纳税义务，包括将评估的收入重新计入纳税人的应税所得或者不承认纳税人申报的税前扣除等。在征管实践中，税务部门在运用一般反避税规则时需要发现纳税人滥用税法的行为，而在这个过程中就需要使用真实商业目的原则、实质重于形式原则和一步交易原则，所以有人也认为上述几个原则与一般反避税规则是一回事。实际上，一般反避税规则与特别反避税规则是对应的，它们是从反避税的分类角度确定的规则；无论执行其中哪个规则，都离不开真实商业目的原则、实质重于形式原则和一步交易原则这三个反避税的指导原则，但它们之间还是有区别的。

第 2 章

完善税法，堵塞漏洞

避税是纳税人违反政府税收立法意图和精神，通过钻税法的漏洞或利用法律盲区达到减少纳税义务的一种节税行为。美国著名经济学家萨缪尔森教授在他的经济学教材中指出："比逃税更重要的是合法规避税收，原因在于国会制定的法规中有许多'漏洞'，造成大量的收入不纳税或以较低的税率纳税。"美国华盛顿大学税收教授斯特温·J. 赖斯指出："你可以把税务筹划看成挖掘现行税法中的理论漏洞并设计自己的交易行为，以利用这些漏洞的过程。"所以，政府要想防止避税，首先就要制定完善的税法，并堵塞税法中的漏洞。据统计，自 2006 年以来，美国的《国内收入法典》（*Internal Revenue Code*）有 4 500 多条被修改过，主要就是堵塞漏洞或增加反避税条款。

2.1　调整失之过宽的优惠政策

有人会问，为什么国家在制定税法时要留有一些漏洞，那不是给纳税人避税提供可乘之机吗？**其实，税法漏洞和税收优惠往往是**

一个问题的两个方面。**除非税法里一点优惠措施都没有，完全是"铁板一块"，否则只要有优惠，就可能被纳税人用来避税。**美国斯坦福大学商学院教授迈伦·S. 斯科尔斯（Myron S. Scholes）在《税收与经营战略》中指出：政府为"达到特定社会目标而设计的税收制度都不可避免地会刺激社会个体进行税务筹划活动""为达到特定社会目标而制定的税收规则往往失之过宽，而且规则本身的模糊性也使一些人容易钻空子"。其实，早在英国的"窗户税"时代就有避税的现象。当时，为了照顾居住在小房子里的穷人，政府就规定不动产税的税款按窗户的数量确定，家庭越富裕、住的房子越大，窗户往往也越多，那么就要多缴税。然而，一些住大房子的富人为了避税，就少装窗户，少缴税，这恐怕是最原始的避税了。在现代税制下，各国出于各种社会经济政策的需要，也要在税收制度中规定一些优惠措施，而这些优惠措施往往就会吸引纳税人用来避税。例如，一些明星、网红等高收入者规避个人所得税的主要手段之一就是利用我国税收征管制度中对个人独资企业和合伙企业的核定征收。① 核定征收是与查账征收相对应的一种税收征管方式。《税收征管法》第三十五条规定，对未设置账簿或虽设置账簿，但账目混乱或者成本资料、收入凭证、费用凭证残缺不全，难以查账的纳税人，税务机关有权核定其应纳税额。最初，核定征收只适用于那些经营规模小、会计核算不健全的个人独资企业和合伙企业。

----

①　从 2000 年开始，个人独资企业和合伙企业不再缴纳企业所得税，其取得的收入实行"先分后税"，分配给法人合伙人的所得缴纳企业所得税，而分配给自然人个人的部分再按照一定的税率缴纳个人所得税。其中，自然人个人取得的利息、股息性质的所得缴纳 20% 的个人所得税，而其取得的经营所得和财产转让所得要按照 5%～35% 的五级超额累进税率缴纳个人所得税。所以，对个人独资企业和合伙企业实行核定征收，实际上是对企业的自然人投资人或合伙人实行核定征收。

例如，2001 年 6 月发布的《国家税务总局关于进一步加强对高收入者个人所得税征收管理的通知》①（国税发〔2001〕57 号）指出："要把规模大和效益好的个人独资企业、合伙企业、律师事务所、会计师事务所、审计师事务所等中介机构的经营者作为加强征管的重点对象，应要求其建账建制、实行查账征税，对不建账建制或者账实明显不符的，从高核定征收个人所得税。"此后，一些地区为了增加本地区的税收收入，不再严格限定核定征收的适用范围，将那些经营规模较大且利润率较高的个人独资企业或合伙企业也纳入核定征收的范围（借口是账目不健全），并从低核定利润率②，以此为"诱饵"来吸引那些高收入的纳税人来本地设立个人独资企业和合伙企业。正是由于这种不公平、不合理的税收竞争人为地造成了一些税收洼地，从而使那些明星、网红等高收入者有机可乘。当然，有些高收入纳税人的经营收入规模非常大，而把这么多的收入都装入一家企业可能难以在当地享受核定征收待遇，所以他们就采取设立多家个人独资企业或合伙企业的办法，并通过这种"化整为零"的做法来套取核定征收，但这种做法其实是违反税法规定的。2001 年 1 月，《国家税务总局关于〈关于个人独资企业和合伙企业投资者征收个人所得税的规定〉执行口径的通知》（国税函〔2001〕84 号）明确规定："投资者兴办两个或两个以上企业，并且企业性

---

① 国税发〔2001〕57 号文废止后，国家税务总局针对高收入者个人所得税的征管又下发了《国家税务总局关于切实加强高收入者个人所得税征管的通知》（国税发〔2011〕50 号）和《国家税务总局关于进一步加强高收入者个人所得税征收管理的通知》（国税发〔2010〕54 号）。

② 例如，按 10％的利润率进行核定，100 万元营业收入的利润（应纳税所得额）仅有 10 万元，按最高 35％的税率核定税额，个人所得税税额仅为 3.5 万元，实际税负为 3.5％。有的地区甚至使用 5％的核定利润率，此时的实际税负低至 1.75％。

质全部是独资的，年度终了后汇算清缴时，应纳税款的计算按以下方法进行：汇总其投资兴办的所有企业的经营所得作为应纳税所得额，以此确定适用税率，计算出全年经营所得的应纳税额，再根据每个企业的经营所得占所有企业经营所得的比例，分别计算出每个企业的应纳税额和应补缴税额。"其实，这条规定就是为了反避税，但在现实中，那些实行核定征收的地区并不对一个自然人投资的多家企业实行汇总征收，从而又给这些避税者提供了可乘之机。因此，要解决上述高收入者的避税问题，必须取消核定征收。但在现实经济生活中，确实有一些从事实体经济、生产经营规模比较小、财务会计制度不健全的个人独资企业和合伙企业，人们设立这些企业的目的是为了谋生，不是为了避税或偷税，如果"一刀切"全部取消核定征收，那么对这些纳税人的税负会造成较大的影响，进而影响到很多劳动者的就业。所以，目前"一刀切"地实行查账征收既有些不妥，又不容易落实。那么，我们能不能先从那些设立了个人独资企业或合伙企业但并不从事实体经济的高收入者入手？2021年 12 月 30 日，《财政部、税务总局关于权益性投资经营所得个人所得税征收管理的公告》（财政部、税务总局公告 2021 年第 41 号）规定：从 2022 年 1 月 1 日起，持有股权、股票、合伙企业财产份额等权益性投资的个人独资企业、合伙企业，一律适用查账征收方式计征个人所得税。这类持有权益性投资的个人独资企业或合伙企业一般都是投资基金（如私募基金），企业的投资人或合伙人从事的是消极投资活动，而不是经营活动。对这类企业一律适用查账征收，不会影响到广大的从事生产经营活动的中低收入者，也不会对就业造成较大的冲击，却可以堵住一些高收入的投资者利用核定征收规避个人所得税的漏洞。

我国政府为了反避税，修改了一些税收优惠政策，从而让税收优惠政策不再失之过宽的例子还有很多，下面再举例加以说明。

例 2 - 1

为了提高国有企业的效率，从 20 世纪中期开始，我国在国有企业中实行职工下岗制度。据统计，截至 2002 年底，国有企业（含国有联营企业、国有独资公司）下岗职工达到 410 万人。2002 年 9 月 12 日，全国再就业工作会议在北京召开，会议提出促进下岗职工再就业关系到改革发展稳定的大局，也关系到国家的长治久安。当年 12 月，《财政部、国家税务总局关于下岗失业人员再就业有关税收政策问题的通知》（财税〔2002〕208 号）规定，从 2003 年 1 月 1 日至 2005 年 12 月 31 日，"对新办的服务型企业（除广告业、桑拿、按摩、网吧、氧吧外）当年新招用下岗失业人员达到职工总数 30% 以上（含 30%），并与其签订 3 年以上期限劳动合同的，经劳动保障部门认定，税务机关审核，3 年内免征营业税、城市维护建设税、教育费附加和企业所得税"。该文件一出，某省一家企业马上注册成立了一家信息服务公司，全部职工共 9 个人，其中签订 3 年以上劳动合同的下岗职工有 4 人，符合财税〔2002〕208 号文规定的享受税收优惠的条件。该企业要求信息服务公司向其提供咨询和信息服务，并向后者大量列支各种咨询费和服务费。前者在税前列支费用可以冲减其应纳税所得额，少缴企业所得税；而后者根据财税〔2002〕208 号文的规定在 3 年内不用缴纳任何流转税和所得税。这家信息服务公司在 2003 年仅向 4 名下岗职工支付工资等费用 5 万多元，但享受的免税金额连同其母公司因税前列支费用而少缴纳的所得税税额共计2 400 多万元。该企业的上述节税行为从表面上看是利用了下岗失业人员的税收优惠政策，但实际上是利用了该政策没有严格规定在免税的服务性公司中每个下岗职工必须有适当的工作岗位等限制性条款，也没有规定每个下岗职工可以享受的免税额度，从而使该企业很容易地在内部建立了一个"税收庇护所"。此后，到了 2006 年 1 月，《财政部、国家税务总局关于下岗失业人员再就业有关税收政策问题的通知》（财税〔2005〕186 号）对企业招用下岗失业人员的税收优惠政策进行了调整，规定在 2006 年 1 月 1 日至 2008 年 12 月 31 日期间，"对商贸企业、服务型企业（除广告业、房屋中介、典当、桑拿、按摩、氧吧外）、劳动就业服务企业中的加工型企业和街道社区具有加工性质的小型企业实体，在新增加的岗位中，当年新招用持《再就业优惠证》人员，与其签订 1 年以上期限劳动合同并依法缴纳社会保险费的，按实际招用人数予以定额依次扣减营业税、城市维护建设税、教育费附加和企业所得税优惠。定额标准为每人每年 4 000 元，可上下浮动 20%，由各省、自治区、直辖市人民政府根据本地区实际情况在此幅度内确定具体定额标准，并报财政部和国家税务总局备案"。这样一来，企业每招用一名下岗职工，最多可以免税 4 800 元，多招多免，从而堵住了财税〔2002〕208 号文的税法漏洞。

🛡 **例 2 - 2**

长期以来，我国在税收上对福利企业（残疾人占到职工人数一定比例以上的企业）都会给予一定的优惠。然而，过去给予的优惠力度过大，享受优惠的条件也过宽，从而给税收制度造成了很大的漏洞，很多企业打着福利企业的名义从中避税。例如，1994年3月，《财政部、国家税务总局关于对福利企业、学校办企业征税问题的通知》（财税字〔1994〕3号）规定："福利企业和学校办企业从1994年起，均应按规定依法缴纳增值税、消费税、营业税"，但"原福利企业和学校办企业享受的流转税优惠政策仍然保留，由税务机关采取先征税后返还的办法。即：福利企业和学校办企业，在规定的纳税期内如实申报，填开税票解缴入库。同时，由税务机关填开收入退还书，将已征税款返还给纳税企业。税务机关应按月统计上报实际返还退税情况"。我国过去对福利企业的企业所得税也有优惠，如《财政部、国家税务总局关于企业所得税若干优惠政策的通知》（财税字〔1994〕1号）规定："对民政部门举办的福利工厂和街道办的非中途转办的社会福利生产单位，凡安置'四残'① 人员占生产人员总数35％以上，暂免征收所得税。凡安置'四残'人员占生产人员总数的比例超过10％未达到35％的，减半征收所得税。"面对如此丰厚的税收优惠，一些人打起了"创办"福利企业的主意：有的企业让职工装聋作哑假扮残疾人，骗取福利企业的资格并逃税（显然，这种行为属于偷税）；也有的企业广招天下残疾人士，让残疾人成为本企业职工名册中的一员，并使其达到规定的比例，从中套取税收优惠。尽管财税字〔1994〕1号文规定享受税收优惠政策的福利

---

① "四残"是指盲、聋、哑和肢体残疾。目前，残疾人包括"六残"，除了上述"四残"外，还有精神残疾和智力残疾。

生产企业必须满足"每个残疾职工都具有适当的劳动岗位"以及要有"残疾职工工种安排情况表"这些条件，但这些条件在实际工作中都很容易满足，比如给残疾人安排一定的工作，但让其长期在家休病假。由于税法开了口子，因此人们利用税法的漏洞进行避税就不可避免。正如 1994 年 5 月《民政部、国家税务总局关于进一步加强福利企业行政监督严格检查清理假冒福利企业的通知》（民福发〔1994〕18 号）所说的：一些私营或合伙企业仅招收了几个挂名的残疾人，定期或不定期地发一些生活费，便打着集体福利企业的招牌，享受优惠待遇，使国家对福利企业的减免税金落入个人腰包；冒牌福利企业屡查不绝。这些企业或不安置、少安置残疾职工，虚报残疾人就业比例；或让丧失劳动能力的残疾人只挂名，不上岗；有些地方甚至给残疾人多处挂名，多处计算比例，骗取国家的税收照顾。随后，财税部门发现了这个问题，并开始堵塞这个政策漏洞。2006 年 7 月，《财政部、国家税务总局关于调整完善现行福利企业税收优惠政策试点工作的通知》（财税〔2006〕111号）规定，在辽宁省、上海市、浙江省、湖北省、广东省、重庆市、陕西省等试点地区，将流转税的先征后返改为"实行由税务机关按企业实际安置残疾人员的人数限额减征增值税或营业税的办法。每位残疾人员每年可减征的增值税或营业税的具体限额，由试点省市税务机关根据同级统计部门公布的当地上年在岗职工平均工资的 2 倍确定，但最高不得超过每人每年3.5 万元"。2007 年 6 月，《财政部、国家税务总局关于促进残疾人就业税收优惠政策的通知》（财税〔2007〕92 号）将试点地区福利企业流转税的优惠办法推广到全国。该通知规定：对安置残疾人的单位，实行由税务机关按单位实际安置残疾人的人数，限额即征即退增值税或减征营业税的办法。第一，实际安置的每位残疾人每年可退还的增值税或减征的营业税的具体限额，由县级以上税务机关根据单位所在区县（含县级市、旗，下同）适用的经省（含自治区、直辖市、计划单列市，下同）级人民政府批准的最低工资标准的 6 倍确定，但最高不得超过每人每年 3.5 万元。第二，主管国税机关应按月退还增值税，本月已交增值税额不足退还的，可在本年度（指纳税年度，下同）内以前月份已交增值税扣除已退增值税的余额中退还，仍不足退还的可结转本年度内以后月份退还。主管地税机关应按月减征营业税，本月应缴营业税不足减征的，可结转本年度内以后月份减征，但不得从以前月份已交营业税中退还。另外，财税〔2006〕111 号文对福利企业享受的企业所得税优惠也进行了试点改革，"采取成本加计扣除的办法，按企业支付给残疾职工实际工资的 2 倍在税前扣除"，不再实行残疾人达到一定比例后企业所得税全免的政策。财税〔2007〕92 号文将这一政策推广到全国，即"单位支付给残疾人的实际工资可在企业所得税前据实扣除，并可按支付给残疾人实际工资的 100% 加计扣除"。财税〔2007〕92 号文还规定，享受上述增值税、营业税和企业所得税优惠的企业必须同时符合以下条件：①依法与安置的每位残疾人签订了一年以上（含一年）的劳动合同或服务协议，并且安置的每位残疾人在单位实际上岗工作。②月平均实际安置的残疾人占单位在职职工总数的比例应高于 25%（含 25%），并且实际安置的残疾人人数多于 10 人（含 10 人）。③为安置的每位残疾人按月足额缴纳了单位所在区县人民政府根据国家政策规定的基本养老保险、基本医疗保险、失业保险和工伤保险等社会保险。④通过银行等金融机构向安置的每位残疾人实际支付了不低于单位所在区县适用的经省级人民政府批准的最低工资标准的工资。⑤具备安置残疾人上岗工作的基本设施。2008 年，我国实行新的《企业所得税法》，支付给残疾人的工资可以 100% 加计扣除的规定仍予以保留，但《财政部、国家税务总局关于安置残疾人员就业有关企业所得税优惠政策问题的通知》（财税〔2009〕70 号）取消了财税〔2007〕92 号文提出的享受该优惠必须符合的第②项条件，即"月平均实际安置的残疾人占单位在职职工总数的比例应高于 25%（含 25%），并且实际安置的残疾人人数多于 10人（含 10 人）"。也就是说，只要企业雇用了残疾人，即使达不到 25% 的比例或 10 人的标准，只要其他条件得到了满足，也可以享受残疾人工资加计扣除的规定。我国在 2008 年和 2011 年两次修订了《增值税暂行条例》和《营业税暂行条例》，但对财税〔2007〕92 号文规定的安置残疾人的优惠政策一直没有改动。2016 年 5 月 1 日，在我国全面推行"营改增"并取消营业税后，《财政部、国家税务总局关于促进残疾人就业增值税优惠政策的通知》（财税〔2016〕52 号）对财税〔2007〕92 号文中的优惠政策进行了微调，即仍实行"对安置残疾人的单位和个体工商户（以下称纳税人），实行由税务机关按纳税人安置残疾人的人数，限额即征即退增值税的办法"，但"安置的每位残疾人每月可退还的增值税具体限额，由县级以上税务机关根据纳税人所在区县（含县级市、旗，下同）适用的经省（含自治区、直辖市、计划单列市，下同）人民政府批准的月最低工资标准的 4 倍确定"（财税〔2007〕92 号文规定的是 6 倍，而且有每人每年 3.5 万元的上限）。与此同时，财税〔2016〕52 号文中仍保留了财税〔2007〕92 号文规定的享受流转税优惠的前 4 项条件（取消了"具备安置残疾人上岗工作的基本设施"这一条件）。①

例 2-3

在"营改增"之前，企业在转让土地使用权时要规避营业税，往往采取先用土地出资入股，然后再转让股权的避税方式，因为当时的营业税条例里有一个免税条款可以被纳税人利用。例如，2015 年 6 月某市甲企业计划转让市区一块土地的使用权给乙企业，作为乙企业兴建购物中心的用地。这块土地的评估价格为 1.8 亿元。按照"营改增"之前的税收法律法规，转让土地使用权不仅要缴纳 5% 的营业税，而且要缴纳土地增值税。此时，甲企业咨询了当地的一家税务师事务所，该税务师事务所所长建议甲企业可以先与乙企业合资成立一家公司（购物中心），然后甲企业以土地使用权出资入股，并与乙企业共担风险，这样就可以不缴纳营业税和土地增值税。2002 年 12 月，《财政部、国家税务总局关于股权转让有关营业税问题的通知》②（财税〔2002〕191 号）规定："以无形资产、不动产投资入股，参与接受投资方利润分配，共同承担投资风险的行为，不征收营业税。"2015 年 2 月，《财政部、国家税务总局关于企业改制重组有关土地增值税政策的通知》（财税〔2015〕

① 目前，财税〔2006〕111 号文和财税〔2007〕92 号文均已全文失效。
② 财税〔2002〕191 号文已全文失效。

5 号）规定："单位、个人在改制重组时以国有土地、房屋进行投资，对其将国有土地、房屋权属转移、变更到被投资的企业，暂不征土地增值税。"①此外，该税务师事务所所长还建议，如果甲企业希望取得现金，今后还可以出售其在被投资企业（购物中心）中的股权，而按照财税〔2002〕191 号文的规定，"对股权转让不征收营业税"；按照《中华人民共和国土地增值税暂行条例》（以下简称《土地增值税暂行条例》），对转让股权也不征收土地增值税。这样，通过将转让土地使用权转换为转让股权，就成功规避了取得应税（营业税和土地增值税）收入。在"营改增"后，国家对纳税人用无形资产或不动产进行投资并没有出台免征增值税的规定。根据财税〔2016〕36 号文第十条和第十一条的规定：增值税的征收范围包括销售服务、无形资产或者不动产，而这里的销售是指有偿提供服务、有偿转让无形资产或者不动产；有偿是指取得货币、货物或者其他经济利益。所以，纳税人用无形资产或不动产进行投资，是以换取经济利益（股权）为前提的，是一种有偿的行为，应当视同销售无形资产或者销售不动产，对其征收增值税。另外，财税〔2016〕36 号文的附件 2《营业税改征增值税试点有关事项的规定》在第一条第（四）项"进项税额"中也指出："适用一般计税方法的试点纳税人，2016 年 5 月 1 日后取得并在会计制度上按固定资产核算的不动产或者 2016 年 5

① 目前，财税〔2015〕5 号文已经被《财政部、税务总局关于继续实施企业改制重组有关土地增值税政策的公告》（财政部、税务总局公告 2021 年第 21 号）取代。根据 21 号公告，从 2021 年 1 月 1 日至 2023 年 12 月 31 日，"单位、个人在改制重组时以房地产作价入股进行投资，对其将房地产转移、变更到被投资的企业，暂不征土地增值税。"但是，该政策不适用于房地产转移任意一方为房地产开发企业的情形。

月 1 日后取得的不动产在建工程，其进项税额应自取得之日起分 2 年从销项税额中抵扣，第一年抵扣比例为 60％，第二年抵扣比例为 40％"；而其中"取得不动产，包括以直接购买、接受捐赠、接受投资入股、自建以及抵债等各种形式取得不动产，不包括房地产开发企业自行开发的房地产项目"。也就是说，纳税人以接受投资入股方式取得的不动产，其进项税额也可以分 2 年从销项税额中抵扣。这个规定也从一个侧面说明纳税人以无形资产或不动产进行投资是需要缴纳增值税的。因为假设投资方不缴纳增值税，被投资方接受投资也就不存在抵扣进项税额的问题了。由此可见，在"营改增"后，如果纳税人要转让无形资产或者不动产，再采用投资入股的手段来规避流转税就行不通了。

🛡 **例 2 - 4**

在 2010 年之前，我国自然人转让公司原始股或限售股是免缴个人所得税的，但法人转让这类股权是要缴纳企业所得税的。所以，当时一些私人企业的避税办法就是把法人持股转为自然人持股，然后再让自然人转让股权，从而规避股权转让的所得税。2009 年 12 月，《财政部、国家税务总局、中国证券监督管理委员会关于个人转让上市公司限售股所得征收个人所得税有关问题的通知》（财税〔2009〕167 号），规定自 2010 年 1 月 1 日起，对个人转让限售股取得的所得，按照"财产转让所得"，适用 20％的比例税率征收个人所得税。这样就堵住了一部分人利用自然人转让限售股不征税进行避税的漏洞。但是，财税〔2009〕167 号文只对股权分置改革原非流通股和首发形成的限售股的转让所得征税，如果纳税人用限售股申购 ETF（交易型开放式指数基金）份额，再将证券基金转让出去，仍可享受免税。为了堵住这个漏洞，2010 年 11 月发布的《财政部、国家税务总局、证监会关于个人转让上市公司限售股所得征收个人所得税有关问题的补充通知》（财税〔2010〕70 号）进一步规定：个人用限售股认购或申购交易型开放式指数基金（ETF）份额，也要按规定缴纳个人所得税，从而堵住了这个个人所得税的漏洞。

2.2　修补税法条款的瑕疵和漏洞

我国属于成文法国家，一笔业务或一笔收入该不该纳税，征纳双方都要"咬文嚼字"，死抠字眼。特别是纳税人通常要按"法无禁止即可为"的法谚行事，因而税法字面上的严谨性就显得十分重要。然而，有的税收法规在出台时就带有错误或遗漏，导致税法出现瑕疵，从而给纳税人的避税造成可乘之机；有的税收法规在制定条款时没有考虑到纳税人会钻其中的漏洞。而要抑制住这类避税行为，国家就要不断地及时修补法律中的瑕疵和漏洞（俗称"打补丁"），使税法无懈可击，也让纳税人无计可施。

🛡 **例 2-5**

我国在 1994 年全面实行增值税以后，一些地区为了吸引投资，采取了所谓的"增值税返还"政策，这就为企业的避税提供了可乘之机。例如，甲地区有增值税返还，而乙地区没有这种返还政策，但甲地区和乙地区的两家企业是关联企业，此时甲地区的企业就可以高价向乙地区的企业销售货物（或提供加工修理修配服务），而乙地区的企业高价进货后再按照市场价格向第三方进行销售，因而乙地区的企业就可能出现平销（即通常所说的 100 元进、100 元出），没有增值额，也不用缴纳增值税。虽然甲地区的企业要缴纳较多的增值税，但由于它可以得到一定的增值税返还，所以这两家企业算总账还是可以节税的。为了堵住这个避税漏洞，1997 年 10 月发布的《国家税务总局关于平销行为征收增值税问题的通知》（国税发〔1997〕167 号）指出："平销行为不仅造成地区间增值税收入非正常转移，而且具有偷、避税因素，给国家财政收入造成损失。为堵塞税收漏洞，保证国家财政收入和有利于各地区完成增值税收入任务，现就平销行为中有关增值税问题规定如下：

一、对于采取赠送实物或以实物投资方式进行平销经营活动的，要制定切实可行的措施，加强增值税征管稽查，大力查处和严厉打击有关的偷税行为。

二、自 1997 年 1 月 1 日起，凡增值税一般纳税人，无论是否有平销行为，因购买货物而从销售方取得的各种形式的返还资金，均应依所购货物的增值税税率计算应冲减的进项税金，并从其取得返还资金当期的进项税金中予以冲减。应冲减的进项税金计算公式如下：当期应冲减进项税金＝当期取得的返还资金×所购货物适用的增值税税率。"

🛡 例 2-6

在"营改增"以前，《中华人民共和国营业税暂行条例》（以下简称《营业税暂行条例》）对违约赔偿金是否在应税范围内没有做明确的规定，所以很多企业以违约赔偿金的形式取得营业收入，借以避税。原《营业税暂行条例》第五条规定："纳税人的营业额为纳税人提供应税劳务、转让无形资产或者销售不动产收取的全部价款和价外费用。"原《中华人民共和国营业税暂行条例实施细则》（以下简称《营业税暂行条例实施细则》）第十四条对价外费用的解释为："条例第五条所称价外费用，包括向对方收取的手续费、基金、集资费、代收款项、代垫款项及其他各种性质的价外收费。"至于违约赔偿金是否属于"其他各种性质的价外收费"，《营业税暂行条例实施细则》并没有明确。为了修补这个瑕疵，2003 年 1 月发布的《财政部、国家税务总局关于营业税若干政策问题的通知》（财税〔2003〕16 号）明确规定："单位和个人提供应税劳务、转让无形资产和销售不动产时，因受让方违约而从受让方取得的赔偿金收入，应并入营业额中征收营业税。"2008 年修订的《营业税暂行条例实施细则》第十三条规定："条例第五条所称价外费用，包括收取的手续费、补贴、基金、集资费、返还利润、奖励费、违约金、滞纳金、延期付款利息、赔偿金、代收款项、代垫款项、罚息及其他各种性质的价外收费，但不包括同时符合以下条件代为收取的政府性基金或者行政事业性收费。"有了这些规定，纳税人再以违约赔偿金的形式取得收入并借以避税就不能得逞了。

例 2-7

增值税的纳税义务发生时间非常重要，它涉及一笔业务什么时候缴纳增值税的问题。在市场上货物供大于求的情况下，很多企业采取代销的方式销售货物，即工业企业将自己的产品委托给商业企业代为销售，商业企业在这个委托环节并不跟工业企业进行结算，而是根据货物的销售情况进行结算。起初，税法规定工业企业委托其他纳税人代销货物，其纳税义务发生时间为收到代销单位代销清单的当天。但一些企业为了避税，往往与商业企业共谋，即只取得货款而不索要代销清单，甚至两者在存在关联关系的情况下连货款都不支付。后来，我国对《增值税暂行条例实施细则》进行了修改，规定代销情况下增值税的纳税义务发生时间为："委托其他纳税人代销货物，为收到代销单位的代销清单或者收到全部或者部分货款的当天。未收到代销清单及货款的，为发出代销货物满 180 天的当天。"在这条规定修改后，企业利用代销延期纳税的情况大为缓解。

例 2-8

《企业所得税法》在 2003 年以前并没有将接受捐赠的所得作为应税所得，所以当时很多企业向客户销售货物或者提供劳务均按较低的价格收取销售（营业）收入，但与此同时，要求对方向自己进行一定的捐赠。例如，货物的市场价格为 100 万元，但向客户按 80 万元进行销售，并收取 80 万元的销货款，同时要求客户向自己捐赠 20 万元，这样里外里还是向客户收取了 100 万元，但其中有 20 万元可以不缴所得税。当然，从购货方的角度看，20 万元的捐赠由于不是公益性捐赠，所以在税前不能扣除。如果交易双方存在关联关系，而且销售方的所得税税率高于购货方，此时用接受捐赠的形式取得收入更有利可图。这是因为，即使购货方的捐赠支出在税前不能扣除，但由于税率较低，其增加的税负也少于销售方因取得不纳税的捐赠收入而减轻的税负。实际上，这种做法就是要避免取得应税收入。后来，这个法律瑕疵终于受到重视。2003 年 4 月，《国家税务总局关于执行〈企业会计制度〉需要明确的有关所得税问题的通知》（国税发〔2003〕45 号）做出规定："企业接受捐赠的货币性资产，须并入当期的应纳税所得，依法计算缴纳企业所得税；企业接受捐赠的非货币性资产，须按接受捐赠时资产的入账价值确认捐赠收入，并入当期应纳税所得，依法计算缴纳企业所得税。企业取得的捐赠收入金额较大，并入一个纳税年度缴税确有困难的，经主管税务机关审核确认，可以在不超过 5 年的期间内均匀计入各年度的应纳税所得。"2008 年实行的《企业所得税法》也明确将"接受捐赠收入"纳入企业应纳税的收入总额。这样，猖獗一时的利用取得捐赠收入避税的做法终于"寿终正寝"。

🛡 **例 2 - 9**

如图 2 - 1 所示，有一家美国公司持有我国一家企业的股权。对于应税所得，我国这家企业先要缴纳 25％的企业所得税，然后将税后利润按照美国公司的持股比重再分配给美国公司。在支付环节，按照我国与美国签订的税收协定，对于这笔利润，美国公司要缴纳 10％的预提所得税（由我国企业代扣代缴）。但是，若美国公司在中国成立一个分公司，然后由该分公司持有我国企业的股权，那么我国企业在缴纳 25％的企业所得税后再将利润分配给美国分公司，按照我国《企业所得税法》第二十六条"在中国境内设立机构、场所的非居民企业从

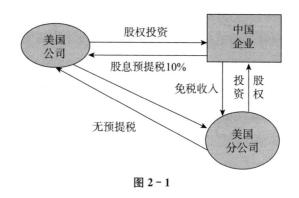

图 2 - 1

居民企业取得与该机构、场所有实际联系的股息、红利等权益性投资收益"为免税收入的规定，美国分公司分到这笔利润后可以免缴企业所得税。而美国分公司将这笔利润汇回美国总公司时也不用为美国总公司代扣代缴预提所得税，因为《企业所得税法》第三条第三款规定："非居民企业在中国境内未设立机构、场所的，应当就其来源于中国境内的所得缴纳企业所得税"，即我国征收的预提所得税只涉及跨国母、子公司之间分配股息、红利，跨国总、分公司之间汇回利润不征收预提所得税。这种税收制度实际上就给外国公司规避我国预提税提供了一个空间，好在目前商务部的相关法律法规不允许外国分公司持有我国企业的股权，所以外国公司并不能利用上述税法漏洞。然而，一旦放开外国在华分公司持有我国企业股权，这个法律漏洞就必须堵上。实际上，国外规避这种预提税一般有两个做法：一是有的国家对外国分公司向境外总公司汇出利润也像对待外国子公司一样征收预提所得税。例如，柬埔寨对外国分公司不仅按 20% 的税率课征公司税，而且对其汇出利润还要征收 14% 的预提所得税；菲律宾的公司税税率为 30%，分公司汇出利润还要为境外总公司代扣代缴 15％ 的预提所得税。二是有的国家对外国分公司要课征比本国居民企业更高的公司所得税（即分公司税）。例如，印度的公司所得税税率为 30％＋附加税税率（5％ 或 10％），而外国分公司的税率为 40％＋附加税税率（2％ 或 5％）。显然，外国分公司的税率高于本国居民企业，但外国分公司在向境外总公司汇出利润时则不再代扣代缴预提所得税。

例 2-10

土地增值税是在 20 世纪 90 年代出台的一个税种，主要是为了调节房地产企业过高的利润。《土地增值税暂行条例》第二条规定：转让国有土地使用权、地上的建筑物及其附着物并取得收入的单位和个人，为土地增值税的纳税义务人，应当缴纳土地增值税。此外，土地增值税实行四级超率累进税率，税率由 30％ 累进到 60％，这对转让房地产的企业来说是一笔不小的税收负担，所以很多要转让房地产的企业都想规避这个税种。一些专业机构也为这些企业出谋划策，提出用转让股权的方式替代转让房地产，即先用房地产作价出资注册成立一家企业，然后再转让这家企业的股权。从买家的角度说，买了这家企业的股权，就等于买了这家企业的房地产。而根据土地增值税的规定，买卖股权是不缴土地增值税的。这就如同卖蛋糕要缴税，但卖蛋糕盒就不用缴税，因而卖蛋糕的就把蛋糕放进蛋糕盒里，并对税务局说我卖的是蛋糕盒，不用缴税。在 2000年之前，税法对这种通过转让股权间接转让房地产的情况是否需要缴纳土地增值税确实也没有明确规定，所以很多企业利用这个政策空间规避土地增值税。为了堵住这个政策漏洞，2000

年下发的《国家税务总局关于以转让股权名义转让房地产行为征收土地增值税问题的批复》（国税函〔2000〕687号）指出："鉴于深圳市能源集团有限公司和深圳能源投资股份有限公司一次性共同转让深圳能源（钦州）实业有限公司100%的股权，且这些以股权形式表现的资产主要是土地使用权、地上建筑物及附着物，经研究，对此应按土地增值税的规定征税。"此后，《国家税务总局关于土地增值税相关政策问题的批复》（国税函〔2009〕387号）对广西玉柴营销有限公司将房地产作价入股一家企业，然后再转让该企业股权的行为也重申了这个政策精神："鉴于广西玉柴营销有限公司在2007年10月30日将房地产作价入股后，于2007年12月6日、18日办理了房地产过户手续，同月25日即将股权进行了转让，且股权转让金额等同于房地产的评估值。因此，我局认为这一行为实质上是房地产交易行为，应按规定征收土地增值税。"2011年，《国家税务总局关于天津泰达恒生转让土地使用权土地增值税征缴问题的批复》（国税函〔2011〕415号）也指出："经研究，同意你局关于'北京国泰恒生投资有限公司利用股权转让方式让渡土地使用权，实质是房地产交易行为'的认定，应依照《土地增值税暂行条例》的规定，征收土地增值税。"从国家税务总局上述三个文件的精神来看，对企业以转让股权的形式间接转让房地产的行为也不能一律征收土地增值税，要进行实质性分析，坚持"实质重于形式"的原则。从这三个文件的精神来看，对转让股权征收土地增值税需要具备几个前提条件：第一，纳税人一次性转让企业100%或绝大部分股权，而且受让人单一；第二，股权的价值与房地产的价值相等或接近（以股权形式表现的资产主要是房地产）；第三，以房地产作价入股与转让该股份的时间间隔过短。从各地的情况看，目前对通过转让股权间接转让房地产是否征收土地增值税的做法并不一致，有的地方较松，有的地方就很严。例如，《青岛市地方税务局关于印发〈房地产开发项目土地增值税清算有关业务问题问答〉的通知》（青地税函〔2009〕47 号）规定："股东将持有的企业股权转让，企业土地、房屋权属不发生转移，不征收土地增值税。"《安徽省地方税务局关于对股权转让如何征收土地增值税问题的批复》（皖地税政三字〔1996〕367 号）规定："对以转让房地产为盈利目的的股权转让，应按规定征收土地增值税。"《湖南省地税局财产和行为税处关于明确"以股权转让名义转让房地产"征收土地增值税的通知》（湘地税财行便函〔2015〕3 号）规定："据各地反映，以股权转让名义转让房地产规避税收现象时有发生，严重冲击税收公平原则，影响依法治税，造成了税收大量流失。总局曾下发三个批复明确'以股权转让名义转让房地产'属于土地增值税应税行为。为了规范我省土地增值税管理，堵塞征管漏洞，对于控股股东以转让股权为名，实质转让房地产并取得了相应经济利益的，应比照国税函〔2000〕687 号、国税函〔2009〕387 号、国税函〔2011〕415 号文件，依法缴纳土地增值税。"在国家税务总局的相关文件出台后，利用转让股权间接转让房地产的避税之风有所收敛，但没有完全刹住，有的企业还在想方设法规避税务总局"三个文件"的精神。例如，将股权转让给多个关联或非关联的受让人，然后再进行二次转让；用房地产和其他资产（如设备、债权等）共同注资企业，然后再转让企业的股权；拉长用房地产注资企业与转让企业股权的时间间隔；等等。从法律角度讲，转让股权和转让房地产毕竟是两回事，尽管股权价值对应的资产可能主要是房地产，但能不能根据这一点就一律把这种行为认定成避税，这在法律界也是有争议的。例如，最高法院对于"马庆泉、马松坚与瑞尚公司签订转让股权合同"一案的判决书中有这样一段话："瑞尚公司提出在工商登记机关备案的协议与双方当事人实际履行的协议内容不一致，规避了我国税法对于土地使用权转让交易的税收规定，规避缴纳营业税、土地增值税，是不合法的。……由于转让股权和转让土地使用权是完全不同的行为，当股权发生转让时，目标公司并未发生国有土地使用权转让的应税行为，目标公司并不需要缴纳营业税和土地增值税。如双方在履行合同中有规避纳税的行为，应向税务部门反映，由相关部门进行查处。"在这个案件中，目标公司的股权就是蛋糕盒，土地使用权就是蛋糕，最高法院判决书的意思是：尽管蛋糕盒的所有权（股权）转让了，但里面装着的蛋糕并没有脱离原有的蛋糕盒，所以卖蛋糕盒不能简单地跟卖蛋糕画等号。不过，最高法院的判决书也不否认纳税人可以利用这种行为避税，所以才提出"如双方在履行合同中有规避纳税的行为，应向税务部门反映，由相关部门进行查处"。所以，税务机关对于企业利用转让股权间接转让房地产的行为，不能"一刀切"，一定要就事论事，要根据"实质重于形式"的原则灵活应对。

当然，税法中有的瑕疵或漏洞并不是立法者粗心大意造成的，它是在特定情况下有意为之的。实际上，它就是一种税收优惠，而这种"瑕疵"或"漏洞"是不需要修补的。

例 2 - 11

在建筑业"营改增"后，建筑施工企业由原来缴纳 3% 的营业税改为缴纳 11% 的增值税。① 当然，如果建筑施工企业外购材料、设备时都能取得增值税进项税额发票，有充足的进项税额抵扣，其在"营改增"后的税负未必增加；但在当时，其采购的"地材"（如砂石等）有很多都得不到增值税专用发票，这样税负就有可能大幅上升。此外，建筑施工企业招收了大量农民工，一旦税负上升影响了企业效益，农民工的就业就可能受到影响。因此，当时国家给建筑业"营改增"确定的目标是税负"只减不增"。怎么才能做到这一点呢？2016 年 3 月，《财政部、国家税务总局关于全面推开营业税改征增值税试点的通知》（财税〔2016〕36 号）规定："一般纳税人为甲供工程提供的建筑服务，可以选择适用简易计税方法计税。"那么，什么是甲供工程呢？财税〔2016〕36 号文规定的"甲供工程是指全部或部分设备、材料、动力由工程发包方自行采购的建筑工程"。简言之，只要工程发包方（甲方）买了一块玻璃或一块瓷砖，这个工程就是"甲供工程"，因为这里的"部分设备、材料、动力"并没有具体的比例或金额方面的规定。实际上，这就是一个漏洞，而这个漏洞就是专门为建筑施工企业设置的，以保证其"营改增"后税负不增加。因为建筑施工企业一旦选择适用简易计税办法，就可以按 3% 的征税率缴纳增值税，而这个 3% 跟过去营业税的 3% 税率不同，营业税是价内税，而增值税是价外税。假定建筑施工企业取得 100 万元的营

————————

① 目前，建筑业的增值税税率降为 9%。

业额，其需要缴纳的营业税为 3 万元（＝100×3%）；如果按增值税简易计税办法，其只需要缴纳 2.91 万元［＝100÷(1＋3%)×3%］。这个制度设计确保了建筑企业在"营改增"过程中的税负只减不增。

例 2-12

金融业在"营改增"后有一项重要的变化就是"资管产品运营过程中发生的增值税应税行为，以资管产品管理人为增值税纳税人"［《财政部、国家税务总局关于明确金融房地产开发、教育辅助服务等增值税政策的通知》（财税〔2016〕140号）］。此前，在营业税时代，委托人将资金委托给受托人（基金公司、信托公司等）进行管理，受托人用这笔资金投资购买金融产品（资管产品），其产生的收入由委托人负责缴纳营业税，受托人既没有纳税义务，又没有代扣代缴义务，受托人只需要就其从委托方收取的手续费或佣金缴纳营业税。但在"营改增"以后，资管产品增值税的纳税义务由受托人承担。很多金融机构都觉得这项规定加重了自己的税收负担，但根据《销售服务、无形资产、不动产注释》（财税〔2016〕36 号的附件）中第一条第（五）项第 1 点对贷款服务的解释，"各种占用、拆借资金取得的收入，包括金融商品持有期间（含到期）利息（保本收益、报酬、资金占用费、补偿金等）收入、信用卡透支利息收入、买入返售金融商品利息收入、融资融券收取的利息收入，以及融资性售后回租、押汇、罚息、票据贴现、转贷等业务取得的利息及利息性质的收入，按照贷款服务缴纳增值税"。也就是说，资管产品只有"保本收益"才需要缴纳增值税。上述财税〔2016〕140 号文明确规定："'保本收益、报酬、资金占用费、补偿金'，是指合同中明确承诺到期本金可全部收回的投资收益。金融商品持有期间（含到期）取得的非保本的上述收益，不属于利息或利息性质的收入，不征收增值税。"在实际工作中，基金、信托机构所签订的投资协议都是不保本的，所以这些金融机构实际上不用缴纳增值税。

2.3　预先嵌入反避税条款

在依法纳税时代，税法本身就显得十分重要。如果法规里有漏洞，能给纳税人造成可乘之机，那么在税收上就一定会出现"漏网之鱼"。因此，制定税收法规是一项十分严谨的工作，国家出台的法律条文必须做到天衣无缝，在必要时必须嵌入一些反避税条款，使那些一心想避税的纳税人无从下手。目前，国家颁布的一些税收法规中就有这样的反避税条款，下面举一些例子。

🛡 **例 2 - 13**

我们先以《财政部、国家税务总局关于全面推开营业税改征增值税试点的通知》（财税〔2016〕36 号）为例进行说明。

（1）财税〔2016〕36 号文第十一条规定，有偿提供服务、有偿转让无形资产或者不动产要缴纳增值税，而"有偿，是指取得货币、货物或者其他经济利益"。这样就会打消纳税人用"以物易物"方式避税的念头。如果税法中没有针对"有偿"的上述定义，或者是将"有偿"限定在取得货币报酬，那么"你帮我运输、我为你咨询"的服务交换就会泛滥成灾，进而增值税也就很难征收了。

（2）财税〔2016〕36号文第十四条规定了"视同销售"，比如"单位或者个人向其他单位或者个人无偿转让无形资产或者不动产"视同销售，"但用于公益事业或者以社会公众为对象的除外"。这一条款主要是为了防止纳税人（特别是有关联关系的纳税人）之间通过"白送"（赠予）的方式避税。因为"白送"就没有任何回报，也不存在"有偿"的问题。如果承认这种"白送"行为不需要缴纳增值税，就会为纳税人开一个避税的口子。

（3）财税〔2016〕36号文第二十七条规定，"用于简易计税方法计税项目、免征增值税项目、集体福利或者个人消费的购进货物、加工修理修配劳务、服务、无形资产和不动产"的进项税额不得从销项税额中抵扣，而且特别明确"纳税人的交际应酬消费属于个人消费"。也就是说，交际应酬取得的进项税额不能用于抵扣。其实，企业在实际经营过程中确实需要一定的交际应酬，所以《企业所得税法实施条例》第四十三条规定：企业发生的与生产经营活动有关的业务招待费支出在一定的比例内可以税前扣除。但是，增值税在这方面管得很严格，因为若交际应酬的进项税额允许抵扣，那么税务机关在实际工作中就很难分清企业的哪些交际应酬是生产经营所必需的，哪些属个人消费行为，所以这次财税〔2016〕36号文采取了"一刀切"的做法，不留任何抵扣的余地，从而彻底堵住了利用交际应酬的进项税额进行抵扣的方法。

（4）增值税实质上是对纳税人增值额的课税，如果纳税人的增值率较高，即没有什么进项税额可用于抵扣，则作为小规模纳税人按照 3% 的征收率纳税比较有利；反之，如果增值率较低，则按一般纳税人销项税额减进项税额的办法纳税比较有利。在实践中，纳税人的增值率会随着采购周期的变化而变化。如果在采购高峰期企业的外购金额较大，增值率就会较低；而过了这个高峰期，企业的增值率就可能大幅回升。从税务筹划的角度看，企业最好是可以不断转换身份：采购高峰期按一般纳税人纳税，而过了采购高峰期则按小规模纳税人纳税。为了防止增值税纳税人变换身份避税，财税〔2016〕36号文第五条规定："除国家税务总局另有规定外，一经登记为一般纳税人后，不得转为小规模纳税人。"

（5）增值税的计税方法是，当期应纳税额等于当期销项税额减去进项税额，而当期销项税额又等于应税销售额乘以适用税率，因此应税销售额的大小就直接关系到纳税人当期应当缴纳的增值税税额。为了防止纳税人人为压低销售价格，进而以价外收费的形式获得补偿并避税，财税〔2016〕36号文第三十七条规定："销售额，是指纳税人发生应税行为取得的全部价款和价外费用"；"价外费用，是指价外收取的各种性质的收费"。

例 2 - 14

《企业所得税法》第三十四条规定："企业购置用于环境保护、节能节水、安全生产等专用设备的投资额，可以按一定比例实行税额抵免。"《企业所得税法实施条例》第一百条规定："企业所得税法第三十四条所称税额抵免，是指企业购置并实际使用《环境保护专用设备企业所得税优惠目录》、《节能节水专用设备企业所得税优惠目录》和《安全生产专用设备企业所得税优惠目录》规定的环境保护、节能节水、安全生产等专用设备的，该专用设备的投资额的10％可以从企业当年的应纳税额中抵免；当年不足抵免的，可以在以后5个纳税年度结转抵免。"如果一家企业购买了上面三个目录中的专用设备，但很快（如一年后）又将该设备低价出售，此时企业就可以得到两方面的税收利益：一是用国产设备投资额的10％冲抵了一部分应纳所得税的义务；二是设备买卖差价扣除折旧后的净损失可以冲减一部分应税所得。这两部分的税收利益有可能会超过其低价销售设备所遭受的经济损失。所以，如果《企业所得税法》第三十四条开了这个口子，不加进反避税条款，企业就可以"先买后卖"，从而达到避税的目的。正是为了防止出现税法的漏洞，《企业所得税法实施条例》第一百条还规定："享受前款规定的企业所得税优惠的企业，应当实际购置并自身实际投入使用前款规定的专用设备；企业购置上述专用设备在5年内转让、出租的，应当停止享受企业所得税优惠，并补缴已经抵免的企业所得税税款。"

🛡 例 2 - 15

目前，我国增值税的标准税率为13％，但如果不是一般纳税人，而是小规模纳税人，则可以按照简易计税办法纳税，征收率为3％（2020年因新冠疫情，后来临时性降为1％），同时不能抵扣进项税额。假定纳税人在纳税时可以选择一般纳税人的身份或小规模纳税人的身份，那么选择什么身份对自己更有利？我们知道，一般纳税人适用一般计税方法计税，即当期应

纳税额等于当期销项税额减当期进项税额，实际上就是用当期
的增值额乘以税率，而增值额又等于销售额乘以增值率。假定
纳税人是工业企业，适用 13% 的税率，销售额（不含税）用字
母 R 代替，增值率用字母 V 代替，当下面公式成立时，有

$$R \times V \times 13\% = R \times 3\%$$
$$V = 23.08\%$$

也就是说，如果该企业的增值率为 23.08%，企业选择一般纳
税人还是小规模纳税人的身份，其税负都是相同的。然而，如
果企业的增值率（V）超过了 23.08%，则选择小规模纳税人
对自己就比较有利。不过，在现实中，企业是不能随便选择纳
税身份的。增值税税法规定，如果纳税人的销售规模比较大，
年应征增值税的销售额（不含税）超过了 500 万元［《财政部、
税务总局关于统一增值税小规模纳税人标准的通知》（财税
〔2018〕33 号）］，应申请按照一般纳税人缴纳增值税。《增值
税一般纳税人登记管理办法》（国家税务总局令第 43 号）明确
规定：增值税纳税人年应税销售额超过财政部、国家税务总局
规定的小规模纳税人标准的，除按照政策规定选择作为小规模
纳税人纳税的，或者年应税销售额超过规定标准的其他个人，
都应当向主管税务机关办理一般纳税人登记。此外，除国家税
务总局另有规定外，纳税人一经认定为一般纳税人后，不得转
为小规模纳税人。那么，如果有的纳税人年销售额已经超过了
规定的标准，就是不按一般纳税人的身份纳税，怎么办？按照
《增值税暂行条例实施细则》第三十四条的规定，此时税务机
关对纳税人应按销售额依照增值税税率计算应纳税额，不得抵

扣进项税额，也不得使用增值税专用发票。简单地说，就是
"又打又罚"。这些严格的规定都是为了防止纳税人在一般纳税
人和小规模纳税人之间来回选择，也就是怎么对自己有利怎么
来。有了上述规定，就把纳税人的身份"锁死"。如果经营规
模（年销售额）超过了 500 万元，就要按照一般纳税人的规定
去缴纳增值税。当然，有的企业为了应对上述规定，选择企业
分立或分拆的办法进行避税，但如果一家企业的经营规模比较
大，比如每年几千万元的销售额，就很难通过分拆的办法去钻
小规模纳税人税负低的空子。

例 2 - 16

利用兼并重组避税是国外企业常用的一种手段，其中一个
重要的做法是盈利企业兼并亏损企业，其主要目的不是利用被
兼并企业的资源或市场，而是看上了其巨大的亏损额。国外的
税法通常规定"大鱼吃小鱼"时"大鱼"（兼并企业）可以用
自己的利润弥补"小鱼"（被兼并企业）的亏损；或者说，允
许用"小鱼"的亏损冲减"大鱼"的利润，从而达到减少"大
鱼"缴纳所得税的目的。然而，我国的企业所得税法内设了一
个防止利用"大鱼吃小鱼"避税的规定。《财政部、国家税务
总局关于企业重组业务企业所得税处理若干问题的通知》（财
税〔2009〕59 号）规定，在企业一般重组过程中，被合并企
业的亏损不得在合并企业结转弥补，只有在特殊重组的情况下
才可以例外。当然，税法对特殊重组也规定了严格的限定条
件。财税〔2009〕59 号文第五条规定："企业重组同时符合下
列条件的，适用特殊性税务处理规定：

（一）具有合理的商业目的，且不以减少、免除或者推迟缴纳税款为主要目的。

（二）被收购、合并或分立部分的资产或股权比例符合本通知规定的比例。

（三）企业重组后的连续 12 个月内不改变重组资产原来的实质性经营活动。

（四）重组交易对价中涉及股权支付金额符合本通知规定比例。

（五）企业重组中取得股权支付的原主要股东，在重组后连续 12 个月内，不得转让所取得的股权。"

财税〔2009〕59 号文规定，即使在特殊性税务重组的情况下，可由合并企业弥补的被合并企业的亏损也有限额的规定，即"限额＝被合并企业净资产公允价值×截至合并业务发生当年年末国家发行的最长期限的国债利率"。我国最长期限国债为 50 年期，如 2020 年 50 年期记账式附息（七期）国债的中标利率为 3.73%。假定被合并企业的净资产公允价值为 2 亿元，那么合并企业当年最多能用被合并企业 746 万元的亏损冲减其利润。国家税务总局下发的《企业重组业务企业所得税管理办法》（国家税务总局公告 2010 年第 4 号）规定："可由合并企业弥补的被合并企业亏损的限额，是指按《税法》规定的剩余结转年限内，每年可由合并企业弥补的被合并企业亏损的限额。"根据国家税务总局公告 2010 年第 4 号，如果被合并企业的亏损超过了 746 万元，则超过部分可以在未来 5 年内继续冲减合并企业的利润。有了这个规定，合并企业就不能再肆无忌惮地利用被合并企业的亏损避税了。

2.4 没有"天衣无缝"的税法

如果在法律法规条款上出现瑕疵或疏漏，就很容易被纳税人利用进行避税。然而，尽管在撰写税收法规时人们已经非常谨慎和小心，但有时仍可能出现百密一疏的现象，因而税法中的漏洞难以杜绝。这就需要税务机关在日常执法过程中不断发现问题和研究问题，及时向国家制定税收法规的部门反映情况，及时修改法律条文，完善税法。

例 2 - 17

目前，《企业所得税法》允许企业在税前扣除业务招待费、广告和业务宣传费，但各项扣除都有上限，前者的上限是当年销售（营业）收入的5‰，后者的上限是当年销售（营业）收入的15%。需要注意的是，扣除上限是按照销售（营业）收入的一定比例计算的，而不是按销售（营业）收入净额的一定比例计算。在这种情况下，企业就有可能人为扩大销售（营业）收入，比如卖货后再让对方退货，通过增加退货来增加销售（营业）收入。由于销售（营业）收入净额等于销售（营业）收入减去销售退回，所以若按销售（营业）收入净额来计算税前扣除的金额，就可以防止纳税人通过人为增加退货来增加税前扣除。其实，早在2000年5月，《国家税务总局关于印发〈企业所得税税前扣除办法〉的通知》（国税发〔2000〕84号）规定的业务招待费扣除限额就是按照销售（营业）收入净额计算的（目前，该文件已经失效）。该文件第四十三条规定："纳税人发生的与其经营业务直接相关的业务招待费，在下列规定比例范围内，可据实扣除：全年销售（营业）收入净额在1 500万元及其以下的，不超过销售（营业）收入净额的5‰；全年销售（营业）收入净额超过1 500万元的，不超过该部分的3‰。"按照销售（营业）收入净额的一定比例确定税前扣除的上限更为严密，有利于防止纳税人进行避税。当然，如果企业通过弄虚作假的方式扩大销售（营业）收入（比如让关联方假购货再退货），就构成了一种偷税行为。

🛡 **例 2 - 18**

《企业所得税法》第二十八条规定："国家需要重点扶持的高新技术企业，减按15％的税率征收企业所得税。"我国企业所得税的税率为25％，而高新技术企业的企业所得税税率优惠到15％，两者相差了10个百分点。如果不对高新技术企业规定严格的标准，一般企业肯定都想往高新技术企业上靠，那么避税的漏洞就会非常大。所以，《企业所得税法》对高新技术企业的申报条件做了严格的规定。《企业所得税法实施条例》第九十三条规定："企业所得税法第二十八条第二款所称国家需要重点扶持的高新技术企业，是指拥有核心自主知识产权，并同时符合下列条件的企业：（一）产品（服务）属于《国家重点支持的高新技术领域》规定的范围。（二）研究开发费用占销售收入的比例不低于规定比例。（三）高新技术产品（服务）收入占企业总收入的比例不低于规定比例。（四）科技人员占企业职工总数的比例不低于规定比例。（五）高新技术企业认定管理办法规定的其他条件。"

2016年1月29日，科技部、财政部、国家税务总局联合发布《高新技术企业认定管理办法》（国科发火〔2016〕32号），进一步明确了企业只有同时满足以下条件才能被认定为高新技术企业：

"（一）企业申请认定时须注册成立一年以上。

（二）企业通过自主研发、受让、受赠、并购等方式，获得对其主要产品（服务）在技术上发挥核心支持作用的知识产权的所有权。

（三）对企业主要产品（服务）发挥核心支持作用的技术属于《国家重点支持的高新技术领域》规定的范围。

（四）企业从事研发和相关技术创新活动的科技人员占企业当年职工总数的比例不低于10%。

（五）企业近三个会计年度（实际经营期不满三年的按实际经营时间计算，下同）的研究开发费用总额占同期销售收入总额的比例符合如下要求：

1. 最近一年销售收入小于5 000万元（含）的企业，比例不低于5%。

2. 最近一年销售收入在5 000万元至2亿元（含）的企业，比例不低于4%。

3. 最近一年销售收入在2亿元以上的企业，比例不低于3%。

其中，企业在中国境内发生的研究开发费用总额占全部研究开发费用总额的比例不低于60%。

（六）近一年高新技术产品（服务）收入占企业同期总收入的比例不低于60%。

（七）企业创新能力评价应达到相应要求。

（八）企业申请认定前一年内未发生重大安全、重大质量事故或严重环境违法行为。"

尽管看起来高新技术企业的认定条件已经很苛刻，但由于国科发火〔2016〕32 号文规定企业对其主要产品（服务）在技术上发挥核心支持作用的知识产权的所有权可以是通过"受让、受赠、并购等方式"获得，并不一定要自主研发，说白了就是可以花钱买，因而为企业获取高新技术企业的资格打开了方便之门。其他条件（如科技人员占比、研发费占销售收入的比例等）都比较容易满足，所以在实践中，企业"买"来一个高新技术企业资格的现象比较普遍。有的企业集团拥有多项技术专利，然后分别"卖"给不同的子公司，让其旗下的子公司都成为高新技术企业，而一旦成为高新技术企业，其适用的企业所得税税率就可以降到 15%，这样整个公司集团的税负都下降了。

例 2-19

目前，在《个人所得税法》中仍存在一些瑕疵或漏洞有待通过完善税法给予修补和堵塞。例如，个人接受一笔现金捐赠要不要纳税？我们已经谈到，目前《企业所得税法》明确规定企业接受的捐赠收入属于应纳税收入，但个人所得税的九大应税所得中没有个人捐赠所得。依据《个人所得税法》第二条的规定，"下列各项个人所得，应当缴纳个人所得税：（一）工资、薪金所得；（二）劳务报酬所得；（三）稿酬所得；（四）特许权使用费所得；（五）经营所得；（六）利息、股息、红利所得；（七）财产租赁所得；（八）财产转让所得；（九）偶然所得"。另外，2019 年 6 月发布的《财政部、税务总局关于个人取得有关收入适用个人所得税应税所得项目的公告》（财政部、税务总局公告 2019 年第 74 号）规定了偶然所得的范围，包括：①个人为单位或他人提供担保获得收入。②房屋产权所有人将房屋产权无偿赠予他人的，受赠人因无偿受赠房屋取得的受赠收入。③企业在业务宣传、广告等活动中，随机向本单位以外的个人赠送礼品（包括网络红包），以及企业在年会、座谈会、庆典以及其他活动中向本单位以外的个人赠送礼品，个人取得的礼品收入。也就是说，个人取得的捐赠收入只有在极个别的情况下才负有纳税义务，一般都是免税的。例如，根据财政部、税务总局公告 2019 年第 74 号，企业支付给个人的现金捐赠收入，只有属于在业务宣传、广告等活动中随机向其发放的网络红包，或者是在年会、座谈会、庆典等活动中向其发放的礼品（礼金），才需要缴纳个人所得税（由企业代扣代缴）。这样就会形成一个很大的税法漏洞，比如个人取得劳务报酬需要缴纳个人所得税，但如果从对方取得捐赠所得就可以不纳税；个人股东从自己的持股企业取得股息、红利需要缴纳 20% 的个人所得税，但如果个人股东让自己非关联的个人替自己接受企业的现金捐赠，就可以免缴个人所得税。现实中有一些案例，个人把自己应得的劳务报酬所得让对方支付单位打入指定的企业（这一步是违法的分解合同行为），企业在取得收入后缴纳增值税和企业所得税，再把税后利润作为捐赠所得支付给个人，此时个人是不缴纳个人所得税的。

🛡 **例 2 - 20**

财政部、税务总局公告 2019 年第 74 号提到，按照《财政部、国家税务总局关于个人无偿受赠房屋有关个人所得税问题的通知》（财税〔2009〕78 号）第一条的规定，符合以下情形的，对当事双方不征收个人所得税：①房屋产权所有人将房屋产权无偿赠予配偶、父母、子女、祖父母、外祖父母、孙子女、外孙子女、兄弟姐妹；②房屋产权所有人将房屋产权无偿赠予对其承担直接抚养或者赡养义务的抚养人或者赡养人；③房屋产权所有人死亡，依法取得房屋产权的法定继承人、遗嘱继承人或者受遗赠人。也就是说，如果是"三服之内"的亲属之间转让房产是可以免征个人所得税的，但这个文件也有一定的瑕疵，从而造成了漏洞。例如，叔叔要把自己的房产转让给自己的侄子，按照财税〔2009〕78 号文的规定，侄子接受房产是要缴纳个人所得税的。然而，如果叔叔先将房产转让给侄子的爸爸（叔叔的兄弟）或侄子的爷爷（叔叔的父亲），则可以享受免税，然后侄子的爸爸或爷爷再将这个房产转让给侄子，侄子也可以免税获得这个房产。财政部、税务总局公告 2019 年第 78 号的法律瑕疵就是没有规定纳税人在免税获得捐赠房产后多少年内不能再将该房产捐赠出去，并使受赠人享受免税。

有时，税法的瑕疵或漏洞"防不胜防"。例如，2019 年我国个人所得税改革实行了所谓"综合与分类相结合"的征管模式，在个人所得税的七大税目中把工资薪金、劳务报酬、稿酬和特许权使用费纳入综合征收的范围，实行 3%～45% 的七级超额累进税率，而对经营所得、财产租赁所得等实行分类征税。由于综合所得的范围存在瑕疵，这样就给一部分人（如前面提到的明星、网红等）提供了避税的空间。因为劳务报酬很容易转化成经营所得，而经营所得是按 5%～35% 的五级超额累进税率纳税，特别是一些地区还对经营所得实行核定征税，不需要按照收入总额减除成本、费用以及损失后的余额（应纳税所得额）计算纳税，只需要按照毛收入乘上 1.5%～3.5% 的征收率计算缴纳税款，这样经营所得的税负就比劳务报酬所得低很多。所以，一些常年取得较高劳务报酬的纳税人往往要成立工作室，其工商登记为个体工商户或个人独资企业，然后以工作室的名义对外签署劳务合同，以此将个人的劳务报酬转化为个人的经营所得，从中享受低税率的待遇。所以，个人所得税的下一步改革就是要将经营所得纳入综合所得中一并征税，《中共中央关于制定国民经济和社会发展第十四个五年规划和二〇三五年远景目标的建议》也提出了"扩大综合征收范围，优化税率结构"的个人所得税改革思路。当然，如前所述，现实经济生活中确实存在大量从事生活经营活动的个体工商户和个人独资企业，如果"一刀切"，将其经营所得也纳入综合所得一并使用 3%～45% 的累进税率征税，则可能因为税负上升而影响一部分个体经营者和投资者的生计，甚至还会影响一部分劳动者的就业。所以，今后个人所得税"扩大综合征收范围"的工作还不能操之过急，更不能把经营所得都纳入综合所得一并征税。

🛡 例 2－21

目前，增值税实行三档税率，即 13%、9% 和 6%，如果纳税人的业务范围（并非同一笔业务）既涉及 13% 税率的业务（如销售货物），又涉及 9% 税率的业务（如建筑安装或运输）

或 6％税率的业务（如设计、咨询），则属于兼营。增值税法规定，纳税人兼营不同税率的项目，应当分别核算不同税率项目的销售额；未分别核算销售额的，从高适用税率。实际上，这就是一个反避税条款。但是，一笔业务、一个合同如果涉及不同的税率应怎么处理？《财政部、国家税务总局关于全面推开营业税改征增值税试点的通知》（财税〔2016〕36 号）第四十条规定："一项销售行为如果既涉及服务又涉及货物，为混合销售。从事货物的生产、批发或者零售的单位和个体工商户的混合销售行为，按照销售货物缴纳增值税；其他单位和个体工商户的混合销售行为，按照销售服务缴纳增值税。"例如，一家设备制造企业对外销售设备的价格为每台 100 万元，并负责现场安装调试（收取费用 15 万元，以上价格均不含税），这 115 万元的销售（营业）收入怎么缴纳增值税？如果按照财税〔2016〕36 号文的精神，全部收入（115 万元）都要按 13％的增值税税率纳税，但由于安装调试没有多少进项税额可以抵扣，所以企业的税负就会较重。2018 年 7 月，《国家税务总局关于明确中外合作办学等若干增值税征管问题的公告》（国家税务总局公告 2018 年第 42 号）规定："一般纳税人销售自产机器设备的同时提供安装服务，应分别核算机器设备和安装服务的销售额，安装服务可以按照甲供工程选择适用简易计税方法计税。"也就是说，15 万元的安装调试费用可以按 3％的征收率缴纳增值税，而不适用 13％的税率。但如此一来，企业在定价上就出现了避税的空间，很有可能按每台 95 万元或更低的价格销售设备，而安装调试费用则抬高到 20 万元或更高。虽然总价款仍是 115 万元，但这笔业务需要缴纳的增值税却可以降低。当然，如果卖方与买方是按含税价签订合同，此时卖方压低设备销售价款、抬高安装调试费用的行为对买方是不利的，因为买方取得的增值税进项税额也会相应减少，其增值税纳税义务就会增加。所以，卖方能否采用这种方式避税还要看设备的供求关系和其在市场上的地位。

例 2 – 22

企业在合并、分立、出售、置换等企业重组过程中会发生货物（库存）的销售问题。2011 年 2 月，国家税务总局为了支持企业资产重组，下发了《关于纳税人资产重组有关增值税问题的公告》（国家税务总局公告 2011 年第 13 号），规定企业在资产重组过程中"将全部或者部分实物资产以及与其相关联的债权、负债和劳动力一并转让给其他单位和个人，不属于增值税的征税范围，其中涉及的货物转让，不征收增值税"。条款中特别提到了"和劳动力一并转让"，也就是说，只有当企业全部或部分地整体转让（实物资产、相关债权债务、劳动力）时，所涉及的货物转让才可以免征增值税。这个政策主要是鼓励企业解决劳动力就业问题，如果企业只转让实物资产，即把厂房和机器设备卖了，让职工失去工作岗位，这样就不能享受增值税的免税待遇。由此可见，这个文件的政策初衷是好的，但不够尽善尽美，因为其中并没有设置一个条款来防止企业先整体（含实物资产和劳动力等）转让，然后接受转让的企业再解雇职工。因此，在实践中就存在一些资产重组企业与下家串通，以整体资产转让的形式享受增值税免税待遇并避税。

第 3 章

转让定价的反避税管理

在各项反避税措施中，转让定价（transfer pricing）的税务管理是最常用也是最复杂的一种手段，它包括了对纳税人从事关联交易的认定、转让定价的审核以及利润调整等内容。

3.1 转让定价税务管理的意义

公司通过转移利润避税往往要有"三部曲"：首先，要找到一个低税区（税收洼地），并在那里注册子公司；然后，利用转让定价将利润转移到该子公司；最后，也是比较重要的一点，就是放在低税子公司的利润不能被母公司所在的高税区税务机关征税。从母公司的角度说，如果这个低税区是在国内，上述安排就属于国内避税；如果低税区是在国外，上述安排就属于国际避税。但无论是国内避税还是国际避税，转让定价在这里都发挥着重要的作用。

3.1.1 什么是转让定价

那么，什么是转让定价？转让定价是指公司集团内部机构之间或关联企业之间相互提供产品、劳务或财产等而进行的交易作价。这就有点像老百姓嘴里常说的"亲兄弟明算账"。"亲兄弟"在这里可以用来形容关联企业，即一个公司集团内部的成员企业，它们相互之间像兄弟之间存在着血缘关系那样存在着股权控制关系和利益关系；"明算账"形容关联企业之间进行买卖也要明码标价、计价收费，该多少钱给多少钱。当然，尽管亲兄弟之间的交易要"明算账"，但毕竟交易是在亲兄弟之间进行的，所以这种算账也可能与跟家族外部交易的那种算账不同，并不一定要锱铢必较、寸步不让。此时亲情可能会影响独立性，利益也可能会扭曲公平性。关联企业之间的转让定价也是一样，由于这些企业之间存在着根本利益的一致或者控制和被控制的关系，它们之间的转让定价有时会遵循市场上的独立交易原则，但有时也可能会违背独立交易原则，而转让定价一旦偏离独立交易原则，就可能被用作企业转移利润以及避税的工具。也就是说，一项交易通过转让定价确定的价格既可以等于市场自由竞争形成的价格，又可以不等于这种竞争价格。转让定价的这种特殊性，决定了它在公司集团的内部管理和避税方面有着广泛的用途。需要注意的是，公司集团人为操纵转让定价，使内部交易的转让价格高于或者低于市场竞争价格，以达到在公司集团内部转移利润的目的，这应该说是滥用转让定价（transfer pricing abuse），但在习惯上，有时人们就称其为转让定价。由此可见，转让定价是个中性的概念，而滥用转让定价才是个贬义词。

3.1.2 滥用转让定价为什么属于避税

从功能上看，转让定价可谓"身兼数职"，它除了是企业经营管理的手段之外，还可以充当避税的工具。**企业通过实施一定的转让定价策略，可以把公司集团的利润从高税区转移到低税区。**例如，为了使海外某一国家的子公司获得较高的利润，跨国母公司可以向其低价销售产品零部件，或由子公司向母公司高价出售产成品。又如，为了减少海外子公司的利润，跨国母公司在向其提供劳务、贷款或专利使用权时可以收取较高的劳务费、利息或特许权使用费，把子公司的一部分利润转到母公司的账上。此外，在关联企业的运输费、保险费、管理费、佣金等项费用的支付上也可以采用上述转让定价策略。当转让定价被用于跨国企业之间的利润转移时，它是国际避税的手段；当转让定价被用于国内企业之间的利润转移时，它是国内避税的工具。

纳税人利用转让定价或者说操纵转让定价达到少纳税或不纳税的目的之所以属于避税而不是偷税，主要是因为价格本身就是个盲区，是个不明之处。税法只是要求关联企业之间的交易作价也要像非关联企业之间的交易那样按照市场交易原则或公平交易原则定价，但没有也不可能明确规定某件产品或某项劳务应该值多少钱。《税收征管法》第三十六条规定："企业或者外国企业在中国境内设立的从事生产、经营的机构、场所与其关联企业之间的业务往来，应当按照独立企业之间的业务往来收取或者支付价款、费用；不按照独立企业之间的业务往来收取或者支付价款、费用，而减少其应纳税的收入或者所得额的，税务机关有权进行合理调整。"所以，对于纳税人利用转让定价转移利润的行为，税务机关要给予合理调整，即反避税，但一般不能按偷税论处。当然，凡事都有个度，如果纳税人做得太离谱，转让价格偏离市场价格（公允价格）的程度太大，税务机关仍有可能按照弄虚作假来定罪，从而认定这是一种偷税行为。正因为在实践中纳税人滥用转让定价是属于避税还是属于偷税可能说不清，所以有的国家对纳税人滥用转让定价避税也要给予经济处罚。例如，美国税法规定：对纳税人偷税要处以偷税额75%的罚款，如果触犯了刑法（即构成犯罪），还要处5年以下的监禁。对于纳税人利用转让定价避税，美国税法中也有罚款的规定，即"实质性和总估价误报罚款"（substantial and gross valuation misstatement penalty），也就是说：如果由于定价不合理导致大企业（C型股份有限公司）少纳税超过1万美元（个人或小企业超过5 000美元），就要缴纳该罚款。实质性和总估价误报罚款包括两类：一类是交易性罚款（transactional penalty），即如果税务机关认为企业在申报纳税时财产或劳务的定价比正确的价格高出200%或低于50%，就需要缴纳交易性罚款，罚款的比率为20%；如果价格定得比正确价格高出400%或低于25%，那么罚款比率就要提高到40%。第二类是调整净额罚款（net-adjustment penalty），即当税务机关根据所得税法第482节对企业利润进行调整而且调整净额超过了500万美元或纳税人年度总收入10%中的较小者，就要对纳税人处以20%的罚款；如果利润调整净额超过了2 000万美元或纳税人年度总收入20%中的较小者，罚款比率提高到40%。当然，如果纳税人的行为同时满足这两个处罚标准，不会被处罚两次，但调整净额罚款优先适用。美国对滥用转让定价避税有罚款的规定，主要就是考虑：如果不罚款，纳税人在滥用转让定价时就会有恃无恐，其制定的转让价格就会与公允价格相差很大，从而严重影响其纳税义务。目前，我国对企业滥用转让定价避税的行为只进行合理调整，但没有罚款措施，这对企业利用转让定价避税起不到震慑作用，而对企业滥用转让定价的行为也很难按偷税进行处理。

税务机关对企业滥用转让定价避税进行合理调整（特别纳税调整）的思路，就是参照独立企业（非关联企业）之间从事相同或类似交易的价格（或利润率）对关联企业之间的交易价格（或利润率）进行调整。 这就如同老百姓在市场上买东西要"货比三家"，价格不能让你一家说了算，还要看看其他商家同样的东西卖多少钱，道理都是一样的。所以，转让定价调整的关键是找到合理的参照系（benchmark），但这并不是一件容易事，我们后面再细说。

3.1.3 转让定价税务管理在我国的历程

我国从 20 世纪 80 年代开始大规模吸引外资，外国投资者纷纷来华举办外商投资企业（即"三资企业"），这为中国经济的快速发展增加了动力和活力。然而，在外资增长的同时，外商投资企业却纷纷出现亏损。据统计，1995—1999 年外商投资企业的亏损面高达 70%，即 100 家外资企业中就有 70 家是亏损的。这种现象引起了税务部门的高度关注，它们是真亏还是假亏？后来调查发现，许多外商投资企业的亏损是假亏，即外国母公司操纵转让定价将中国境内子公司的利润掏空，实际上就是将外商投资企业的利润转到了境外。难道是中国的税负重，才让外国投资者转移利润？其实，在改革开放之初，我国为了吸引外资就制定了一系列的税收优惠政策，如经济特区 15% 的优惠税率、企业所得税"两免三减半"等。在这种情况下，外商投资企业的税负已经很低了，它们还把利润转移出去，主要原因是外国投资者希望独享利润。统计资料表明，在20世纪八九十年代，我国的外商投资企业以中外合资企业为主，最高的时候达80％以上。中外合资企业的利润是由中外投资者按照出资比例共同分享的，但外国投资者希望独占整个企业的利润，其做法就是操纵转让定价，将大部分甚至全部合资企业的利润转移到境外母公司或关联企业，这样我国境内合资企业的账面就表现为亏损。从表面上看，此时的外国投资者也无利可分，但实际上这笔利润早已成了他们的囊中之物。由此可见，早期外国投资者操纵转让定价转移利润并不是为了国际避税，但其做法在客观上掏空了我国境内外商投资企业的利润，侵蚀了税基，从而严重影响了我国的税收利益。对于这种"无意中的避税"，各国税务机关也是要采取措施给予抑制的，不能放任自流。经合组织（OECD）在发布的《转让定价指南》中就指出："根据公平交易原则进行的纳税调整，即使是在纳税人没有减少或规避缴税意图的情况下也是恰当的。"①美国税法也规定，尽管跨国公司集团的总税负没有降低，但只要美国的税收利益受到侵蚀，也可以使用482节的规定对关联交易的利润进行调整。

　　然而，我国在改革开放初期并没有任何有关转让定价税务管理的法律法规，最早的一部法规还是地方性的，即1987年11月由深圳市人民政府颁布、1988年1月1日起实行的《深圳经济特区外商投资企业及关联公司交易业务税务管理的暂行办法》（深府〔1987〕464号）。此后，1991年4月全国人民代表大会通过的《中华人民

①　OECD Transfer Pricing Guidelines for Multinational Enterprises and Tax Administrations，2017.

共和国外商投资企业和外国企业所得税法》及同年 6 月国务院公布
的《中华人民共和国外商投资企业和外国企业所得税法实施细则》
中加进了一些相应的条款，规定税务机关对外资企业不合理的转让
定价有权进行调整，并对关联关系的判定做了原则上的规定。1992
年，《国家税务总局关于〈关联企业间业务往来税务管理实施办法〉
的通知》（国税发〔1992〕237 号）对关联关系做了比较详细的规
定。1998 年，《国家税务总局关于印发〈关联企业间业务往来税务
管理规程〉的通知》（国税发〔1998〕59 号）除规定了关联关系的
认定标准以外，还对关联交易的类型、关联交易额的确定、调查审
计对象的选择、调查审计的实施、调整方法的选用、税收调整的实
施、复议和诉讼等做出了详细规定。应当说，国税发〔1998〕59
号文是我国第一部比较全面、系统的有关转让定价税务管理的法
规，它奠定了我国转让定价税务管理的基础。2004 年，《国家税务
总局关于印发〈关联企业间业务往来预约定价实施规则（试行）〉的
通知》（国税发〔2004〕118 号）填补了我国预约定价安排（APA）
方面的法规空白。2008 年，我国实现了企业所得税的"两税合
一"，即内资企业和外资企业适用统一的企业所得税法。这部新税
法的第六章"特别纳税调整"加进了系统性的反避税制度措施。为
了配合新企业所得税法的实施，2009 年国家税务总局印发《特别
纳税调整实施办法（试行）》（国税发〔2009〕2 号）。一方面，其
对原有的国税发〔1998〕59 号文和国税发〔2004〕118 号文进行了
全面更新，使我国在转让定价税务管理与预约定价安排方面的规章
制度更加完善和健全；另一方面，其还对新企业所得税法中的其他
反避税措施进行了详细规定和补充，主要包括成本分摊协议管理、
受控外国企业管理（CFC）、资本弱化管理和一般反避税管理等。

2008 年国际金融危机爆发后，各国财政纷纷面临不同程度的困境，向反避税要财源成为许多国家的共识。受二十国集团（G20）的委托，经合组织（OECD）于 2013 年 2 月发布《应对税基侵蚀和利润转移（BEPS）》的研究报告，并于 2015 年 11 月向 20 国集团（G20）土耳其安塔利亚峰会提交了 15 项应对 BEPS 的行动计划。其中，第 8～10 项行动计划属于转让定价指南，强调转让定价的结果应当与跨国公司集团的价值创造高度一致，具体涉及关联企业之间无形资产、风险以及高风险交易的转让定价和利润分配问题；第 13 项行动计划涉及国别报告，它要求大型跨国企业必须准备国别报告，披露总收入、利润和纳税额在其从事经济活动的各国之间的分配状况。为了把 OECD 应对 BEPS 行动计划的精神转化为税务机关能够执行的法规，国家税务总局在 2016 年 6 月发布《关于完善关联申报和同期资料管理有关事项的公告》（国家税务总局公告 2016 年第 42 号）、2016 年 10 月发布《关于完善预约定价安排管理有关事项的公告》（国家税务总局公告 2016 年第 64 号）、2017 年 3 月发布《特别纳税调查调整及相互协商程序管理办法》（国家税务总局公告 2017 年第 6 号）。这三个文件使我国现行转让定价税务管理的制度法规与 OECD 应对 BEPS 行动计划的原则和方法完全接轨，从而将我国转让定价的反避税管理工作推向了一个新的历史阶段。

转让定价主要被用于跨国纳税人的国际避税，但它同样可用于国内避税。国际上有英属维尔京群岛、百慕大群岛、瓦努阿图、瑞士、爱尔兰等国际避税地，国内由于地区税收优惠政策同样形成了一些税收洼地。例如，从 2000 年开始，我国为了推动西部大开发，就规定对设在西部地区的鼓励类产业企业减按 15% 的税率征收企业所得税，该政策适用于内蒙古自治区、广西壮族自治区、重庆市、四川省、贵州省、云南省、西藏自治区、陕西省、甘肃省、青海省、宁夏回族自治区、新疆维吾尔自治区和新疆生产建设兵团等十几个省（自治区、直辖市）。此外，《企业所得税法》第二十九条规定："民族自治地方的自治机关对本民族自治地方的企业应缴纳的企业所得税中属于地方分享的部分，可以决定减征或者免征。"目前，企业所得税中央与地方的分享比例是六四开，即中央分享60％、地方分享40％。根据上述政策，民族自治地方对本地方企业缴纳的企业所得税中地方分享的40％部分可以免征，只征收中央分享的60％。这样一来，西部地区的一些民族自治地方鼓励类产业企业的实际税负仅为9％（＝15％×60％），这与我国25％的名义企业所得税税率相比已经属于低税了。例如，如果在宁夏银川设立鼓励类产业企业，其就可以享受15％的西部地区优惠税率以及民族自治地方企业应纳税额中属于地方分享部分的免征政策。据报道，2018 年银川市共减免各类企业所得税 23.05 亿元，其中民族自治地方的自治机关对本民族自治地方的企业应缴纳的企业所得税中属于地方分享的部分减征或免征企业所得税 3.08 亿元，对设在西部地区的 174 种鼓励类产业企业减按 15％的税率征收企业所得税共计减税 5 亿元。如果高税区（如北京）的企业直接在宁夏银川投资设立子公司，子公司的利润在当地按 9％的税率纳税，税后利润分配给高税区的母公司，按照现行的《企业所得税法》，母公司不用就这笔低税的利润进行补税。《企业所得税法》第二十六条第（二）款和《企业所得税法实施条例》第八十三条规定，居民企业直接投资于其他居民企业取得的投资收益为免税收入，所以不再需要补税。在上述税收法规背景下，如果高税区的母公司将利润转移至低税区的子公司，就可以达到避税的目的，而这个转移利润的手段主要是转让定价。

对于国内企业利用转让定价向低税区的关联企业转移利润要不要反避税？这个问题过去一直困扰着税务部门，而在以往的实践中，税务部门对国内关联企业之间的转移利润一般不进行审核调整，其主要原因是：如果高税区的税务机关调增了本地企业的利润，而低税区的税务机关不相应调减本地关联企业的利润，则该企业集团就会面临双重征税；在现行的分税制财政体制下，调减了企业利润就会影响本地的税收利益。所以，国内关联企业之间的转让定价调整往往会引发地区之间的扯皮。为了防止这种情况的发生，过去往往以"肉烂在锅里"为由对国内的转让定价避税行为不进行管理，转让定价的反避税管理主要聚焦在外商投资企业向境外关联方转移利润。2018 年 11 月 14 日的《中国税务报》就曾刊登过一个国内转让定价避税的案例。A 公司是一家外商投资企业，主要从事货物生产和销售，2011—2013 年的经营规模不断扩大，销售收入逐年增加。2011—2012 年 A 公司的利润率均在 30% 以上，但到 2013 年其利润率骤降至不足 10%。这种反常现象引起了当地税务机关的注意，并成立了检查组对 A 公司进行调查。通过查询征管信息得知，A 公司在 2011 年和 2012 年享受了税收优惠政策，减按 12.5% 的税率纳税，但从 2013 年起按 25% 的税率纳税。由于 A 公司所属的 C 集团公司已在国内上市，检查组查询了上市公司的财务报表，发现 A 公司在 C 集团公司中是销售大户，而且在 2012 年以前对 C 集团公司利润的贡献率为 80%，2013 年骤降为 20%。但在 A 公司利润率下降的同时，C 集团公司的整体利润还在上升。由于没有 A 公司 2013 年度与其关联企业业务往来的申报信息，检查组调取了 A 公司的开票系统数据，查询分析该公司与其关联企业间的交易情况。通过分析，检查组发现，2013 年 C 集团公司中销售额增长最大的企业是 B 公司。B 公司在 2012 年成立于西部地区，享受西部大开发地区 15% 的优惠税率，其与 A 公司同被第三方 100% 控股，构成关联企业。检查组查阅了 C 集团公司披露的上市公司年度报告，并分析了报告中 2013 年度 C 集团各公司的收入和利润情况，发现在 A 公司利润大幅下降的同时，B 公司的利润同比增长了 20 多倍。由此，检查组对 A 公司利润骤降的猜疑有了答案。接下来，检查组从 A、B 公司相关业务的真实性、价格的合理性以及 B 公司的经营情况三方面展开调查。通过调查，检查组发现 A 公司的销售业务分为两部分：一是直销业务，即把产品通过自己的销售终端直接卖给消费者；二是经销商业务，即把产品卖给经销商，通过经销商分销。2011—2012 年 A 公司的经销商数量稳定在 70 家左右，从经销商取得的销售收入在 3 亿元左右。但到 2013 年底，其经销商仅剩 20 余家，收入锐减到不足 2 000 万元。与此同时，A 公司将其与经销商之间的直接销售方式改为先由 A 公司将货物销售给 B 公司，再由 B 公司销售给经销商。这意味着 A 公司将原属于自己的销售市场让给了 B 公司，而增加 B 公司这个销售环节直接导致 A 公司的营业收入和利润急剧下降。事实上，虽然 A 公司增加了 B 公司的销售环节，但与以往的销售方式相比，四项主要内容并无变化：一是销售货物的形式未发生变化，B 公司不对购入的货物承担加工或提供商标权等职责；二是销售政策不变，并未因改变销售方而改变销售价格或销售条件；三是经销商不变，并未因改变销售方而扩大销售区域和新增经销商；四是向经销商的供货渠道不变，发货地点和结算方式未发生大变化。检查组由此确定，

A公司对销售方式的调整并不具备商业实质，明显是利用转让定价向低税区企业转移利润。通过调查A公司与B公司间的交易定价政策，并将此政策与A公司向非关联经销商的定价政策作对比，检查组发现：A公司对B公司的销售定价政策为"完全成本加10%"；而对非关联经销商的销售定价采取折扣价方法，即以产品成本5倍的挂牌价为基础，根据经销商的级别按不同折扣率确定销售价格。根据A公司三年的经销商折扣率资料，计算出此销售渠道的平均折扣率为47%。据此计算，A公司面向非关联经销商的销售价格是其向B公司销售价格的2倍以上。也就是说，对于同一项销售业务，若A公司直接卖给经销商，所得利润是成本的近2倍，而卖给B公司，取得的利润仅为成本的10%。根据以上事实，检查组认为：作为关联企业，A公司与B公司间的业务往来缺乏真实商业目的，而且交易价格明显偏低，由于企业间存在企业所得税税负差，所以其通过操纵转让定价避税的目的明显。尽管税务机关发现了A公司在进行避税，但处理起来异常困难。因为当时税务部门依据《特别纳税调整实施办法（试行）》对转让定价进行纳税调整主要针对的是国际避税，而且反避税有一套复杂而专业的方法，稽查人员往往难以胜任，所以这个案子在当时只能不了了之。

但是，随着国内税收洼地的大量涌现，企业在国内利用转让定价避税的情形愈演愈烈，已经到了不管不行的地步。所以，国家税务总局下发的《特别纳税调查调整及相互协商程序管理办法》（国家税务总局公告2017年第6号）第三十八条规定："实际税负相同的境内关联方之间的交易，只要该交易没有直接或者间接导致国家总体税收收入的减少，原则上不作特别纳税调整。"该条款的言外之意就是，如果境内关联方之间交易的转让定价导致了国家总体税收收入的减少，就要对其进行特别纳税调整。因此，从国家税务局公告 2017 年第 6 号发布后，境内关联方之间转让定价的反避税管理案例越来越多，企业财务和税务人员对这个问题都有了高度的重视。2019 年 1 月 11 日的《中国税务报》也披露了一个案例。M 集团股份有限公司是国内一家知名的食品企业，在全国设有 70 多家子公司，负责生产集团旗下的各品牌产品。甲市通过招商引资让 M 集团公司在本地投资成立了子公司 A。当地税务机关通过数据分析发现，2017 年 A 公司的利润率为 5.3%，而同一年度 M 集团公司的整体利润率为 9.11%，A 公司的利润率明显偏低。此外，当年 A 公司的增值税税负率为 2.48%，企业所得税的税负率为 1.11%，都显著低于当地同类型企业的平均水平。为了找出问题所在，甲市税务机关调取了外省乙市 B 公司的相关数据。B 公司在业务性质、市场环境、经营范围和营收规模等方面都与 A 公司大致相同，但数据显示，2017 年 B 公司的利润率为 10.52%，是 A 公司利润率的将近一倍。税务人员进一步对比 A、B 两家公司的经营数据后发现，A 公司销售给 M 集团公司的产品价格过低，如某种食品的价格为每箱 21.4 元，而 M 集团公司的对外销售价格为每箱 40.3 元；另一种食品的这两个价格分别为 21 元和 38.2 元。最后，税务机关发现，A 公司适用 25% 的企业所得税税率，而 M 集团公司注册在西部地区，适用 15% 的优惠税率；A 公司低价向 M 集团公司销售产品，即向低税区转移利润的动机非常明显。据此，税务人员与 M 集团公司的相关人员进行了沟通。最后，M 集团公司的负责人承认其内部关联交易的价格确实不合理，存在利润转移的情况，今后将严格规范集团内部交易，合理确定内部交易价格。

3.2 关联企业的判定

有关转让定价税务管理的法规都是针对关联企业之间的交易，因为只有在关联交易中才能操纵价格。如果是独立企业之间的非关联交易，即使价格再低或者再高，也应当认为是合理的，是由市场决定的，税务机关对其是不能进行调整的。这就如同我们在路边看到的"挥泪大甩卖""跳楼价"等，尽管商家甩货的价格定得特别低，但税务机关也不能加以干涉，更不能对他们的利润进行调整，因为商家和消费者之间没有任何关联关系。所以，转让定价税务管理的前提是判定关联关系。如果交易双方之间不具有关联关系，那么转让定价法规对这笔交易就不适用。如果交易双方属于关联企业，则税务部门就有权对交易作价进行审核。如果发现交易作价不合理，明显偏离正常的市场价格或合理价格，税务部门就要依据转让定价法规对不合理的转让定价进行调整。

在实践中，企业之间的关联关系主要反映在三个方面，即管理、控制和资本。《中华人民共和国税收征收管理法实施细则》第五十一条指出："税收征管法第三十六条所称关联企业，是指有下列关系之一的公司、企业和其他经济组织：（一）在资金、经营、购销等方面，存在直接或者间接的拥有或者控制关系；（二）直接或者间接地同为第三者所拥有或者控制；（三）在利益上具有相关联的其他关系。"国际税收协定的两大范本（即《经合组织范本》和《联合国范本》）规定，凡符合下述两个条件之一者，便构成跨国关联企业的关联关系：①缔约国一方企业直接或间接参与缔约国另一方企业的管理、控制或资本；②同一人直接或间接参与缔约国一

方企业和缔约国另一方企业的管理、控制或资本。参与管理是指对
企业经营管理权的控制，即如果一家企业对另一家企业在经营、购
销、筹资等方面拥有实际控制权，那么这两家企业之间就具有关联
关系。参与控制是指一家企业有权任命另一家企业的董事或高级管
理人员，或者有权为另一家企业制定基本的或主要的经营决策，如
果一家企业能够参与另一家企业的控制，那么这两家企业之间就具
有关联关系。参与资本是指拥有对方企业一定比例的股本，掌握其
一定的股权，如果一家企业在另一家企业中拥有一定比例的股权，
这两家企业就具有关联关系。控制一家企业的股权之所以重要，是
因为对股份制企业而言，如果能对其控股，就能掌握其经营管理和
经营决策权。但握有一家企业多大比例的股本才算控股，这并无一
定之规。在股权十分分散的情况下，拥有一家企业 5％ 或 5％ 以下
的股份就可能控制这家企业，并不需要拥有 50％ 以上的股权。所以
在实践中，从参股的角度来判别企业间的关联关系必须由税务部门
统一规定一个控股比例，我国税法采用的是 25％ 的比例。《国家税
务总局关于完善关联申报和同期资料管理有关事项的公告》（国家
税务总局公告 2016 年第 42 号）提出了七条关联关系的判定标准，
其中的第（一）款就是股权判定标准，即"一方直接或者间接持有
另一方的股份总和达到 25％ 以上；双方直接或者间接同为第三方所
持有的股份达到 25％ 以上。如果一方通过中间方对另一方间接持有
股份，只要其对中间方持股比例达到 25％ 以上，则其对另一方的持
股比例按照中间方对另一方的持股比例计算"。这与 2009 年国家税
务总局印发的《特别纳税调整实施办法（试行）》（国税发〔2009〕
2 号）中规定的股权判定标准是一致的。但国家税务总局公告 2016
年第 42 号补充了一点，即"两个以上具有夫妻、直系血亲、兄弟

姐妹以及其他抚养、赡养关系的自然人共同持股同一企业，在判定关联关系时持股比例合并计算"。

在此，间接持股比例一般按连乘法计算，下面举几个例子。

例 3 - 1

A公司持有B公司60%的股份，B公司又持有C公司50%的股份，则A公司间接持有C公司30%（＝60%×50%）的股份。按照25%的控股比例要求，A公司与C公司是关联企业。

例 3 - 2

A公司持有B公司20%的股份，同时还持有C公司10%的股份；B公司持有C公司80%的股份。此时，A公司直接持有C公司10%的股份，间接持有C公司16%（＝20%×80%）的股份，因而A公司直接和间接持有C公司的股份总和达到了26%，所以A公司与C公司也是关联企业。

例 3 - 3

A公司持有B公司25%的股份，B公司又持有C公司50%的股份，按照"只要一方对中间方持股比例达到25%以上，则一方对另一方的持股比例按照中间方对另一方的持股比例计算"的规定，A公司持有C公司50%的股份。

《国家税务总局关于完善关联申报和同期资料管理有关事项的公告》（国家税务总局公告2016年第42号）除规定了判定企业关联关系的股权标准外，还规定了六条其他标准，这六条标准实际上都是从经营管理权的控制角度来判定企业之间的关联关系的。也就是说，根据实质重于形式的原则，从经营管理和控制方面倒推出企业之间存在着的利益关联关系。这六条标准具体包括：

（1）双方存在持股关系或者同为第三方持股，虽持股比例未达到 25％的规定，但双方之间借贷资金总额占任一方实收资本比例达到 50％以上，或者一方全部借贷资金总额的 10％以上由另一方担保（与独立金融机构之间的借贷或者担保除外）。也就是说，两个企业之间虽有持股关系（这也是一个前提条件），但持股比例达不到 25％的标准，不过两个企业之间还存在借贷关系，而且借贷资金的规模比较大，达到了借方或者贷方实收资本的 50％以上。在实际经济生活中，如果借贷双方没有任何关联关系，这种情况对于资金出借方（贷方）的风险是很大的，那么既然出现了这种借贷情况，说明两个企业之间一定有关联关系。担保的情况也是一样，如果一个企业的借贷资金 10％以上是由另一个企业提供担保的，根据担保法，保证人要对债权人受到的损失承担赔偿责任。如果保证人为一个企业（债务人）10％以上的借贷资金提供担保，其承担的赔偿责任是很大的；相应地，其也承担了很大的风险。税务机关根据这一事实就可以倒推出这两个企业之间具有关联关系，因为如果没有关联关系，企业不会愿意在这种情况下充当保证人。

（2）双方存在持股关系或者同为第三方持股，虽持股比例未达到 25％的规定，但一方的生产经营活动必须由另一方提供专利权、非专利技术、商标权、著作权等特许权才能正常进行。

这里也强调，虽然没有达到 25％的持股比例标准，但一方的生产经营活动离不开另一方提供专利权、非专利技术、商标权、著作权等特许权；或者说，后者通过这些特许权控制着前者，让前者听命于自己，如果前者不受自己控制，就可以切断其生产经营的命脉。用老百姓的话讲，你的小命在我手里攥着，你能不听我的？税务机关根据这种事实，也可以推断出两个企业之间具有关联关系（在这里是控制和被控制的关系）。

（3）双方存在持股关系或者同为第三方持股，虽持股比例未达到25％的标准，但一方的购买、销售、接受劳务、提供劳务等经营活动由另一方控制。也就是说，如果一方有权决定另一方的财务和经营决策，并能据以从另一方的经营活动中获取利益，双方之间就可能被认定为具有关联关系。这种经营决策体现在购买、销售、接受劳务、提供劳务等业务活动的价格、交易条件等方面。

（4）一方半数以上董事或者半数以上高级管理人员（包括上市公司董事会秘书、经理、副经理、财务负责人和公司章程规定的其他人员）由另一方任命或者委派，或者同时担任另一方的董事或者高级管理人员；或者双方各自半数以上董事或者半数以上高级管理人员同为第三方任命或者委派。

这个标准没有提到股权控制，但强调了一方有一半以上的董事或高级管理人员是由另一方任命或委派的。因为企业的很多重大决策是由董事会决定的，而企业之间的交易价格也是由高级管理人员制定的，如果出现了上述事实，那么税务机关完全有理由认为前者的经营决策（包括定价政策）是由后者控制的，根据实质重于形式的原则就可以推断出两者之间存在关联关系。同理，如果一方半数以上董事或者高级管理人员同时担任另一方的董事或者高级管理人员，出现了所谓两个企业一套管理团队的情况，那么判定这两个企业之间存在关联关系也就有据可依了。还有一种情况，即两个企业各自半数以上的董事或者高级管理人员同为第三方任命或者委派，这种情况类似于两个企业25％以上的股份被同一个第三方所控制，据此也可以推断出两个企业之间的关联关系。

（5）具有夫妻、直系血亲、兄弟姐妹以及其他抚养、赡养关系的两个自然人分别与双方具有前述关系之一。

这条明确了具有夫妻、直系血亲、兄弟姐妹以及其他抚养、赡养关系的两个自然人分别与待判定是否构成关联关系的两个企业因持股关系、资金借贷关系、生产经营需要依赖特定特许权交易、控制关系以及董事或高级管理人员的任职而构成关联关系的，待判定的双方企业也构成关联关系。例如，甲、乙两个企业赖以经营的核心技术或专利分别由两个自然人拥有，而这两个自然人具有直系血亲（如兄弟）关系，此时甲企业和乙企业也构成关联关系。

（6）双方在实质上具有其他共同利益。

如果两个企业之间具有关联关系，那么它们之间的交易作价就要经得起税务机关的检验，就要符合独立交易原则。当然，这里的交易类型包括了企业之间的各类交易，具体包括：

（1）有形资产使用权或者所有权的转让。有形资产包括商品、产品、房屋建筑物、交通工具、机器设备、工具器具等。

（2）金融资产的转让。金融资产包括应收账款、应收票据、其他应收款项、股权投资、债权投资和衍生金融工具形成的资产等。

（3）无形资产使用权或者所有权的转让。无形资产包括专利权、非专利技术、商业秘密、商标权、品牌、客户名单、销售渠道、特许经营权、政府许可、著作权等。

（4）资金融通。资金包括各类长短期借贷资金（含集团"资金池"）、担保费、各类应计息预付款和延期收付款等。

（5）劳务交易。劳务包括市场调查、营销策划、代理、设计、咨询、行政管理、技术服务、合约研发、维修、法律服务、财务管理、审计、招聘、培训、集中采购等。

3.3 同期资料

同期资料是企业进行关联交易时按规定应当准备和提供的文件资料，它是企业"自证清白"的凭据，也是主管税务机关审核和调整关联交易转让定价的重要参考依据。 企业通过提供同期资料，可以向主管税务机关说明，虽然自己从事的是公司集团内部的关联交易，但这种交易的定价是符合独立交易原则的，并没有转移利润并从中避税的嫌疑。税务机关根据企业提供的同期资料，再结合该企业的经营情况以及所属行业的情况，也可以深入了解企业关联交易的定价原则以及是否有转移利润和规避税收的情况。《企业所得税法》第四十三条规定："税务机关在进行关联业务调查时，企业及其关联方，以及与关联业务调查有关的其他企业，应当按照规定提供相关资料。"《企业所得税法实施条例》第一百一十四条规定：企业所得税法第四十三条所称相关资料，包括与关联业务往来有关的价格、费用的制定标准、计算方法和说明等同期资料。《国家税务总局关于完善关联申报和同期资料管理有关事项的公告》（国家税务总局公告2016 年第 42 号）要求提供的同期资料包括主体文档、本地文档和特殊事项文档。需要注意的是，如果企业仅与境内关联方发生关联交易，可以不准备主体文档、本地文档和特殊事项文档。

3.3.1 主体文档

主体文档是披露关联企业所属跨国企业集团全球业务整体情况的文件资料。如果我国境内的企业在年度内发生跨境关联交易，并且其所属的跨国企业集团已准备主体文档；或者我国境内企业年度关联交易总额超过了 10 亿元人民币，都需要提供主体文档。根据《国家税务总局关于明确同期资料主体文档提供及管理有关事项的公告》（国家税务总局公告 2018 年第 14 号），依照规定需要准备主体文档的企业集团，如果集团内企业分属两个以上税务机关管辖，可以选择任一企业主管税务机关主动提供主体文档。当集团内其他企业被主管税务机关要求提供主体文档时，在向主管税务机关书面报告集团主动提供主体文档的情况后，可免于提供。主体文档应当包括以下内容：

1. 组织架构

以图表形式说明企业集团的全球组织架构、股权结构和所有成员实体的地理分布。成员实体是指企业集团内任一营运实体，包括公司制企业、合伙企业和常设机构等。

2. 企业集团业务

（1）企业集团业务描述，包括利润的重要价值贡献因素。

（2）企业集团营业收入前五位以及占营业收入超过 5% 的产品或者劳务的供应链及其主要市场的分布情况。供应链情况可以采用图表形式进行说明。

（3）企业集团除研发外的重要关联劳务及简要说明，说明内容包括主要劳务提供方提供劳务的胜任能力、分配劳务成本以及确定关联劳务价格的转让定价政策。

（4）企业集团内各成员实体主要价值贡献分析，包括执行的关键功能、承担的重大风险以及使用的重要资产。

（5）企业集团会计年度内发生的业务重组，产业结构调整，集团内企业功能、风险或者资产的转移。

（6）企业集团会计年度内发生的企业法律形式改变、债务重组、股权收购、资产收购、合并、分立等。

3. 无形资产

（1）企业集团开发、应用无形资产及确定无形资产所有权归属的整体战略，包括主要研发机构所在地和研发管理活动发生地及其主要功能、风险、资产和人员情况。

（2）企业集团对转让定价安排有显著影响的无形资产或者无形资产组合，以及对应的无形资产所有权人。

（3）企业集团内各成员实体与其关联方的无形资产重要协议清单，重要协议包括成本分摊协议、主要研发服务协议和许可协议等。

（4）企业集团内与研发活动及无形资产相关的转让定价政策。

（5）企业集团会计年度内重要无形资产所有权和使用权关联转让情况，包括转让涉及的企业、国家以及转让价格等。

4. 融资活动

（1）企业集团内各关联方之间的融资安排以及与非关联方的主要融资安排。

（2）企业集团内提供集中融资功能的成员实体情况，包括其注册地和实际管理机构所在地。

（3）企业集团内各关联方之间融资安排的总体转让定价政策。

5. 财务与税务状况

（1）企业集团最近一个会计年度的合并财务报表。

（2）企业集团内各成员实体签订的单边预约定价安排、双边预约定价安排以及涉及国家之间所得分配的其他税收裁定的清单及简要说明。

（3）报送国别报告的企业名称及其所在地。

3.3.2　本地文档

本地文档是披露我国境内从事关联交易的企业经营活动详细情况的文件资料。凡是关联交易额达到以下标准之一的境内企业，均应当准备本地文档：

（1）有形资产所有权转让金额（来料加工业务按照年度进出口报关价格计算）超过 2 亿元。

（2）金融资产转让金额超过 1 亿元。

（3）无形资产所有权转让金额超过 1 亿元。

（4）其他关联交易金额合计超过 4 000 万元。

需要注意的是，如果企业在上述四大类关联交易中有一项达标，则需要就所有关联交易准备本地文档。例如，如果企业年度内关联劳务交易的金额超过了 4 000 万元，而有形资产所有权转让金额为 1 亿元，金融资产转让金额为 5 000 万元，那么也需要为有形资产所有权转让和金融资产转让这两种关联交易准备本地文档。本地文档应当披露下述详细内容：

1. 企业概况

（1）组织结构，包括企业各职能部门的设置、职责范围和雇员数量等。

（2）管理架构，包括企业各级管理层的汇报对象以及汇报对象的主要办公所在地等。

（3）业务描述，包括企业所属行业的发展概况、产业政策、行业限制等影响企业和行业的主要经济及法律问题，主要竞争者等。

（4）经营策略，包括企业各部门和各环节的业务流程、运营模式、价值贡献因素等。

（5）财务数据，包括企业不同类型业务和产品的收入、成本、费用及利润。

（6）涉及本企业或者对本企业产生影响的重组或者无形资产转让情况，以及对本企业的影响分析。

2. 关联关系

（1）关联方信息，包括直接或者间接拥有企业股权的关联方，以及与企业发生交易的关联方，内容涵盖关联方名称、法定代表人、高级管理人员的构成情况、注册地址、实际经营地址，以及关联个人的姓名、国籍、居住地等情况。

（2）上述关联方适用的具有所得税性质的税种、税率及相应可享受的税收优惠。

（3）本会计年度内，企业关联关系的变化情况。

3. 关联交易

（1）关联交易概况。

1）关联交易描述和明细，包括与关联交易相关的合同或者协议副本及其执行情况的说明，交易标的的特性，关联交易的类型、参与方、时间、金额、结算货币、交易条件、贸易形式，以及关联交易与非关联交易业务流程的异同等。

2）关联交易流程，包括关联交易的信息流、物流和资金流，与非关联交易业务流程的异同。

3）功能风险描述，包括企业及其关联方在各类关联交易中执行的功能、承担的风险和使用的资产。

4）关联交易定价影响要素，包括关联交易涉及的无形资产及其影响，成本节约、市场溢价等地域特殊因素。地域特殊因素应从劳动力成本、环境成本、市场规模、市场竞争程度、消费者购买力、商品或者劳务的可替代性、政府管制等方面进行分析。

5）关联交易数据，包括各关联方、各类关联交易涉及的交易金额，应分别披露关联交易和非关联交易的收入、成本、费用和利润；不能直接归集的，按照合理比例划分，并说明该划分比例的依据。

（2）价值链分析。

1）企业集团内的业务流、物流和资金流，包括商品、劳务或者其他交易标的的设计、开发、生产制造、营销、交货、结算、消费、售后服务、循环利用等各环节及其参与方。

2）上述各环节参与方最近会计年度的财务报表。

3）地域特殊因素对企业创造价值贡献的计量及其归属。

4）企业集团利润在全球价值链条中的分配原则和分配结果。

（3）对外投资。

1）对外投资基本信息，包括对外投资项目的投资地区、金额、主营业务及战略规划。

2）对外投资项目概况，包括对外投资项目的股权架构、组织结构，高级管理人员的雇用方式，项目决策权限的归属。

3）对外投资项目数据，包括对外投资项目的营运数据。

（4）关联股权转让。

1）股权转让概况，包括转让背景、参与方、时间、价格、支付方式，以及影响股权转让的其他因素。

2）股权转让标的的相关信息，包括股权转让标的所在地，出让方获取该股权的时间、方式和成本，股权转让收益等信息。

3）尽职调查报告或者资产评估报告等与股权转让相关的其他信息。

（5）关联劳务。

1）关联劳务概况，包括劳务提供方和接受方，劳务的具体内容、特性、开展方式、定价原则、支付形式，以及劳务发生后各方的受益情况等。

2）劳务成本费用的归集方法、项目、金额、分配标准、计算过程及结果等。

3）企业及其所属企业集团与非关联方存在相同或者类似劳务交易的，还应当详细说明关联劳务与非关联劳务在定价原则和交易结果上的异同。

（6）预约定价安排。

与企业关联交易直接相关的其他国家税务主管当局签订的预约定价安排和做出的其他税收裁定。

4. 可比性分析

（1）可比性分析考虑的因素包括交易资产或者劳务特性，交易各方的功能、风险和资产，合同条款，经济环境，经营策略等。

（2）可比企业执行的功能、承担的风险以及使用的资产等相关信息。

（3）可比对象的搜索方法、信息来源、选择条件及理由。

（4）所选取的内部或者外部可比非关联交易信息和可比企业的财务信息。

（5）可比数据的差异调整及理由。

5. 转让定价方法的选择和使用

（1）被测试方的选择及理由。

（2）转让定价方法的选用及理由，无论选择何种转让定价方法，均须说明企业对集团整体利润或者剩余利润所做的贡献。

（3）确定可比非关联交易的价格或者利润的过程中所做的假设和判断。

（4）运用合理的转让定价方法和可比性分析结果，确定可比非关联交易的价格或者利润。

（5）其他支持所选用转让定价方法的资料。

（6）关联交易定价是否符合独立交易原则的分析及结论。

3.3.3　特殊事项文档

特殊事项文档包括成本分摊协议特殊事项文档和资本弱化特殊事项文档。

1. 成本分摊协议特殊事项文档

企业签订或者执行成本分摊协议的，应当准备成本分摊协议特殊事项文档。该文档应当包括以下内容：

（1）成本分摊协议副本。

（2）各参与方之间达成的为实施成本分摊协议的其他协议。

（3）非参与方使用协议成果的情况、支付的金额和形式，以及支付金额在各参与方之间的分配方式。

（4）本年度成本分摊协议的参与方加入或者退出的情况，包括加入或者退出的参与方名称、所在国家和关联关系，加入支付或者退出补偿的金额及形式。

（5）成本分摊协议的变更或者终止情况，包括变更或者终止的原因、对已形成协议成果的处理或者分配。

（6）本年度按照成本分摊协议发生的成本总额及构成情况。

（7）本年度各参与方成本分摊的情况，包括成本支付的金额、形式和对象，做出或者接受补偿支付的金额、形式和对象。

（8）本年度协议预期收益与实际收益的比较以及由此做出的调整。

（9）预期收益的计算，包括计量参数的选取、计算方法和改变理由。

2. 资本弱化特殊事项文档

资本弱化特殊事项文档包括以下内容：

（1）企业偿债能力和举债能力分析。

（2）企业集团举债能力及融资结构的情况分析。

（3）企业注册资本等权益投资的变动情况说明。

（4）关联债权投资的性质、目的及取得时的市场状况。

（5）关联债权投资的货币种类、金额、利率、期限及融资条件。

（6）非关联方是否能够并且愿意接受上述融资条件、融资金额及利率。

（7）企业为取得债权性投资而提供的抵押品情况及条件。

（8）担保人状况及担保条件。

（9）同期同类贷款的利率情况及融资条件。

（10）可转换公司债券的转换条件。

（11）其他能够证明符合独立交易原则的资料。

同期资料与《中华人民共和国企业年度关联业务往来报告表》（以下简称《企业年度关联业务往来报告表》）不同。《企业所得税法》第四十三条规定："企业向税务机关报送年度企业所得税纳税申报表时，应当就其与关联方之间的业务往来，附送年度关联业务往来报告表。"也就是说，企业在每年 5 月 31 日之前都要主动向税务机关报送《企业年度关联业务往来报告表》。2016 年版的《企业年度关联业务往来报告表》有 22 张，其中包括《企业年度关联业务往来报告表填报表单》、《报告企业信息表》、《中华人民共和国企业年度关联业务往来汇总表》、《关联关系表》、《有形资产所有权交易表》、《无形资产所有权交易表》、《有形资产使用权交易表》、《无形资产使用权交易表》、《金融资产交易表》、《融通资金表》、《关联劳务表》、《权益性投资表》、《成本分摊协议表》和《对外支付款项情况表》等。纳税人可以根据自身的业务情况选择填报，没有的交易就可以不填报，大部分企业只需填报 9 张表以内。其中，有 3 张表在第一年填报后，以后年度的大部分信息可共享。上述同期资料需要企业主动准备但不需要主动提供。根据国家税务总局公告 2016 年第 42 号的要求，主体文档应当由企业集团的最终控股企业在会计年度终了之日起 12 个月内准备完毕，本地文档和特殊事项文档应当在关联交易发生年度次年 6 月 30 日之前准备完毕；另外，同期资料应当自税务机关要求之日起 30 日内提供，并且自税务机关要求的准备完毕之日起保存 10 年。**也就是说，如果税务机关不要求，企业可以不主动提交同期资料。税务机关一般在两种情况下要求企业提供同期资料：一是根据工作需要进行抽查审核；二是发现企业纳税情况异常，准备对其进行特别纳税调查。** 虽然企业不需要主动提交同期资料，但必须如期准备，如果不在规定的期限内准备好同期资料，也会面临比较严重的后果，主要包括：①未按照有关规定准备、保存和提供同期资料，税务机关可以拒绝企业提交谈签预约定价安排的意向；②企业不提供与其关联方之间的业务往来资料，或者提供虚假、不完整资料，未能真实反映其关联业务往来情况的，税务机关有权依法核定其应纳税所得额；③企业如果接受转让定价特别纳税调整并补缴了税款，还要按规定支付利息，利息应当按照税款所属纳税年度中国人民银行公布的与补税期间同期的人民币贷款基准利率加 5 个百分点计算，但如果企业能够按规定提供有关资料（包括同期资料）的，可以只按人民币贷款基准利率计算利息。

另外，国家税务总局公告 2016 年第 42 号还要求符合条件的我国"走出去"的居民企业，在报送《企业年度关联业务往来报告表》时填报国别报告。国别报告是经合组织（OECD）为了应对税基侵蚀和利润转移（BEPS）提出的十五项行动计划中的第十三项计划（转让定价文档与国别报告）。该项行动计划要求各国研究制定一些规则，用以提高税收管理的透明度，并要求跨国公司向相关的政府部门提供其所需的纳税人收入在全球的分配、经济活动以及在各国纳税等方面的信息。国家税务总局公告 2016 年第 42 号对 OECD 第十三项行动计划的精神和要求加以落实，要求符合条件的中国居民企业也应提供国别报告。按照国家税务总局公告 2016 年第 42 号的要求，有两类中国居民企业需要提供国别报告：

（1）该居民企业是跨国企业集团的最终控股企业，且其上一会计年度合并财务报表中的各类收入金额合计超过 55 亿元。最终控股企业是指能够合并其所属跨国企业集团所有成员实体财务报表的，且不能被其他企业纳入合并财务报表的企业（即跨国企业集团的最终母公司）。成员实体应当包括：①已被实际纳入跨国企业集团合并财务报表的任一实体；②跨国企业集团持有该实体股权，且按公开证券市场交易要求应被纳入但实际未被纳入跨国企业集团合并财务报表的任一实体；③仅由于业务规模或者重要程度而未被纳入跨国企业集团合并财务报表的任一实体；④独立核算并编制财务报表的常设机构。

（2）该居民企业被跨国企业集团指定为国别报告的报送企业。

国别报告主要披露最终控股企业所属跨国企业集团所有成员实

体的全球所得、税收和业务活动的国别分布情况。它由上述居民企业提供给我国的税务机关，然后税务机关再按照我国对外签订的协定、协议或者安排实施国别报告的信息交换。如果居民企业需要提供的信息涉及国家安全，可以按照国家有关规定，豁免填报部分或者全部国别报告。

虽然我国境内的外商投资企业不属于上述需要填报国别报告的范围，但其所属跨国企业集团按照其他国家有关规定应当准备国别报告，而且符合下列条件之一的，我国税务机关可以在实施特别纳税调查时要求该企业提供国别报告：

（1）跨国企业集团未向任何国家提供国别报告。

（2）虽然跨国企业集团已向其他国家提供了国别报告，但我国与该国尚未建立国别报告信息交换机制。

（3）虽然跨国企业集团已向其他国家提供了国别报告，而且我国与该国已建立了国别报告信息交换机制，但国别报告实际上未成功交换至我国。

3.4　转让定价方法

转让定价方法是指企业从事关联交易以及税务机关审核和评估关联交易时所采取的方法。企业与关联方从事交易，由于相互之间的特殊关系，其在定价时并不一定要符合独立交易原则（或称公平交易原则，英文是 the arm's length principle[①]）。一旦在定价时违

[①]　arm 在英文里是胳膊、手臂的意思，length 是长度的意思，arm's length 就是一臂之距的意思。一臂之距，就是市场上独立的买卖双方面对面讨价还价时的距离，所以 the arm's length principle 就是指独立交易原则。

背独立交易原则，即交易的价格高于或者低于市场价格，则利润就会在关联方之间发生转移，从而损害一方所在国家的税收利益。**因此，目前国际社会普遍要求跨国关联企业在进行关联交易时，必须按照独立交易原则制定价格，否则有关国家的税务机关有权对转出的利润进行调整。**《经合组织范本》第九条指出："如果两家企业之间的商业或财务关系不同于独立企业之间的关系，因此本应由其中一家企业取得，但由于这些情况而没有取得的利润，可以计入该企业的利润，并据以对其征税。"《企业所得税法》第四十一条明确规定："企业与其关联方之间的业务往来，不符合独立交易原则而减少企业或者其关联方应纳税收入或者所得额的，税务机关有权按照合理方法调整。"那么，税务机关用什么方法来审核和评估关联企业之间的交易定价是否符合独立交易原则？这就是本节要介绍的转让定价方法。这些方法是 1995 年 OECD 在《转让定价指南》（*Transfer Pricing Guidelines*）中提出的，目前已被世界各国广泛采用。国家税务总局公告 2017 年第 6 号第十六条指出："税务机关应当在可比性分析的基础上，选择合理的转让定价方法，对企业关联交易进行分析评估。转让定价方法包括可比非受控价格法、再销售价格法、成本加成法、交易净利润法、利润分割法及其他符合独立交易原则的方法。"根据目前的规定，税务机关在采用上述方法时没有一定的使用顺序，哪种方法适合或者合理就可以采用哪种方法。由于企业从事的关联交易的性质不同，以及税务机关所掌握的信息不同，上述转让定价方法不是每一种都适合某个特定的案例，所以税务机关在选用转让定价方法时必须十分慎重。OECD 的《转让定价指南》指出，选择转让定价方法时应当考虑以下因素：①各种方法的优缺点；②通过功能风险分析后所确定的、考虑到关联交易性质的调整方法的适用性；③为实行所选方法所需的可信信息的可获得性；④关联交易和非关联交易之间的可比性，包括消除两者之间重要差异的可比性调整的可信性。在既定情况下可以使用的参数的类型和属性决定了最适合使用的转让定价调整方法。例如，若使用可比非受控价格法，就需要找到非常相似（可比）的产品或劳务；如果两个企业在功能方面具有很强的可比性，则可以使用再销售价格法、成本加成法和交易净利润法。在此，功能可比是指两个企业所发挥的功能、使用的资产和承担的风险是可比的。例如，同一行业的两个批发商，它们销售的产品可以不同，但功能可比，就属于可比的批发商。

在前面列举的五种转让定价方法中，可比非受控价格法、再销售价格法和成本加成法属于价格法或交易法，而交易净利润法和利润分割法属于利润法。无论是采用价格法还是采用利润法，都要求使用者在关联（受控）交易和可比（独立）交易之间进行可比性分析；如果两者不可比，则简单地将可比交易的价格（或利润率）套用在关联交易上就是不可取的。当然，在现实中，两个完全可比的交易是不存在的，因而人们就要找到一种办法来确定关联交易和非关联交易的可比程度。**可比不是指两个交易完全相同，而是交易之间的差异不足以影响它们公平的价格和利润率；或者在差异存在的情况下，通过一些调整可以取消差异对价格和利润的影响。**

那么，可比性分析应当包括哪些内容？国家税务总局公告 2017 年第 6 号第十五条规定：税务机关实施转让定价调查时，应当进行可比性分析，可比性分析一般包括以下五个方面。税务机关可以根据案件情况选择具体分析内容：

（1）交易资产或者劳务特性，包括有形资产的物理特性、质量、数量等；无形资产的类型、交易形式、保护程度、期限、预期收益等；劳务的性质和内容；金融资产的特性、内容、风险管理等。

（2）交易各方执行的功能、承担的风险和使用的资产。功能包括研发、设计、采购、加工、装配、制造、维修、分销、营销、广告、存货管理、物流、仓储、融资、管理、财务、会计、法律及人力资源管理等；风险包括投资风险、研发风险、采购风险、生产风险、市场风险、管理风险及财务风险等；资产包括有形资产、无形资产、金融资产等。

（3）合同条款，包括交易标的、交易数量、交易价格、收付款方式和条件、交货条件、售后服务范围和条件、提供附加劳务的约定、变更或者修改合同内容的权利、合同有效期、终止或者续签合同的权利等。合同条款分析应当关注企业执行合同的能力与行为，以及关联方之间签署合同条款的可信度等。

（4）经济环境，包括行业概况、地理区域、市场规模、市场层级、市场占有率、市场竞争程度、消费者购买力、商品或者劳务可替代性、生产要素价格、运输成本、政府管制，以及成本节约、市场溢价等地域特殊因素。

（5）经营策略，包括创新和开发、多元化经营、协同效应、风险规避及市场占有策略等。

选择受检方也是转让定价审核和评估过程中的重要内容。税务机关在使用成本加成法、再销售价格法或交易净利润法时，都需要在关联交易的各方中选定一个受检方，然后审核或检验其财务参数（如成本加成率、销售毛利率等）。受检方应当是在关联交易中功能、风险相对比较简单的一方，而且其各方面的数据在功能分析中也最为可信，所以受检方不一定是本国的企业。在选定受检方后，就要将其财务参数与从事独立交易的第三方的相关参数进行比较，观察它们是否符合独立交易原则。在选择第三方参数时，以下因素最好要与受检方相同或接近：①地理位置或市场水平；②承担的功能组合；③经营活动的性质；④经营规模（销售额、资产或雇员人数）；⑤独立性（有少量关联交易仍可作为参照方）；⑥经营周期。在寻找第三方参数时，可以使用诊断率。在此，诊断率是指一些财务比率，用这些财务比率可以排除一些不满足基本条件的参数，从而使寻找到的参数更加可信。

3.4.1　可比非受控价格法

可比非受控价格法就是根据相同交易条件下非关联企业之间进行同类交易时所使用的非受控价格来调整关联企业之间不合理的转让定价。

对于非受控价格来说，首先应该是关联企业集团中的成员企业与非关联企业进行同类交易所使用的价格（又称内部市场价格）；但是，如果成员企业没有与非关联企业进行过同类交易，也可以按成员企业所在地同类交易的一般市场价格确定。例如，A 和 B 是关联企业，C 和 D 是非关联企业，而且它们与 A、B 也无关联关系；A 向 B 销售产品，其公平的市场价格为：

（1）A 向非关联企业销售相同产品的价格。

（2）B 从非关联企业购进相同产品的价格。

（3）C 生产的相同产品向 D（位于 B 所在国）销售的价格。

可比非受控价格法适用于跨国关联企业之间的有形资产（货

物）交易、贷款、劳务提供、财产租赁和无形资产转让等交易。如果关联企业之间的交易价格不符合这个可比非受控价格，有关国家的税务部门有权对其进行合理调整。例如，甲国 A 公司与乙国 B 公司有关联关系，A 公司以 100 美元的单价向 B 公司销售一批产品，但甲国税务部门发现 A 公司在同等交易条件下向非关联的 C 公司销售同类可比产品使用的单价为 150 美元；此时，甲国税务部门就可认定本国 A 公司向乙国 B 公司出售产品的转让价格过低，并有权按 A 公司向 C 公司销售产品的单价重新确定 A 公司的销售利润和应税所得。

可比非受控价格法是审核和调整跨国关联企业转让定价的一种最合理、最科学的方法，但这种方法要求关联交易（受控交易）与非关联交易（非受控交易）具有严格的可比性，否则非关联交易使用的价格就不具有参照性。在此，可比性主要体现在以下三种可比情形中：①产品的物质特征；②纳税人在交易中发挥的功能；③纳税人在交易中承担的风险。在使用可比非受控价格法时很重要的一个任务是进行可比性分析，或功能风险分析。这是因为，即使在产品的物质特征相同的情况下，如果关联企业和非关联企业履行的功能或承担的风险不同，那么就不能把非关联交易使用的价格简单地套用到关联交易上。一般来说，企业履行的功能越多、承担的风险越大，其需要得到的回报越大，相应收取的价格和费用也就越高。

《国家税务总局关于发布〈特别纳税调查调整及相互协商程序管理办法〉的公告》（国家税务总局公告 2017 年第 6 号）第十七条指出："可比非受控价格法的可比性分析，应当按照不同交易类型，特别考察关联交易与非关联交易中交易资产或者劳务的特性、合同条款、经济环境和经营策略上的差异：

（一）有形资产使用权或者所有权的转让，包括：

1. 转让过程，包括交易时间与地点、交货条件、交货手续、支付条件、交易数量、售后服务等。

2. 转让环节，包括出厂环节、批发环节、零售环节、出口环节等。

3. 转让环境，包括民族风俗、消费者偏好、政局稳定程度以及财政、税收、外汇政策等。

4. 有形资产的性能、规格、型号、结构、类型、折旧方法等。

5. 提供使用权的时间、期限、地点、费用收取标准等。

6. 资产所有者对资产的投资支出、维修费用等。

（二）金融资产的转让，包括金融资产的实际持有期限、流动性、安全性、收益性。其中，股权转让交易的分析内容包括公司性质、业务结构、资产构成、所属行业、行业周期、经营模式、企业规模、资产配置和使用情况、企业所处经营阶段、成长性、经营风险、财务风险、交易时间、地理区域、股权关系、历史与未来经营情况、商誉、税收利益、流动性、经济趋势、宏观政策、企业收入和成本结构及其他因素。

（三）无形资产使用权或者所有权的转让，包括：

1. 无形资产的类别、用途、适用行业、预期收益。

2. 无形资产的开发投资、转让条件、独占程度、可替代性、受有关国家法律保护的程度及期限、地理位置、使用年限、研发阶段、维护改良及更新的权利、受让成本和费用、功能风险情况、摊销方法以及其他影响其价值发生实质变动的特殊因素等。

（四）资金融通，包括融资的金额、币种、期限、担保、融资人的资信、还款方式、计息方法等。

（五）劳务交易，包括劳务性质、技术要求、专业水准、承担责任、付款条件和方式、直接和间接成本等。"

关联交易与非关联交易之间在以上方面存在重大差异的，应就该差异对价格的影响进行合理调整；如果无法进行合理调整，则应选择其他合理的转让定价方法。特别是在使用可比非受控价格法时，产品的可比性是最重要的考虑因素。如果进行比较的两种产品的质量不同或者所含无形资产的类型和数量不同，则很难采用这种方法。

例 3 - 4

某国 A 企业在我国设立全资子公司 B，生产汽车配件。多年来，B 公司一直出现亏损，当地税务机关在对其进行反避税调查后发现，其出口的同一种产品有两种价格：销售给境外关联方的每件产品平均售价只有 0.6 美元，而销售给非关联方的每件产品平均售价为 1.8 美元；与此同时，关联交易和非关联交易的条件基本相同，B 公司拿不出充分的证据证明其较低的转让价格是合理的。显然，B 公司存在利用转让定价转移利润的问题。当地税务机关决定按照每件产品 1.8 美元的公平交易价格对 B 公司进行利润调整，即每件产品调增利润 1.2 美元。

3.4.2　再销售价格法

再销售价格法是指以关联交易的买方（再销售方）将购进的货物再销售给非关联企业时的销售价格（再销售价格）扣除合理销售利润及其他费用（如关税）后的余额为依据，借以确定或调整关联企业之间的交易价格。根据再销售价格法，公平交易价格为：

公平交易价格＝再销售价格×(1－合理销售毛利率)

式中，再销售价格为关联交易的买方再销售给非关联方的价格；销售毛利率为销售收入减去销售成本后的差额再除以销售收入；合理销售毛利率为可比非关联交易毛利率，最好是选取再销售方与一个非关联企业之间买卖相同产品时的销售毛利率。如果没有这个数据，也可以用再销售方当地市场上其他独立企业销售同类产品取得的再销售毛利率。

在选取合理销售毛利率时需要进行可比性分析，而在分析时应当考察关联交易与非关联交易在履行的功能、使用的资产、承担的风险、合同条款上的差异以及影响毛利率的其他因素，具体包括：销售、广告及服务功能，存货风险，机器、设备的价值及使用年限，无形资产的使用及价值，批发或零售环节，商业经验，会计处理及管理效率等。这里还需要注意可比参数的时差，如果两个交易的时间不同，则该期间的利率、汇率等因素的变动也会造成价格的差异。关联交易与非关联交易之间在以上方面存在重大差异的，应就该差异对毛利率的影响进行合理调整；无法合理调整的，应根据具体情况选择其他合理的转让定价方法。

再销售价格法是一种根据非关联交易使用的市场价格倒推算出关联交易应使用的转让价格的方法。由于这种方法只考虑了再销售方正常的销售利润率，因而它非常适于关联企业间开展的批发业务。因为再销售方如果是批发商，那么其一般不会对购进的货物进行加工处理，不会对货物进行形态上的改动（包装、拆装、贴标签、微小组装等不能被认为对货物进行了形态上的改动）。因此，其取得的正常销售利润就可以补偿他在业务活动中的费用开支。如果再销售方购进货物后对其进行了加工处理（如将零件组装成产品），那么简单地使用当地正常销售毛利率来推算公平交易价格就是不妥的，此时应当给予再销售方更高的利润率。无论是再销售方对购进货物进行了加工处理，还是从事了一定的增值活动（如市场营销活动），都应当增加分配给其的利润额。该利润额应能弥补加工活动或营销活动的成本，然后还要按公平的加成率给予其一定的加成额。该加成率可以按再销售方当地的企业向非关联企业提供相同活动（如加工或营销活动）的成本加成率来确定。如果再销售方将自己拥有的无形资产（如商标、营销网络等）添加到了购进的货物上，那么就不能简单地使用这种方法。例如，再销售方将自己拥有的商标加到货物上，而参照的非关联交易一方没有给货物贴商标，此时就不能简单套用非关联方的销售毛利率。一般认为，在再销售方使用了自己无形资产的情况下，再销售价格法就不太适用了，应考虑使用其他方法。

使用再销售价格法并不需要像使用可比非受控价格法那样必须强调关联交易与可比非关联交易的产品之间具有可比性或相似性，它强调的是这两种交易的功能（包括承担的风险和使用的资产）要充分可比（比如是否提供了产品质量担保）。当然，如果这两个交易所销售的产品差异太大（比如一个销售的是电器，另一个销售的是家具），则会造成两者承担的功能不同，进而影响毛利率的可比性。如果关联交易和可比非关联交易之间存在重大差异（包括产品和功能），此时就需要对毛利率进行一定的调整。另外，如果再销售方买断了关联企业的产品，则可比毛利率也需要进行调整。

例 3－5

甲国的母公司把一批产品以 10 000 美元的转让价格销售给乙国子公司，乙国子公司再以 15 000 美元的市场价格将这批产

品在当地销售。乙国的独立企业销售同类产品可实现的销售毛
利率为 20%。在这种情况下，按照再销售价格法，甲国的税务
部门要把母公司的转让价格调整为 12 000 美元。其计算公
式为：

$$公平交易价格 = 15\,000 \times (1 - 20\%) = 12\,000（美元）$$

3.4.3　成本加成法

成本加成法又称成本加利润法，即以关联企业发生的合理成本
加上合理利润后的金额（组成市场价格）为依据，进而确定关联企
业之间合理的转让价格。在此，成本是指生产成本（俗称"小成
本"），不包括期间费用。生产成本含有直接材料、直接人工和制
造费用（水电、办公费、管理人员工资、折旧、劳保费等）；期间
费用包括销售费用、管理费用、财务费用和资产减值损失等。合理
利润是指按毛利率计算出的利润，即企业的销售收入扣除生产（主
营业务）成本后的差额。毛利额应能弥补产品的期间费用并使企业
获得合理的利润，用公式可表示为：

$$\text{组成市场价格} = \text{关联交易发生的合理成本} \times \left(1 + \text{合理毛利率}\right)$$

式中，合理毛利率为可比非关联交易的成本毛利率或成本加成率。

使用成本加成法需要注意两个问题：一是成本的口径和范围要
符合本国会计制度的规定，应该计入成本项目内的费用开支必须计
入，否则计算出来的价格就不准确、合理。例如，若关联企业将管
理费用计入营业费用，而参照企业将管理费用计入产品的生产成
本，那么这两个企业的成本加成率肯定不一致。再如，关联企业拥

有自己的商业资产，而参照企业使用了租赁的商业资产，此时，这两个企业交易的成本基础就不可比，也需要有一定的调整。对于这些成本信息，税务部门都应当掌握。二是加成率的选择必须合理，应将一个公平的加成金额加到成本之上。在选择加成率时，首先可以选取被调查的关联方与非关联方进行可比交易使用的加成率，如果税务部门找不到这个数据，也可以参考当地的独立企业在可比非关联交易中使用的加成率。在使用成本加成法时有两个误区：一是根据《国家税务总局关于印发〈增值税若干具体问题的规定〉的通知》（国税发〔1993〕154号）中第二条第（四）款的规定，除了对应从价定率征收消费税的货物外，成本利润率一律选择10%。这种"一刀切"的做法根本不考虑关联交易所履行的功能和承担的风险，所以是错误的。二是随意找一笔非关联交易，用它的成本加成率作为参照系来计算组成市场价格。这种做法之所以错误，就在于没有进行可比性分析。国家税务总局公告2017年第6号第十九条规定："成本加成法的可比性分析，应当特别考察关联交易与非关联交易中企业执行的功能、承担的风险、使用的资产和合同条款上的差异，以及影响成本加成率的其他因素，具体包括制造、加工、安装及测试功能，市场及汇兑风险，机器、设备的价值及使用年限，无形资产的使用及价值，商业经验，会计处理，生产及管理效率等。"由此可见，使用成本加成法并不是一件容易的事，"一刀切"或者照抄照搬成本加成率的做法都是不科学的。

成本加成法除了可用于货物销售转让定价的审核、调整外，还可用于劳务提供、无形资产转让、研发费用分摊等业务的转让定价审核和调整。在用于有形货物的转让定价时，成本加成法更适于合同制造商，因为合同制造商只提供简单的加工，不开发自己的生产线，既不自己采购原材料，又没有存货；在履行合同期间，它不面临直接的市场风险。另外，合同制造商除了生产的诀窍外，一般也没有自己的无形资产，它只赚取加工服务费。但是，如果将成本加成法用于全能制造商，则加成率的选择就比较复杂，此时需要考虑货物生产加工时所使用的无形资产，而找到这种加成率就比较困难，除非该制造商向非关联方（与关联方处于相同的市场水平）销售过相同的产品。

由于成本加成法使用的是毛利率，而产品的毛利率因没有扣除期间费用，所以受企业管理水平等外部因素的影响较大，效率高的企业产品的毛利率可能也高。因此，在使用成本加成法时，税务机关应当对因企业效率差异导致的毛利率差异进行一定的调整。

🛡 **例 3-6**

甲国 A 公司向乙国的关联公司 B 提供一批特制零部件，这批产品的生产成本为 10 000 美元，A 公司向 B 公司的销售价格也为 10 000 美元，即按成本价销售。由于市场上没有同类产品，甲国税务部门决定按照成本加成法审核和调整这笔关联交易的转让定价。根据甲国税务部门掌握的资料，当地合理的成本利润率为 20%，因而这批产品的组成市场价格为 12 000 美元 [＝10 000×(1＋20%)]。根据这种情况，甲国税务部门按 12 000 美元的价格计算 A 公司的销售收入，并相应调整其应税所得。

3.4.4　利润分割法

利润分割法又称交易利润分割法，它是对由若干个关联企业共同参与的一项关联交易产生的合并利润（也可以说是从这笔交易中双方取得的总利润），按照各企业在其中承担的职能和对合并利润贡献的大小来确定分配比例，并根据这个分配比例在各关联企业之间分配合并利润，从而最终确定某一关联企业合理转让价格的方法。这种方法与前面所述的各种方法都不同，它不是一种单边的方法，而是要分析关联交易的各方；与此同时，它并不依赖严格的可比交易，主要依据关联方的内部数据。当然，在分割利润时，需要参考独立企业的外部数据，但这些外部数据主要用于评估关联各方对交易所做的贡献，与利润如何划分没有直接的关系。此外，这种方法考虑了交易的双方，不会只顾一方而导致出现极端的利润分配结果。利润分割法的主要优点是它能够在交易双方都对这笔交易提供了独特且有价值的贡献（比如都贡献了有价值的无形资产）时拿出一种解决利润分配的方法。如果交易双方都是独立企业，那么在给交易定价时一定要考虑各方对交易的贡献。由于各方的贡献都是独特的、有价值的，所以这时没有一种可信赖的可比信息能通过其他方法来给整个交易定价，因而采用一种双边的方法，参照关联各方在交易中的功能、资产和风险的相对价值来分配利润，就是一种比较适合的方法。此外，利润分割法还适于交易各方从事的是高度一体化的商业经营模式，若各方在价值链中履行的功能、使用的资产和承担的风险具有相似性，而且各方所履行的功能和承担的风险相互依存，这时采用双边的分析方法就比较合理。但这种方法也比较难应用，因为它基本上不需要独立企业的信息，而是依赖关联交易双方的信息，如收入和成本费用，但这些信息特别是对方国家关联方的准确信息比较难获取。

合并利润在关联企业之间进行分割通常有两种方法。

（1）贡献分析法，又称一般利润分割法，即利润的划分要依据各关联企业对某笔关联交易贡献的相对价值。在确定某一关联企业所做贡献的相对价值时，需要考察以下因素：

1）在交易中履行的具体功能（制造还是批发等）。

2）承担的功能多少（功能越多，其应收取的价格越高）。

3）承担的功能在交易中的重要性。

4）使用的资产（包括无形资产）。

5）承担的风险。

6）各方所做贡献的市场价格或报酬。

正如国家税务总局公告 2017 年第 6 号所指出的，一般利润分割法通常根据关联交易各方所执行的功能、承担的风险和使用的资产，采用符合独立交易原则的利润分割方式，确定各方应当取得的合理利润；当难以获取可比交易信息但能合理确定合并利润时，可以结合实际情况考虑与价值贡献相关的收入、成本、费用、资产、雇员人数等因素，分析关联交易各方对价值做出的贡献，将利润在各方之间进行分配。

（2）剩余利润分析法，即首先将经营收入在各关联企业之间进行分配，分配的原则是使每个关联企业分得的收入都能弥补其成本费用并得到与其从事的经营活动相对应的报酬（常规利润），在计算该报酬时应参考非关联企业从事相似经济活动所应取得的报酬水平；在经过上述第一阶段的收入分配后，余下的部分为关联企业集团的剩余利润（residual profit），对这笔剩余利润的分配主要是考虑各关联企业特有的资产，尤其是无形资产，因为这些特有的无形资产能给企业带来一笔特殊的报酬。在关联交易中，如果只有一方拥有特有的无形资产，那么全部剩余利润都应分配给这家企业。但如果交易双方都拥有特有的无形资产，那么就要看各方无形资产的相对价值，相对价值高的应当多得到一些利润作为回报。在判断各方无形资产的相对价值时，首先可以使用外部市场的参照价格来确定各方无形资产的公平市场价值。此外，还可以考虑各方在无形资产研发方面的支出大小。根据不同国家的会计规则，无形资产的价值在资金平衡表中不一定能够得到反映。例如，在购置一家成功企业时获得的商誉（goodwill），有的国家规定可以当期摊销，有的国家规定在今后的 40 年中逐年摊销。在这两种情况下，商誉都是企业有增值性的资产。

例 3 - 7

　　甲国 A 公司与乙国 B 公司是关联企业，A 公司的经营资产为 5 000 万美元，B 公司的经营资产为 1.5 亿美元。A 公司的销售成本为 1 000 万美元，取得的经营利润为 200 万美元；B 公司当期取得的经营利润为 300 万美元。现在，甲国要根据利润分割法来确定 A 公司向 B 公司的合理销售价格，并且用经营资产规模作为衡量对利润贡献大小的唯一参数。由于 A、B 公司的经营资产规模之比为 1∶3，所以各自取得的利润之比也应为 1∶3，因而 A 公司的利润就应在两家公司 500 万美元总利润额中占四分之一，即 125 万美元，而 B 公司的利润应为 375 万美元。由于 A 公司的销售成本为 1 000 万美元，其向 B 公司的合理销售价格应为 1 125 万美元。

例 3 - 8

　　甲国 A 公司是一家制药公司，拥有两种药品的商标权。A 公司将药品的商标使用权和药品加工权转让给了乙国的子公司

B，B 公司生产出药品后全部销售给 A 公司，然后 A 公司再将药品在甲国进行销售。甲国税务部门用利润分割法进行利润分摊，并将 A、B 公司在获利过程中发挥的功能分为 4 种，即销售、加工制造、销售方面的无形资产和制造方面的无形资产。税务部门按照成本外加 100% 的加价确定销售和制造功能的利润；A、B 两公司的总利润扣除销售和加工制造利润后的剩余利润再按 55% 的比例分割给 B 公司拥有的制造方面的无形资产功能，按 45% 的比例分割给 A 公司拥有的销售方面的无形资产功能。

🛡 **例 3 - 9**

美国 H 公司生产某种家庭室内用品，它把这个产品的生产和销售权转让给了巴西的子公司 D。假定 H 公司当地可比企业的资金利润率为 12%，H 公司的资产规模为 90 万美元；D 公司当地可比企业的资金利润率为 15%，其资产规模为 50 万美元。H 公司和 D 公司一笔交易的总利润为 20 万美元。再假定 H 公司和 D 公司都拥有独特的无形资产，经过评估，其价值分别为 7.8 万美元和 2.2 万美元。

第一步，按照资产规模和市场收益率，H 公司应得到的正常利润为 10.8 万美元（=90×12%），子公司 D 应得到的正常利润为 7.5 万美元（=50×15%）。

第二步，在两家公司 1.7 万美元的剩余利润中，H 公司应分得 1.326 万美元（=1.7×78%），而 D 公司应分得 0.374 万美元（=1.7×22%）。

3.4.5　交易净利润法

交易净利润法是一种以独立企业在一项可比交易中所能获得的净利润率为基础来确定转让定价的方法。根据交易净利润法，纳税人在关联交易下取得的净利润率应与可比非关联交易情况下非关联纳税人取得的净利润率大致相同。

交易净利润法建立在下述基础上，即从长期来看，那些在相同产业以及相同条件下经营的企业应取得相同的利润水平；因为从经济理论上说，如果一家企业比它的竞争对手利润率高，那么它就可以扩大生产和销售，此时它的低效率竞争对手就可能被淘汰出局，或者提高效率迎头赶上，因此各类企业的利润率就会趋同。根据交易净利润法，在关联交易下，纳税人取得的收益要与独立交易情况下非关联交易的利润指标进行比较，而且所要比较的是净利润率，而不是毛利率。再销售价格法和成本加成法都是比较相关企业的毛利率。毛利是指销售收入减去销售成本（但不能减去各种费用）以后的差额；而这里的净利润等于销售收入减去销售成本和各种费用（其中不包括利息和所得税税款）后的差额，又称"息税前利润"。净利润比毛利受交易条件差异的影响要小，所以使用净利润率指标调整转让定价比较科学。使用交易净利润法一般是比较成本净利润率$=\dfrac{净利润}{成本}$、销售净利润率$=\dfrac{净利润}{销售额}$和资产净利润率$=\dfrac{净利润}{营业资产}$。在使用交易净利润法时，可以采用如下利润率指标：

$$息税前利润率=\dfrac{息税前利润}{营业收入}\times100\%$$

$$完全成本加成率 = \frac{息税前利润}{完全成本} \times 100\%$$

$$资产收益率 = \frac{息税前利润}{\dfrac{年初资产总额＋年末资产总额}{2}} \times 100\%$$

$$贝里比率 = \frac{毛利}{营业费用＋管理费用} \times 100\%$$

资产收益率一般用于资产对关联方交易增值起较大作用的情况，比如制造业或者资本密集型金融服务。此时，资产收益率计算公式中的分母是企业的年度平均资产，相当于总资产减去金融资产（包括投资和现金），其范围包括不动产、机器设备、交易中使用的无形资产、存货和应收账款等。另外，在计算资产总额时一般使用市场价值法。营业利润率是营业净利润与销售（营业）收入之比，它一般用于关联方从另一关联方购入货物后再将其销售给非关联方的情况，此时的销售收入是按照公允价格确定的，与参照方具有可比性。当然，在使用营业利润率时需要注意受检的关联方与可比非关联方对折扣销售、销售折让以及汇兑损益等在会计处理上的差异，因为不同的处理方法会影响到销售（营业）收入的可比性。采用比较交易活动的息税前利润率可以剔除借款规模对利润率的影响。完全成本加成率的分母是完全成本，它是指一笔交易的全部成本（包括固定成本和可变成本），其内容包括直接材料费用、直接人工费用、固定间接费用、变动间接费用等，它等于生产成本（主营业务成本）加上销售费用和管理费用。当关联方在交易活动中发挥的功能、承担的风险以及使用的资产所创造的价值与成本的大小密切相关时，则比较适合采用完全成本加成率指标。然而，在采用这个指标时，要注意受检方与可比非关联方的完全成本口径要一致，特别是要注意其中是否包括销售费用和管理费用以及可以转嫁给客户负担的"通过成本"。贝里比率一般用于承担有限风险的批发商和不使用无形资产的劳务提供商，特别是当上述两类企业的购销活动是与关联方进行的关联交易时，其购货成本和销售（营业）收入都不能被认为是绝对公允的，只有经营费用（＝营业费用＋管理费用）是唯一可以信赖的会计参数。此时，比较受检方和可比非关联企业的贝里比率，进而推断出前者合理的利润水平就可能比较有意义。需要注意的是，贝里比率中的分子是毛利润而不是净利润。

至于应使用哪种净利润率指标，则要看交易的性质和具体情况。例如，如果关联交易是由制造业企业进行的，可以使用完全成本加成率；如果是由批发企业进行的，可以使用营业利润率。由于交易净利润法比较的是关联交易和非关联交易的净利润率，而净利润率受企业功能差异的影响较小（因为两个企业功能的差异往往反映在经营费用上），因此这种方法比成本加成法和再销售价格法这类比较毛利率的方法对企业功能相似性的要求要小。交易净利润法与利润分割法不同，它只需考察一个关联企业（即关联交易的一方），而且最好是选择关联交易中业务和功能等最简单的一方进行考察；如果一方在交易中使用了特有的无形资产，而且这种无形资产对交易利润的贡献较大，那么在使用交易净利润法时一般不应把这一方作为受检方。如果关联交易的双方在交易中都使用了特有的无形资产，那么最好采用利润分割法来确定转让定价。另外，交易净利润法只能用于受检方的关联交易，而绝不能将关联交易和非关联交易合在一起计算出一个综合净利润率，然后再将其与参照系进行比较，这样会得出错误的结果。

交易净利润法的使用一般分为以下几个步骤：

（1）寻找受检方利润指标的参照系，最好是从企业内部寻找内部参照系，即用企业从事的非关联交易的净利润率作为参照；如果没有，再从外部寻找。

（2）进行功能风险分析，确定可比数据。首先，分析受检方发挥的功能及承担的风险，并确定它是否拥有有价值的无形资产。然后，找出可比的企业或交易。在确定了可比的企业或交易后，接下来进行功能和风险评估。税务机关应把所有影响利润率的因素都识别出来，在调整企业的转让定价时要把这些因素存在的差异全部考虑进去。1995 年，经合组织的《转让定价准则》指出："如果被比较的两个企业在特点上具有的差异对净利润率有很大的影响，则不对这种差异做调整就使用该法则是不适合的。"然而，《转让定价准则》并没有提出在使用交易净利润法时应如何对功能和风险的差异进行调整。

（3）选择所比较的利润指标的年度。由于企业可能有经济周期，而且企业可能会实行"市场渗入"战略，这些都会影响企业在某一时期的利润率。因此，在对上述企业使用交易净利润法时，可以选择 3 年或更长时间的利润率指标进行比较。

（4）对多年的利润率指标进行分析。经合组织的《转让定价准则》并没有明确规定使用哪个利润率指标，但一般认为使用多个指标比较好，这样可以相互核查。在分析时，一般要求使用利润率的算术平均值或按销售额计算的加权平均值。如果考虑整个经营周期的情况，则应对每一年的结果进行平均。这样，一年内企业与企业的差异就可以突出表现出来，在这个时期内企业的盈利模式也就一目了然了。

（5）检验结果的合理性。为了使转让价格真正符合公平市场价格，必须用其他方法对交易净利润法进行检验。如果检验结果与交易净利润法的结果有很大差异，则说明选择的企业或计算的方法有问题，应当重新进行修改。

例 3 - 10

A 公司是一家设在甲国的玩具公司，它在乙国和丙国有两家子公司。这两家子公司都使用 A 公司研发的专有技术生产玩具娃娃。乙国子公司生产的产品销给 A 公司，而丙国子公司生产的产品销给第三国的批发商。A 公司使用资产利润率（ROA）来评价各子公司的业绩。A 公司是一家资本密集型企业，由于其使用资产利润率指标来评价子公司的经营管理，所以在不使用交易法数据资料的情况下使用资产利润率来确定转让定价就非常合适。在这个例子中，丙国子公司取得的资产利润率为 10％（资产价值按资产的原始成本计算）。两家子公司是世界上唯一生产这种玩具娃娃的公司，它们使用很独特的生产流程，所以没有外部可比数据。A 公司使用以下方法来计算支付给乙国子公司玩具娃娃的价格。乙国子公司使用的资产原始成本为 1 000 万美元，根据 10％ 的资产利润率，乙国子公司销售给 A 公司的玩具娃娃应当取得 100 万美元的净利润。乙国子公司每年销售 50 万个玩具娃娃给 A 公司，所以每个玩具娃娃的净利润应当为 2 美元。乙国子公司发生的总成本（即销售成本加上一般费用和管理费用）为每个玩具娃娃 10 美元。因此，乙国子公司卖给 A 公司每个玩具娃娃的价格应当是 12 美元。

例 3 - 11

A 公司是设在甲国的一家健康食品批发企业，它从乙国母公司 P 购买产品，然后销给各家独立的零售商。A 公司与三家健康食品批发公司有关系，这三家公司都从欧洲制造商那里购买产品，然后销给独立的零售商，所以 A 公司认为它的业务活动与这三家公司相同。然而，这三家公司均为私人拥有，只有销售额和净利润指标可以取得，所以 A 公司决定选取销售利润率作为比较指标。这三家公司的销售利润率分别为 3%、3.5% 和 4%，A 公司决定用 3.5% 作为参照。近三年来，A 公司的一般管理费用平均占销售额的 3%，并且预计下一年的销售成本为销售额的 6%。这样，A 公司必须取得 12.5% 的销售毛利率来取得 3.5% 的销售净利润率。A 公司每个产品的零售价格为 8 美元，所以它的每个产品必须取得 1 美元的毛利润，以保证 12.5% 的销售毛利率。因此，A 公司向乙国母公司 P 支付的单价应为 7 美元。

例 3 - 12

P 公司是美国的一家公司，它从德国的一家子公司 M 购买塑料，然后在美国进行批发销售。M 公司生产的塑料由 P 公司发放许可证，而且 M 公司是德国唯一生产这种塑料的企业，它不向非关联企业出售这种塑料，只向 P 公司销售。但在欧洲其他国家，也有一些公司拥有 P 公司的许可证，可以进行这种塑料的生产，然后销售给第三方的批发商。P 公司并不知道欧洲公司向第三方销售产品的价格，只知道它们的销售额和销售毛利率及销售净利润率。P 公司原打算使用成本加成法来

确定转让价格，但 P 公司通过功能分析，发现这几家欧洲公司
的数据中都含有大量工厂一级的管理成本（M 公司也有这种成
本），其中有些管理成本是经营费用的组成部分。但是，P 公
司不知道销售产品的成本中有多少是工厂一级的管理成本，因
此 P 公司就无法求出毛利润，但可供参照的净利润率可以确
定，所以此时就只能使用交易净利润法。

3.4.6 其他合理方法

1. 可比利润法

可比利润法是指在可比的情况下，按非关联企业（可比方）与
其他非关联企业从事同样经营活动所取得的利润率（利润水平指
标）来推算关联企业（受检方）在关联交易中应使用的转让价格。
如果受检方的利润水平指标与那些非关联纳税人的经营利润指标一
致，那么受检方的利润数额将被确认为公平交易的结果；如果受检
方的利润水平指标与可比方的经营利润指标不一致，有关税务当局
就要按可比方的经营利润指标对受检方的利润水平进行调整。可比
利润法基于以下假定：从长期来看，在相同情况下的纳税人应当取
得相同的利润。可比利润法属于一种净利润率的比较方法，但它要
求比较受检方和非关联企业在一定时期内全部交易活动取得的净利
润率，而不像交易净利润法只比较单笔（或多笔相同）交易的净利
润率，所以它属于总利润法。可比利润法是美国倡议的，并被作为
转让定价调整的"最后手段"。经合组织的《转让定价指南》认为，
可比利润法只有与经合组织《转让定价指南》中的精神相一致才可
以被接受。过去，我国允许使用可比利润法。2004 年，《国家税务
总局关于修订〈关联企业间业务往来税务管理规程〉的通知》（国

税发〔2004〕143 号）曾明确把可比利润法作为转让定价调整的"其他合理方法"之一。但是，2009 年发布的《国家税务总局关于印发〈特别纳税调整实施办法（试行）〉的通知》（国税发〔2009〕2 号）以及 2017 年发布的《国家税务总局关于发布〈特别纳税调整及相互协商程序管理办法〉的公告》（国家税务总局公告 2017 年第 6 号）均没有明确指出可比利润法属于"其他符合独立交易原则的方法"。

2. 资产评估法

资产评估法包括：

（1）成本法。成本法是以替代或者重置原则为基础，通过在当前市场价格下创造一项相似资产所发生的支出来评估标的价值的评估方法。成本法适用于能够被替代的资产的价值评估。

（2）市场法。市场法是利用市场上相同或者相似资产的近期交易价格，经过直接比较或者类比分析以确定评估标的价值的评估方法。市场法适用于在市场上能找到与评估标的相同或者相似的非关联可比交易信息的资产的价值评估。

（3）收益法。收益法是通过评估标的未来预期收益现值来确定其价值的评估方法。收益法适用于企业整体资产评估和可预期未来收益的单项资产评估。

上述成本法、市场法和收益法是国家税务总局公告 2017 年第 6 号第二十二条提出的其他符合独立交易原则的方法。

3.4.7　转让定价审查调整案例

🛡 例 3 - 13

A 公司是欧洲一家跨国公司设在我国的全资子公司，其主要经营活动为在我国境内生产制造机电产品，然后出售给境外母公司，由母公司再在全球进行销售；此外，A公司也拥有独特的有较高价值的无形资产；其承担的风险仅与生产过程相关，如操作失误产生的残次品等。从2000年开业以来，A公司一直存在不同程度的亏损问题。2018年，当地税务机关将其列为转让定价审计调查的对象。在选择转让定价方法时，当地税务机关有如下考虑：

（1）可比非受控价格法。A公司没有向非关联方出售过其生产制造的机电产品；另外，我国市场上生产相同机电产品的非关联方从事类似非关联交易的交易条件、合同条款以及产品本身的技术配置都与A公司从事的关联交易有很大差别，因此不适合采用可比非受控价格法。

（2）再销售价格法。该方法一般适用于批发交易，而本案例中的受检方是生产制造商，所以不适合采用再销售价格法。

（3）成本加成法。成本加成法使用的是毛利率，而A企业与可比企业的成本核算办法和会计制度都不同，所以很难选择一个合理的毛利率（加成率）。

（4）利润分割法。它适合关联交易中的各方都使用了有价值无形资产的情况，但在本案例中，A公司并没有独特的有较高价值的无形资产，所以利润分割法也不适用。

（5）交易净利润法。交易净利润法对受检方与可比企业功能相似性的要求较低，所以比较容易找到可比数据；在税务系统使用的数据库中，有大量的机电产品生产企业的可靠数据，从而可以保证交易净利润法的合理使用。

当地税务机关在决定使用交易净利润法后，开始在BVD数据库中寻找可比参数。由于A公司是制造业企业，所以选择完全成本加成率指标。在数据库中，东亚地区具有相同企业代码的三年内没有亏损而且相对独立（没有超过 25% 的控股股东）的企业共有 10 家，所找到的完全成本加成率加权平均值最低为 1.38%，最高为 21.15%；四分位法区间的最高值为 11.75%，最低值为 3.17%，中值为 7.77%。由于国家税务总局公告 2017 年第 6 号第二十五条规定"税务机关采用四分位法分析评估企业利润水平时，企业实际利润水平低于可比企业利润率区间中位值的，原则上应当按照不低于中位值进行调整"，因此当地税务机关决定按照 8% 的完全成本加成率对 A 公司的利润水平进行调整。

🛡 例 3 - 14

2020 年 11 月 18 日，美国税务法院下达了一项判决：要求可口可乐公司调增 2007—2009 年的应税所得 98 亿美元；与此同时，由于可口可乐公司对海外制造子公司分配的利润做了及时和合理的补偿处理，所以美国税务法院同意可口可乐公司在调增应税所得 98 亿美元的基础上减免 18 亿美元，并按照减免后的金额补税。这是美国税务局几十年来在转让定价诉讼方面取得的少有的胜利。

这场诉讼案还要回到 1996 年美国税务局与可口可乐公司达成的一项协议。可口可乐公司的海外运营模式如下：美国母公司提供配方和品牌等无形资产，位于巴西、爱尔兰等国的关联子公司（供应点）生产软饮料的原浆（浓缩液）并从事营销服务，将原浆销售给非关联的罐装厂稀释并制造出可口可乐饮料。在此过程中，一部分营销成本由供应点承担，同时海外供应点也拥有营销性无形资产。1996 年，美国税务局与可口可乐公司就 1987—1995 年的海外利润分配达成了所谓的"10-50-50"协议，即供应点可以先按销售收入的 10％取得收益，剩余的利润再按 50：50 的比例在美国母公司和海外供应点之间进行分配。在美国税务局的同意下，这种分配方法一直延续到 2006 年。然而，美国税务局在对可口可乐公司 2007—2009 年的利润审计中，不再采用原有的利润分配公式，而是主张采用可比利润法（CPM），即用独立的罐装企业（很多是上市公司）作为参照系来衡量供应点的利润水平。通过比较，美国税务局认为可口可乐公司给海外供应点的留利过多，不符合公平交易原则；而可口可乐公司认为海外供应点拥有"极宝贵的无形资产"，不能简单地用普通罐装企业的利润率与之对比。此外，美国税务局也不应该单方面废弃与企业达成的利润分配协议。但美国税务法院认可美国税务局采用可比利润法的分析，并强调可口可乐公司没有与供应点签署法律协议并向其转让市场性无形资产的所有权，从而采纳了美国税务局的绝大部分意见。

3.5　转让定价调查及调整

3.5.1　调查对象的选取

1. 行业联查、大户联查

行业联查是指全国税务机关集中"兵力"针对某几个行业在全国范围内进行转让定价的反避税调查；大户联查（又称企业集团联查）是指税务机关对某家跨国公司设在我国境内的多家关联企业同

时开展转让定价调查。行业联查和大户联查的好处有三点：一是可以集中力量打"歼灭战"；二是有利于取得可比信息，可以对同一行业不同企业或同一企业集团内不同企业的财务数据相互进行比较，并从中发现企业避税的"蛛丝马迹"；三是有利于总结出各行业避税的特点和规律，今后可以有针对性地实施反避税措施。行业联查和大户联查是从 2008 年前后开始的。2008 年 8 月，《国家税务总局关于加强企业所得税管理的意见》（国税发〔2008〕88 号）要求："继续推进行业联查、企业集团联查等方法，统一行动，以点带面，充分形成辐射效应。"2009 年，国家税务总局确定在快餐、大型零售、饮料生产、电梯、汽车、轮胎制造、制药、饭店连锁等行业进行转让定价的联查工作，以提高行业的整体利润水平。2012年 2 月，《国家税务总局关于印发〈特别纳税调整内部工作规程（试行）〉的通知》（国税发〔2012〕13 号）提出："对于行业联查、集团联查等案件，税务总局可根据工作需要组成案件调查小组实施调查。"

2. 调查对象筛选

在日常的税收管理过程中，税务机关经过纳税评估等流程也可以发现一些利用转让定价进行避税的嫌疑企业。国家税务总局公告2017 年第 6 号第四条要求税务机关在实施特别纳税调查时，应当重点关注具有以下风险特征的企业：

（1）关联交易金额较大或者类型较多。

（2）存在长期亏损、微利或者跳跃性盈利。

（3）低于同行业利润水平。

（4）利润水平与其所承担的功能风险不相匹配，或者分享的收益与分摊的成本不相配比。

（5）与低税国家（地区）关联方发生关联交易。

（6）未按照规定进行关联申报或者准备同期资料。

（7）从其关联方接受的债权性投资与权益性投资的比例超过规定标准。

（8）由居民企业，或者由居民企业和中国居民控制的设立在实际税负低于12.5%的国家（地区）的企业，并非由于合理的经营需要而对利润不做分配或者减少分配。

（9）实施其他不具有合理商业目的的税收筹划或者安排。

3.5.2　调查审计的内容和程序

1. 案头审计

税务机关应结合日常征管工作，开展案头审计，确定调查企业。案头审计主要根据被调查企业历年报送的年度所得税申报资料及关联业务往来报告表等纳税资料，对企业的生产经营、关联交易等情况进行综合评估分析。企业可以在案头审计阶段向税务机关提供同期资料。

2. 现场审计

税务机关对已确定立案调查的企业，应当安排两名以上调查人员共同实施调查。在现场调查时，调查人员应出示《税务检查证》，并送达《税务检查通知书》。

税务机关在实施现场调查时，可根据需要依法采取询问、调取账簿资料和实地核查等方式。询问当事人应有专人记录《询问（调查）笔录》，并告知当事人不如实提供情况应当承担的法律责任。《询问（调查）笔录》应交当事人核对确认。需要调取账簿及有关资料的，应按照《税收征管法实施细则》第八十六条的规定，填制

《调取账簿资料通知书》《调取账簿资料清单》，办理有关法定手续，调取的账簿、记账凭证等资料应妥善保管，并按法定时限如数退还。在实地核查过程中发现的问题和情况，由调查人员填写《询问（调查）笔录》。《询问（调查）笔录》应由 2 名以上调查人员签字，并根据需要由被调查企业核对确认；若被调查企业拒绝，可由 2 名以上调查人员签认备案。调查人员可以以记录、录音、录像、照相和复制的方式索取与案件有关的资料，但必须注明原件的保存方及出处，由原件保存方或提供方核对签注"与原件核对无误"字样，并盖章或押印。需要证人作证的，应事先告知证人不如实提供情况应当承担的法律责任。证人的证言材料应由本人签字或押印。

税务机关在实施转让定价调查时，有权要求企业及其关联方以及与关联业务调查有关的其他企业提供相关资料，并送达《税务事项通知书》。企业应在《税务事项通知书》规定的期限内提供相关资料，因特殊情况不能按期提供的，应向税务机关提交书面延期申请；经税务机关批准，可以延期提供，但最长不得超过 30 日。税务机关应自收到企业延期申请之日起 15 日内函复，逾期未函复的，视同税务机关已同意企业的延期申请。企业的关联方以及可比企业应在与税务机关约定的期限内提供相关资料，约定期限一般不应超过 60 日。企业、关联方及可比企业应按税务机关的要求提供真实、完整的相关资料。

税务机关应按有关规定，核实企业申报信息，并要求企业填制《企业可比性因素分析表》。税务机关在企业关联申报和提供资料的基础上，填制《企业关联关系认定表》、《企业关联交易认定表》和《企业可比性因素分析认定表》，并由被调查企业核对确认。转让定价调查涉及向关联方和可比企业调查取证的，税务机关在向企业送达《税务检查通知书》后进行调查取证。税务机关审核企业、关联方及可比企业提供的相关资料，可采用现场调查、发函协查和查阅公开信息等方式。需要取得境外有关资料的，可按有关规定启动税收协定的情报交换程序，或通过我国驻外机构调查收集有关信息。涉及境外关联方的相关资料，税务机关也可要求企业提供公证机构的证明。税务机关应选用国家税务总局公告 2017 年第 6 号中规定的转让定价方法分析、评估企业的关联交易是否符合独立交易原则，在分析、评估时既可以使用公开信息资料，又可以使用非公开信息资料。税务机关在分析、评估企业关联交易时，因企业与可比企业营运资本占用不同而对营业利润产生的差异原则上不做调整；确实需要调整的，须层报国家税务总局批准。

3. 转让定价调整的实施

经调查，企业关联交易符合独立交易原则的，税务机关应做出转让定价调查结论，并向企业送达《特别纳税调查结论通知书》。经调查，企业关联交易不符合独立交易原则而减少其应纳税收入或者所得额的，税务机关应按以下程序实施转让定价纳税调整：

（1）在测算、论证和可比性分析的基础上，拟订特别纳税调查初步调整方案。

（2）根据初步调整方案与企业协商谈判，税、企双方均应指定主谈人，调查人员应做好《协商内容记录》，并由双方主谈人签字确认；若企业拒签，可由 2 名以上调查人员签认备案。

（3）企业对初步调整方案有异议的，应在税务机关规定的期限内进一步提供相关资料；税务机关在收到资料后，应认真审核并及时做出审议决定。

（4）根据审议决定，向企业送达《特别纳税调查初步调整通知书》。企业对初步调整意见有异议的，应自收到通知书之日起 7 日内书面提出，税务机关在收到企业意见后，应再次协商审议；企业逾期未提出异议的，视为同意初步调整意见。

（5）确定最终调整方案，向企业送达《特别纳税调查调整通知书》。

4. 加收利息

企业在收到《特别纳税调查调整通知书》后，应按规定期限缴纳税款及利息。按照《企业所得税法实施条例》的规定，企业要自税款所属纳税年度的次年 6 月 1 日起至补缴税款之日止的期间，按日加收利息。加收利息的利率应当按照税款所属纳税年度中国人民银行公布的与补税期间同期的人民币贷款基准利率加 5 个百分点计算。如果企业按照税法的规定提供了同期资料，可以只按人民币贷款基准利率计算利息。

🛡 例 3-15

2022 年，国家税务总局孝感市税务局经过详细税收核查，对外商独资企业 S 汽车零部件制造公司（以下简称"S 公司"）2012—2019 年的企业关联交易进行特别纳税调整，企业共调增应纳税所得额逾 3 亿元，最终该公司依法补缴企业所得税、加收利息合计 1 485 万元。至此，这起历时 3 年的反避税调查案件落下帷幕。

时间的指针拨回到 2014 年 12 月。这天，湖北省孝感市税务部门在对辖区外资企业进行税收风险分析时，发现 S 公司 2012 年 1 月—2014 年 11 月共对外支付专利使用费、技术服务费和利息等费用 2 804 万元，其中对境外股东支付金额为 2 209

万元，占支付总额的 79％。税务人员认为，企业涉嫌对外转移利润和避税，需要核查其大额对外支付业务的真实性和合理性。

因此，税务部门反避税人员对该企业进行了核查。

征管信息显示，S 公司成立于 2012 年 1 月，是由境外 B 公司投资设立的外商独资企业，注册资本为 1 亿元人民币，主要从事汽车零部件生产销售。从申报信息看，2012—2014 年企业的营业收入虽分别为 1 697 万元、2.58 亿元和 2.68 亿元，但这三年却呈现连续亏损状态。

反避税人员认为，S 公司投产后，虽然其经营收入逐年增长，但公司的累计亏损却达 1.96 亿元，亏损额已超过了企业注册资本，十分可疑。

反避税人员查阅分析了 S 公司提交的 2012—2014 年《企业年度关联业务往来报告表》等资料，对该企业及关联方的情况、关联交易情况、行业发展情况等进行了分析。他们发现：S 公司属于单一功能的产品生产企业，该企业主要接取境外关联企业订单生产，而产品全部销售给境内关联企业统一销售。S 公司在营运期间与其关联企业存在大量关联交易，涉及采购销售货物、接受劳务、无形资产受让和使用，以及融通资金等多项业务。其中，在材料购进方面与关联企业的交易金额占比超过 85％。

综合这些情况，反避税人员认为，S 公司具有与关联企业开展交易业务避税的多项嫌疑：

第一，该企业与关联企业的交易涉及生产经营的多个环节，并且额度较大，具有通过这些购销交易转移利润的嫌疑。

第二，该企业使用了境外关联方提供的专利等技术用于生产，并支付了大额费用。专利技术作为无形资产在特许使用后，应为企业带来超额利益，但该企业的情况并非如此，因此这些专利特许权费用支出的必要性存疑。此外，S 公司接受境内外关联方提供的技术性劳务，同时向关联方融通资金，这些业务对企业营运是否有帮助，关联企业的融资行为有无资本弱化问题，均有疑点。

考虑到 S 公司的成立时间不长，出于纠偏扶正等考虑，反避税人员对 S 公司下达《税务事项通知书》，提示其经营存在特别纳税调整风险，要求企业对购进材料、购买劳务服务，以及融通资金担保等关联业务的必要性和其是否符合独立交易原则进行自查，并要求 S 公司在 3 个月内，向税务机关提交自查情况报告和相关佐证材料。

两个多月后，S 公司向税务机关提交了自查报告和合同等佐证材料。在自查报告中，S 公司称：它与关联方的购销业务、支付的特许权费用、劳务费和关联融资等业务的定价，均符合独立交易原则，属于生产经营必要支付，并无问题；2012—2014 年 S 公司存在因融通资金产生资本弱化的事项，但 S 公司每年均按照税法规定在年度汇算清缴申报时做了纳税调整。

随后，S 公司的业务收入和盈利情况发生了变化——2016年企业亏损降至 2 697 万元；2017 年盈利 1 715 万元；2018 年盈利 1 320 万元。在此期间，S 公司依法向税务机关申报缴纳了相关税款。

2019 年 8 月，国家税务总局孝感市税务局反避税人员在开展跨境利润数据日常监控分析时，发现 S 公司 2019 年 1—6 月出现巨额亏损 5 406 万元，其对外支付的特许权使用费达到 985 万元，几乎是以往年度支付额度的 2 倍左右。

结合 S 公司的经营数据和历史情况，反避税人员认为，该企业存在利用关联交易向境外转移利润避税的嫌疑。因此，反避税团队联系了 S 公司管理人员，赴企业开展了国际税收政策辅导和涉税风险提示。

反避税人员指出，S 公司长期亏损、跳跃性盈利的情况，与企业性质和功能不符，存在避税风险。S 公司可选择三种方式排除风险：一是自查补税。二是预约定价。S 公司可与税务机关就未来年度关联交易的定价原则和计算方法达成预约定价安排。经企业申请，税务机关可以将预约定价安排确定的定价原则和计算方法追溯适用于以前年度企业关联交易的评估和调整，追溯期最长为 10 年。三是接受税务机关的反避税调查。

在规定期限内，S 公司既未向税务机关报送自查情况，又未向税务机关提交预约定价安排谈签意见。按照相关规定，孝感市税务局决定对 S 公司 2012—2019 年的经营情况进行反避税立案调查。反避税人员向 S 公司下达了《税务检查通知书》《税务事项通知书》，要求其提供相关年度的购销作价原则、S 公司设立时的可行性研究报告等资料。

S 公司接到通知后十分重视，表示一定配合调查，并聘请了国际知名会计师事务所人员代表企业处理相关事务。

随后，反避税人员克服新冠疫情的影响，采集了企业基本情况、集团背景信息、历年关联交易信息等大量涉案资料，并通过人员约谈、实地查看、外调分析等多种方式对 S 公司的相关业务进行了调查。在此过程中，反避税人员逐一排除了 S 公司通过关联销售、关联劳务、关联融资等方式转移利润的嫌疑。

经过调查，反避税人员认为，S 公司在关联采购和向关联企业支付特许权使用费方面存在较大避税嫌疑。对此，S 公司无法提供相关资料和证据来证明这两项关联交易符合独立交易原则。在调查过程中，反避税人员尝试了各种渠道和方法，也没有获得可与企业关联采购和特许权使用费相类比的、较为公允的可比成交价格。由于无法对 S 公司这两项关联交易价格的合理性进行评估，因而反避税人员无法开展分项特别纳税调整。

国家税务总局公告 2017 年第 6 号第二十八条规定："企业为境外关联方从事来料加工或者进料加工等单一生产业务，或者从事分销、合约研发业务，原则上应当保持合理的利润水平。"依照这条规定，反避税人员经过研讨后决定采取综合调整法，继续对涉案企业实行特别纳税调查工作。也就是说，选取一批在行业、独立性、承担功能风险等指标方面与 S 公司具有可比性的企业，将这些企业的年度平均利润水平与 S 公司的利润水平进行类比，如果 S 公司的利润水平不合理，则依法按可比企业的平均利润水平对其进行纳税调整。

反避税人员从 BVD 数据库（全球上市公司大型财务数据库）中筛选出了 672 家企业，参照 S 公司的可比指标，对这些企业多达 20 余万条的经营数据信息、财务成果信息等数据进行了综合分析和计算。经测算，这 672 家可比企业均在可比年度达到了平均净利润率 3.53%。这一可比性核查与分析结果，从客观上表明，在同期同等经营条件下，S 公司不应出现年度亏损，应有合理利润，同时证实了 S 公司在关联采购和支付特许权使用费方面确有问题。

随后，反避税人员以可比企业的年度平均净利润率为参照，对 S 公司的应纳税所得额进行了可比换算和核算，最终得出 S 公司 2012—2019 年应调增应纳税所得额 3 亿多元。在弥补亏损后，S 公司依法应补缴企业所得税和利息合计 1 550 万元。

2020 年 8 月，孝感市税务局反避税人员约谈了 S 公司的代表，并由反避税人员介绍了调查情况、特别纳税调整法律依据和调整方案等情况。面对大量证据，S 公司的代表承认企业存在特别纳税调整空间，认同了税务机关以可比企业交易净利润为基础开展综合调整的方法。

但在随后的会谈中，S 公司对调整方案提出了几点异议：

第一，调整方案在交易净利润法的基础上，应考虑人工成本上涨、客户要求降价等经营特殊因素的影响，因而调增的应纳税所得额应扣除这些特殊因素产生的费用。

第二，2012 年 S 公司的实际生产时间不到 2 个月，且销售收入只有 1 697 万元，税务机关应考虑不将 2012 年度纳入调查期内。

第三，希望与税务机关共同确认筛选条件，重新筛选可比企业，并以此为基础确定企业的平均利润率，拟订调整方案。

孝感市税务局十分重视 S 公司的意见，反避税人员结合调查资料进行了有针对性的研讨和核查，逐一制订了回复方案。

2021 年 4 月至 2021 年 8 月，反避税人员先后与 S 公司代表举行了 8 次会谈，就特殊因素确定、可比企业筛选等问题进行了多轮会商。在此过程中，反避税人员就企业提出的 9 项经营特殊因素所产生的费用是否应在应纳税额中予以扣除进行了逐一分析；通过举事实、讲法理，S 公司最后同意了税务机关的意见。双方明确，S 公司作为特殊因素可在应纳税所得额中扣除的费用金额为 258 万元——这一金额比 S 公司最初提出的 3.62 亿元少了 3.59 亿元。

在对可比企业筛选条件进行了多次会谈后，最终税、企双方就可比企业筛选条件和标准达成了一致意见。双方确定了 27 家可比企业，最终计算出企业可比年度的平均净利润率为 3.51%。

历经八轮约谈，税、企双方最终就特别纳税调整方案达成一致意见。孝感市税务局依法向 S 公司送达了《特别纳税调查调整通知书》，调增 S 公司 2013—2019 年应纳税所得额合计 30 238 万元。S 公司在弥补往年亏损后，应补缴企业所得税、加收利息合计 1 485 万元。S 公司对税务机关的调整方案无异议，按期补缴了税款和利息。

3.6　预约定价安排

3.6.1　什么是预约定价安排

转让定价既是跨国公司的一个内部管理问题，又是一个涉及相关国家税收利益的国际税收问题。**跨国公司的转让定价策略即使不是出于避税考虑，也会在客观上损害有关国家的税收利益。**对于跨国公司的转让定价，受损国政府当然有权对其进行调整。但是，从目前的情况来看，各种转让定价的调整方法都不尽如人意。价格法在缺乏交易可比性的情况下很难使用，而利润法在很大程度上存在"以偏概全"的问题。如果一国在转让定价问题上过于严厉，动不动就对跨国关联企业之间的转让定价进行调整，很可能会使跨国公司无所适从，甚至无法开展正常的经营活动。如果一国对跨国关联企业之间的交易作价不闻不问、听之任之，又可能导致税收收入大量流失。在这种两难的状态下，纳税人与税务机关在转让定价问题上很容易发生冲突，一旦双方的意见不一致，纠纷就只能交由法院来裁决或交由仲裁委员会来仲裁。另外，对跨国关联企业的转让定价进行调整还会引发国际重复征税问题，而要消除这种重复征税就需要对方国家进行相应调整。在实践中，承担这种相应调整义务往往意味着要调减跨国关联企业在本国的纳税义务，从而减少本国的税收收入，所以大多数国家不愿意承担这种相应调整义务。即使一些国家在双边税收协定中加进了这种调整义务，但真正执行起来也需要大量的相互协商工作。能否在转让定价问题上找到一种各方都可以接受、执行起来又比较容易的方法，是人们一直都在探讨的问题。

1991 年，美国税务机关率先采用预约定价安排来解决跨国关联企业的转让定价问题。预约定价安排（又称预约定价协议，advanced pricing agreement，APA）是指有关各方事先就跨国关联企业的转让定价方法达成的安排，它分为单边预约定价安排和双边或多边预约定价安排。**单边预约定价安排是指一国税务机关与本国的企业就其与境外关联企业进行关联交易所使用的转让定价方法达成的安排。**跨国企业可以根据自己的经营战略和内部管理要求，向本国的主管税务机关提出自己的转让定价方法，税务机关要对企业申报的转让定价方法进行审批。如果征、纳双方对此达成一致，就可以签订一份预约定价安排。此后，如果本国企业与境外关联企业从事业务往来所使用的交易定价方法与预约定价安排一致，税务机关就给予认可，否则税务机关就要进行转让定价调整。采用这种单边预约定价安排可以使跨国关联企业在转让定价问题上做到心中有数，只要其制定的转让定价方法符合预约定价安排的要求，就不必担心税务机关的审核调整；与此同时，税务机关通过与企业签订这种安排，也可以事先了解企业的转让定价策略，并通过安排对企业的转让定价行为进行一定的约束。一旦企业不遵守预约定价安排的规定，税务机关再对其转让定价进行调整也就在情理之中了。总之，单边预约定价安排可以稳定纳税人与有关国家之间的税务关系。**双边或多边预约定价安排是指两个或多个国家事先就某一跨国关联企业转让定价的调整方法达成的一种安排，它是建立在单边预约定价安排基础之上的。**如果甲、乙两国税务机关与某跨国纳税人签订双边预约定价安排，则甲、乙两国的税务机关要相互认可对方国家税务机关与其纳税人签订的单边预约定价安排以及纳税人违反安排时税务机关对其转让定价采用的调整方法。双边或多边预约定价安排可以简化有关国家对跨国关联企业进行转让定价调整的相互协商程序，防止有关国家在调整问题上相互扯皮，从而有利于加快重复征税问题的解决。

3.6.2　预约定价安排的主要目标

实施预约定价安排的目的是在纳税人与税务机关合作和谈判的基础上找到一种灵活解决问题的方法。具体说来，预约定价安排应达到以下几个目标。

（1）使纳税人在三个基本问题上与税务机关达成谅解：①预约定价安排涉及的公司间交易的真实性质；②适用于这些交易的合理

转让定价方法；③应用这些转让定价方法期望取得效果的范围。

（2）创造一种使纳税人与税务机关相互理解、相互合作的环境。

（3）能够以比传统方法更快的方式与纳税人达成协议。

（4）以一种对于纳税人和税务机关来说成本更低、更有效率的方式达成转让定价安排。

总之，制定预约定价安排的目的是通过减少不确定性以及提高跨国关联企业交易税收后果的可预见性来促进纳税人对税法的自愿服从，从而减轻税务机关和纳税人双方的管理负担。

3.6.3 预约定价安排给各方带来的利益

申请和达成预约定价安排可能需要耗费很长的时间及很多的财力，然而，一旦签订了一个预约定价安排，人们就不必再为转让定价的审查和调整而费时费力。具体说来，预约定价安排可以给各方带来如下利益：

（1）通过达成预约定价安排，纳税人可以确切地知道今后税务机关对自己经营活动中的转让定价行为会做何反应；如果签订的是双边预约定价安排，纳税人还可以知道外国税务当局会对自己的转让定价行为做何反应。

（2）预约定价安排可以提供一种非常好的环境，纳税人及主管税务机关可以相互合作，以确定纳税人的转让定价活动适用于哪种转让定价方法。预约定价安排的签署过程还可以促进有关各方之间的信息交流，在转让定价问题上达成一个合法并切实可行的结果。

（3）预约定价安排可以大大减轻纳税人保留原始凭证、文件资料的负担。纳税人与税务机关签订预约定价安排以后，只需保存一些与合理定价方法有关的原始凭证，与其他定价方法相关的文件资料并不一定要保留，而过去税务机关在转让定价审查中往往要调阅这些资料，所以必须保存。另外，预约定价安排也可以使税务机关以很低的价格获得纳税人的信息。

（4）预约定价安排可以使纳税人避免一些没完没了的诉讼程序。如果没有预约定价安排，纳税人的转让定价行为很可能被主管税务机关认定为不合理，从而使纳税人与税务机关发生纠纷，弄不好还要被税务机关告上法庭。而有了预约定价安排后，只要纳税人不违反预约定价安排中的条款，其转让定价行为就是合理合法的，不必担心被起诉。

3.6.4 什么样的企业适于申请预约定价安排

预约定价安排并不是无条件地适用于所有类型的企业。一般来说，在下列情况下，企业应当考虑与税务机关达成预约定价安排。

（1）在与国外关联企业进行交易时需要采用非标准的转让定价方法。一般来说，各国税法都列出了允许纳税人使用的标准的转让定价方法，如可比非受控价格法、再销售价格法、成本加利润法等，但如果一个企业出于经营管理上的需要必须采取非标准的转让定价方法，最好与主管税务机关签订预约定价安排。如果没有预约定价安排，主管税务机关很可能要对其进行转让定价的审查和调整。预约定价安排的目的就是要通过谈判，以灵活的方式解决转让定价纠纷，所以只要企业能够在预约定价安排的谈判中向主管税务机关证明自己所采用的非标准转让定价方法不是出于避税，那么主管税务机关就可能同意企业的做法，并就这种非标准的转让定价方法与企业达成预约定价安排。

（2）与国外关联企业有大量的业务往来。如果企业与国外关联企业有大量的业务往来，则很容易受到本国税务机关的注意和引起针对转让定价的审查。特别是在企业与跨国关联企业进行无形资产、贷款、管理服务交易以及收取内部管理费时很容易与主管税务机关发生转让定价纠纷。所以，经常与跨国关联企业从事上述交易的企业最好与主管税务机关签订预约定价安排。如果企业的主管税务机关对转让定价审查得十分严格，那么签订预约定价安排就更有必要了。

（3）该企业的产品在国外面临激烈的市场竞争，因而必须在国外市场设立受控子公司来满足该市场的需求。在这种情况下，企业往往要利用低价销售的市场战略向国外受控子公司销售产品，此时最好事先向主管税务机关阐明企业的销售战略，争取税务机关的理解，并与其签订预约定价安排。

3.6.5　预约定价安排的谈签程序

根据 2006 年 10 月发布的《国家税务总局关于完善预约定价安排管理有关事项的公告》（国家税务总局公告 2016 年第 64 号）的要求，预约定价安排的谈签必须先由企业提出意向，而只有那些关联交易金额较大（主管税务机关向企业送达接受其谈签意向的《税务事项通知书》之日所属纳税年度前 3 个年度每年度发生的关联交易金额都超过 4 000 万元人民币）的企业一般才有资格提出谈签意向。

预约定价安排的谈签与执行要经过预备会谈、谈签意向、分析评估、正式申请、协商签署和监控执行 6 个阶段。

1. 预备会谈

企业有谈签预约定价安排意向的，应当向税务机关书面提出预备会谈申请。税务机关可以与企业开展预备会谈。

（1）企业申请单边预约定价安排的，应当向主管税务机关书面提出预备会谈申请，提交《预约定价安排预备会谈申请书》。主管税务机关组织与企业开展预备会谈。

企业申请双边或者多边预约定价安排的，应当同时向国家税务总局和主管税务机关书面提出预备会谈申请，提交《预约定价安排预备会谈申请书》。国家税务总局统一组织与企业开展预备会谈。

（2）在预备会谈期间，企业应当就以下内容做出简要说明：①预约定价安排的适用年度；②预约定价安排涉及的关联方及关联交易；③企业及其所属企业集团的组织结构和管理架构；④企业最近 3～5 个年度的生产经营情况、同期资料等；⑤预约定价安排涉及各关联方的功能和风险的说明，包括功能和风险划分所依据的机构、人员、费用、资产等；⑥市场情况的说明，包括行业发展趋势和竞争环境等；⑦是否存在成本节约、市场溢价等地域特殊优势；⑧预约定价安排是否追溯适用以前年度；⑨其他需要说明的情况。

企业申请双边或者多边预约定价安排的，其说明内容还应当包括：①向税收协定缔约对方税务主管当局提出预约定价安排申请的情况；②预约定价安排涉及的关联方最近 3～5 个年度的生产经营情况及关联交易情况；③是否涉及国际重复征税及其说明。

（3）在预备会谈期间，企业应当按照税务机关的要求补充资料。

2. 谈签意向

税务机关和企业在预备会谈期间达成一致意见的，主管税务机关向企业送达同意其提交谈签意向的《税务事项通知书》。企业收到《税务事项通知书》后向税务机关提出谈签意向。

（1）企业申请单边预约定价安排的，应当向主管税务机关提交《预约定价安排谈签意向书》，并附送单边预约定价安排申请草案。企业申请双边或者多边预约定价安排的，应当同时向国家税务总局和主管税务机关提交《预约定价安排谈签意向书》，并附送双边或者多边预约定价安排申请草案。

（2）单边预约定价安排申请草案应当包括以下内容：①预约定价安排的适用年度；②预约定价安排涉及的关联方及关联交易；③企业及其所属企业集团的组织结构和管理架构；④企业最近3～5个年度的生产经营情况、财务会计报告、审计报告、同期资料等；⑤预约定价安排涉及各关联方的功能和风险的说明，包括功能和风险划分所依据的机构、人员、费用、资产等；⑥预约定价安排使用的定价原则和计算方法，以及支持这一定价原则和计算方法的功能风险分析、可比性分析和假设条件等；⑦价值链或者供应链分析，以及对成本节约、市场溢价等地域特殊优势的考虑；⑧市场情况的说明，包括行业发展趋势和竞争环境等；⑨预约定价安排适用期间的年度经营规模、经营效益预测以及经营规划等；⑩预约定价安排是否追溯适用以前年度；⑪对预约定价安排有影响的境内外行业的相关法律法规；⑫企业关于不存在本阶段第（3）项所列举情形的说明；⑬其他需要说明的情况。

双边或者多边预约定价安排申请草案还应当包括：①向税收协定缔约对方税务主管当局提出预约定价安排申请的情况；②预约定价安排涉及的关联方最近3～5个年度的生产经营情况及关联交易情况；③是否涉及国际重复征税及其说明。

（3）有下列情形之一的，税务机关可以拒绝企业提交谈签意向：①税务机关已经对企业实施特别纳税调整立案调查或者其他涉税案件调查，且尚未结案的；②未按照有关规定填报《企业年度关联业务往来报告表》；③未按照有关规定准备、保存和提供同期资料；④在预备会谈阶段，税务机关和企业无法达成一致意见。

3. 分析评估

在企业提交谈签意向后，税务机关应当分析预约定价安排申请草案的内容，评估其是否符合独立交易原则。根据分析评估的具体情况，税务机关可以要求企业补充提供有关资料。税务机关可以从以下方面进行分析评估：

（1）功能和风险状况。分析评估企业与其关联方之间在供货、生产、运输、销售等各环节以及在研发无形资产等方面各自做出的贡献、执行的功能及其在存货、信贷、外汇、市场等方面承担的风险。

（2）可比交易信息。分析评估企业提供的可比交易信息，对存在的实质性差异进行调整。

（3）关联交易数据。分析评估预约定价安排涉及的关联交易的收入、成本、费用和利润是否单独核算或者按照合理比例划分。

（4）定价原则和计算方法。分析评估企业在预约定价安排中采用的定价原则和计算方法。若申请追溯适用以前年度，应当做出说明。

（5）价值链分析和贡献分析。评估企业对价值链或者供应链的分析是否完整、清晰，是否充分考虑了成本节约、市场溢价等地域特殊优势，是否充分考虑了本地企业对价值创造的贡献等。

（6）交易价格或者利润水平。根据上述分析评估结果，确定符合独立交易原则的价格或者利润水平。

（7）假设条件。分析评估影响行业利润水平和企业生产经营的因素及程度，合理确定预约定价安排适用的假设条件。

4. 正式申请

在分析评估阶段，税务机关可以与企业就预约定价安排申请草案进行讨论。税务机关可以进行功能和风险实地访谈。税务机关认为预约定价安排申请草案不符合独立交易原则的，企业应当与税务机关协商，并进行调整；税务机关认为预约定价安排申请草案符合独立交易原则的，主管税务机关向企业送达同意其提交正式申请的《税务事项通知书》。企业在收到通知后，可以向税务机关提交《预约定价安排正式申请书》，并附送预约定价安排正式申请报告。

（1）企业申请单边预约定价安排的，应当向主管税务机关提交上述资料。企业申请双边或者多边预约定价安排的，应当同时向国家税务总局和主管税务机关提交上述资料，并按照有关规定提交启动特别纳税调整相互协商程序的申请。

（2）有下列情形之一的，税务机关可以拒绝企业提交正式申请：

1）预约定价安排申请草案拟采用的定价原则和计算方法不合理，且企业拒绝协商调整。

2）企业拒不提供有关资料或者提供的资料不符合税务机关要求，且不按时补正或者更正。

3）企业拒不配合税务机关进行功能和风险实地访谈。

4）其他不适合谈签预约定价安排的情况。

有下列情形之一的，税务机关可以优先受理企业提交的申请：

1）企业关联申报和同期资料完备合理、披露充分。

2）企业的纳税信用级别为 A 级。

3）税务机关曾经对企业实施特别纳税调查调整，并已经结案。

4）签署的预约定价安排执行期满，企业申请续签，且预约定价安排所述事实和经营环境没有发生实质性变化。

5）企业提交的申请材料齐备，对价值链或者供应链的分析完整、清晰，充分考虑了成本节约、市场溢价等地域特殊因素，拟采用的定价原则和计算方法合理。

6）企业积极配合税务机关开展预约定价安排谈签工作。

7）申请双边或者多边预约定价安排的，所涉及的税收协定缔约对方税务主管当局有较强的谈签意愿，对预约定价安排的重视程度较高。

8）其他有利于预约定价安排谈签的因素。

5.协商签署

税务机关应当在分析评估的基础上形成协商方案，并据此开展协商工作。

（1）主管税务机关与企业开展单边预约定价安排协商，协商达成一致的，拟定单边预约定价安排文本。国家税务总局与税收协定缔约对方税务主管当局开展双边或者多边预约定价安排协商，协商达成一致的，拟定双边或者多边预约定价安排文本。

（2）预约定价安排文本可以包括以下内容：①企业及其关联方的名称、地址等基本信息；②预约定价安排涉及的关联交易及适用年度；③预约定价安排选用的定价原则和计算方法，以及可比价格或者可比利润水平等；④与转让定价方法运用和计算基础相关的术语定义；⑤假设条件及假设条件变动通知义务；⑥企业年度报告义务；⑦预约定价安排的效力；⑧预约定价安排的续签；⑨预约定价安排的生效、修订和终止；⑩争议的解决；⑪文件资料等信息的保密义务；⑫单边预约定价安排的信息交换；⑬附则。

（3）在主管税务机关与企业就单边预约定价安排文本达成一致后，双方的法定代表人或者法定代表人授权的代表签署单边预约定价安排。国家税务总局与税收协定缔约对方税务主管当局就双边或者多边预约定价安排文本达成一致后，双方或者多方税务主管当局授权的代表签署双边或者多边预约定价安排。国家税务总局应当将预约定价安排转发主管税务机关。主管税务机关应当向企业送达《税务事项通知书》，附送预约定价安排，并做好执行工作。

（4）预约定价安排涉及适用年度或者追溯年度补（退）税款的，税务机关应当按照纳税年度计算应补征或者退还的税款，并向企业送达《预约定价安排补（退）税款通知书》。

6. 监控执行

税务机关应当监控预约定价安排的执行情况。

（1）在预约定价安排执行期间，企业应当完整保存与预约定价安排有关的文件和资料，包括账簿和有关记录等，不得丢失、销毁和转移。

企业应当在纳税年度终了后 6 个月内，向主管税务机关报送执行预约定价安排情况的纸质版和电子版年度报告，主管税务机关将电子版年度报告报送国家税务总局；涉及双边或者多边预约定价安排的，企业应当向主管税务机关报送执行预约定价安排情况的纸质版和电子版年度报告，同时将电子版年度报告报送国家税务总局。

年度报告应当说明报告期内的企业经营情况以及执行预约定价

安排的情况。需要修订、终止预约定价安排，或者有未决问题或预计将要发生问题的，应当做出说明。

（2）在预约定价安排执行期间，主管税务机关应当每年监控企业执行预约定价安排的情况。监控内容主要包括：企业是否遵守了预约定价安排的条款及要求；年度报告是否反映了企业的实际经营情况；预约定价安排所描述的假设条件是否仍然有效；等等。

（3）在预约定价安排执行期间，企业发生影响预约定价安排的实质性变化，应当在发生变化之日起 30 日内书面报告主管税务机关，详细说明该变化对执行预约定价安排的影响，并附送相关资料。由于非主观原因而无法按期报告的，可以延期报告，但延长期限不得超过 30 日。

税务机关应当在收到企业的书面报告后，分析企业的实质性变化情况，再根据实质性变化对预约定价安排的影响程度，修订或者终止预约定价安排。签署的预约定价安排终止执行的，税务机关可以与企业按照规定的程序及要求，重新谈签预约定价安排。

（4）对于国家税务总局和主管税务机关与企业共同签署的预约定价安排，在执行期间，企业应当分别向国家税务总局和主管税务机关报送年度报告及实质性变化报告。国家税务总局和主管税务机关应当对企业执行预约定价安排的情况实施联合监控。

预约定价安排适用于主管税务机关向企业送达接受其谈签意向的《税务事项通知书》之日所属纳税年度起 3～5 个年度的关联交易。企业以前年度的关联交易与预约定价安排适用的关联交易相同或者类似的，经企业申请，税务机关可以将预约定价安排确定的定价原则和计算方法追溯适用于以前年度该关联交易的评估和调整，追溯期最长为 10 年。预约定价安排的谈签不影响税务机关对企业不适用预约定价安排的年度及关联交易的特别纳税调查调整和监控管理。

预约定价安排执行期满后自动失效。企业申请续签的，应当在预约定价安排执行期满之日前 90 日内向税务机关提出续签申请，报送《预约定价安排续签申请书》，并提供执行现行预约定价安排情况的报告，现行预约定价安排所述事实和经营环境是否发生实质性变化的说明材料以及续签预约定价安排年度的预测情况等相关资料。

预约定价安排采用四分位法确定价格或者利润水平，在预约定价安排执行期间，如果企业当年实际经营结果在四分位区间之外，税务机关可以将实际经营结果调整到四分位区间中位值。预约定价安排执行期满，企业各年度经营结果的加权平均值低于区间中位值且未调整至中位值的，税务机关不再受理续签申请。双边或者多边预约定价安排执行期间存在上述问题的，主管税务机关应当及时将有关情况层报国家税务总局。

在预约定价安排执行期间，主管税务机关与企业发生分歧的，双方应当进行协商。协商不能解决的，可以报上一级税务机关协调；涉及双边或者多边预约定价安排的，必须层报国家税务总局协调。对上一级税务机关或者国家税务总局的决定，下一级税务机关应当予以执行。企业仍不能接受的，可以终止预约定价安排的执行。

在预约定价安排签署前，税务机关和企业均可暂停、终止预约定价安排程序。税务机关发现企业或者其关联方故意不提供与谈签预约定价安排有关的必要资料，或者提供虚假、不完整资料，或者存在其他不配合的情形，使预约定价安排难以达成一致的，可以暂停、终止预约定价安排程序。涉及双边或者多边预约定价安排的，经税收协定缔约各方税务主管当局协商，可以暂停、终止预约定价安排程序。税务机关暂停、终止预约定价安排程序的，应当向企业送达《税务事项通知书》，并说明原因；企业暂停、终止预约定价安排程序的，应当向税务机关提交书面说明。

没有按照规定的权限和程序签署预约定价安排，或者税务机关发现企业隐瞒事实的，应当认定预约定价安排自始无效，并向企业送达《税务事项通知书》，说明原因；发现企业拒不执行预约定价安排或者存在违反预约定价安排的其他情况，可以视情况进行处理，直至终止预约定价安排。

预约定价安排同时涉及两个或者两个以上省、自治区、直辖市和计划单列市税务机关的，或者同时涉及国家税务总局和主管税务机关的，由国家税务总局统一组织协调。

企业申请上述单边预约定价安排的，应当同时向国家税务总局及其主管税务机关提出谈签预约定价安排的相关申请。国家税务总局可以与企业统一签署单边预约定价安排，或者主管税务机关与企业统一签署单边预约定价安排，也可以由各主管税务机关与企业分别签署单边预约定价安排。

单边预约定价安排涉及一个省、自治区、直辖市和计划单列市内两个或者两个以上主管税务机关，且仅涉及国家税务总局或者各地主管税务机关的，由省、自治区、直辖市和计划单列市相应税务机关统一组织协调。

税务机关与企业在预约定价安排谈签过程中取得的所有信息资料，双方均负有保密义务。除依法应当向有关部门提供信息的情况外，未经纳税人同意，税务机关不得以任何方式泄露预约定价安排的相关信息。

税务机关与企业不能达成预约定价安排的，税务机关在协商过程中所取得的有关企业的提议、推理、观念和判断等非事实性信息，不得用于对该预约定价安排涉及关联交易的特别纳税调查调整。

除涉及国家安全的信息以外，国家税务总局可以按照对外缔结的国际公约、协定、协议等有关规定，与其他国家（地区）税务主管当局就 2016 年 4 月 1 日以后签署的单边预约定价安排文本实施信息交换。企业应当在签署单边预约定价安排时提供其最终控股公司、上一级直接控股公司及单边预约定价安排涉及的境外关联方所在国家（地区）的名单。

为了进一步提升单边预约定价安排的谈签效率，2021 年 7 月 26 日发布的《国家税务总局关于单边预约定价安排适用简易程序有关事项的公告》（国家税务总局公告 2021 年第 24 号）规定，企业在主管税务机关向其送达受理申请的《税务事项通知书》之日所属纳税年度的前 3 个年度，每年度发生的关联交易金额在 4 000 万元人民币以上，并符合下列条件之一的，可以在 2021 年 9 月 1 日以后申请适用简易程序：

（1）已向主管税务机关提供拟提交申请所属年度前 3 个纳税年度的、符合《国家税务总局关于完善关联申报和同期资料管理有关事项的公告》（国家税务总局公告 2016 年第 42 号）规定的同期资料。

（2）自企业提交申请之日所属纳税年度前 10 个年度内，曾执行预约定价安排，且执行结果符合安排要求的。

（3）自企业提交申请之日所属纳税年度前 10 个年度内，曾受到税务机关特别纳税调查调整且结案的。

国家税务总局公告 2021 年第 24 号对单边预约定价安排的适用程序进行了简化，将国家税务总局公告 2016 年第 64 号中的 6 个阶段压缩为申请评估、协商签署和监控执行 3 个阶段。与国家税务总局公告 2016 年第 64 号中的完整程序相比，该简易程序免去了预备会谈的阶段，并将谈签意向、分析评估和正式申请 3 个阶段合并为申请评估 1 个阶段，也就是说：企业向税务机关提出申请后，税务机关应当在收到企业申请之日起 90 日内开展分析评估和功能风险访谈，并向企业送达《税务事项通知书》；若受理企业的申请，即为接受了企业的正式申请；若不受理，也应告知企业不予受理的理由。另外，国家税务总局公告 2021 年第 24 号对协商签署阶段也明确提出了具体的时间要求：税务机关应当于向企业送达受理申请的《税务事项通知书》之日起 6 个月内与企业就单边预约定价安排的文本内容达成一致；无法达成一致的，则终止简易程序。此外，国家税务总局公告 2021 年第 24 号还明确规定，如果税、企双方不能协商一致，从而终止简易程序的，企业仍可以依据国家税务总局公告 2016 年第 64 号按照一般程序重新申请预约定价安排，同时为减少企业负担，在简易程序中已经提交过的资料，无须重复提交。

第 4 章

防止向低税区转移利润避税

我们在第三章中提到，公司通过转移利润避税往往需要"三部曲"，这第三部曲就是想方设法不能让高税的居住国对母公司转移到税收"洼地"（一般为海外避税地）的利润征税。对于本国公司从国外取得的利润是否征税以及如何征税，各国的做法都不相同。在实行对全球所得征税的国家，母公司为了规避居住国对自己的海外利润征税，往往要采取一定的手段，或者不让海外子公司向自己分配利润，或者将分配的利润滞留在海外。为了防止跨国企业的这种避税行为，很多国家在对海外利润征税方面嵌入了一些反避税规定。例如，对来源于税收"洼地"的境外所得不给予"参股免税"待遇；对本国企业设在境外低税区的子公司不分配利润或者不汇回利润且无合理商业目的的，要视为取得了应税所得，需要依法纳税（受控外国公司法规）。

需要注意的是，企业向低税区转移利润往往是向境外转移利润。这是因为，一个国家内部各地区之间的所得税税负往往是相同的，不存在明显的低税区（税收"洼地"）。当然，联邦制国家的地方政府有税收立法权，地方所得税的税率可能不尽相同，有的地方政府对企业可能还不征收所得税，其结果也会造成各地区之间的税负存在一定的差距。为了防止企业在国内各地区的关联企业之间转移利润进行避税，美国、加拿大等联邦制国家的地方政府有的采取核定利润的方法征收地方所得税。例如，美国有 40 多个州政府采用所谓的"马萨诸塞州公式"来核定本州企业在本州的应税所得。根据该公式，企业从事跨州经营在美国取得的应税所得应当依据销售额、资产和劳动者报酬这三个因素分摊到本州作为缴纳州公司所得税的税基，每个因素在总权重中各占三分之一。与一国之内的税负差距相比，国与国之间的税负差距更大，这主要是由于国际避税地的普遍存在，导致一些国家和地区的所得税税负极低，甚至不征收任何所得税。目前，国际避税地可以分成许多类型：首先，最典型的国际避税地包括英属维尔京群岛、开曼群岛、百慕大群岛、巴哈马、安圭拉、巴林、瑙鲁等国家（地区），它们不征收所得税，也不征收财产税，所以又称"纯避税地"（pure tax havens）。其次，像瑞士、爱尔兰、列支敦士登、塞浦路斯等国家（地区），虽然它们有公司所得税，但税率很低。例如：瑞士联邦公司所得税税率仅为7.8%，如果加上地方征收的所得税（各地区税率不同），企业在瑞士的实际税负为 11%～21%；爱尔兰、列支敦士登和塞浦路斯的公司所得税税率均为 12.5%，这与其他发达国家的公司所得税税率相比已经算很低了。特别是瑞士、爱尔兰等国的工商业都十分发达，到这些国家设立子公司一般不容易引起本国税务机关的特别关注。另外，后文还要谈到，一些国家对本国公司的海外利润（股息）实行"参股免税"，但前提条件之一是所得来源地要有一定的税负水平，纯避税地不符合这个条件，因而瑞士、爱尔兰等低税型避税地反而能派上用场。在实践中，高税国的跨国公司往往利用上述两类避税地的关联企业作为向境外转移利润的载体，从而达到国际避税的目的。

4.1 各国对本国公司海外利润的税务处理

4.1.1 税收管辖权

税收管辖权是一国（含税收管辖区，下同）政府在征税方面的主权，它表现为一国政府有权决定对哪些人征税、征哪些税以及征多少税等方面。税收管辖权是国家主权的重要组成部分，它的行使范围一般也要遵从属地原则和属人原则。属地原则是指一国政府可以在本国区域内的领土和空间行使政治权力；属人原则是指一国可以对本国的全部居民和公民行使政治权力。具体到所得税的征收，根据属地原则，一国有权对来源于本国境内的一切所得征税，而不论取得这笔所得的是本国人还是外国人；根据属人原则，一国有权对本国居民或公民的一切所得征税，而不论他们的所得来源于本国还是外国。这里所说的居民，不是街道居委会管辖范围里的住户，它指的是税收意义上的居民，是居民纳税人，有时又简称为居民。各国判定税收居民（包括自然人和法人）都有自己的标准，比如法人居民要看公司是否在本国注册成立，或者看公司的实际管理机构是否设在本国境内；自然人居民主要看其住所是否在本国境内，或者在本国无住所的情况下看其是否在本国境内停留了 183 天以上。如果纳税人符合了本国制定的税收居民标准，则其就成为本国的税收居民，就可被称为居民纳税人。

根据税收管辖权行使范围的两大原则，我们可以把世界各国所得税的管辖权划分为三种类型：

（1）地域管辖权，又称来源地管辖权，即一国要对来源于本国境内的所得行使征税权，而不论这笔所得是由哪国居民取得的。

（2）居民管辖权，即一国要对本国税法中规定的居民（包括自然人和法人）取得的所得行使征税权，而不论所得来源于哪个国家。

（3）公民管辖权，即一国要对拥有本国国籍的公民所取得的所得行使征税权，而不论所得来源于哪个国家。

既然税收管辖权属于国家主权，那么每个主权国家都有权根据自己的国情选择适合自己的税收管辖权类型。从目前世界各国的税制来看，所得税管辖权的实施主要有以下两种情况：

1. 同时实行地域管辖权和居民管辖权

这是大多数国家的做法，即同时实行地域管辖权和居民管辖权。在这种情况下，一国要对以下三类所得行使征税权：本国居民的境内所得、本国居民的境外所得以及外国居民的境内所得。其中，对本国居民从境内、境外取得所得的征税依据是居民管辖权，而对外国居民在本国境内取得所得的征税依据是地域管辖权。目前，我国及世界上大多数国家都采取这种地域管辖权和居民管辖权并行的做法。《个人所得税法》第一条规定，"居民个人从中国境内和境外取得的所得，依照本法规定缴纳个人所得税"，"非居民个人从中国境内取得的所得，依照本法规定缴纳个人所得税"。《企业所得税法》第三条规定，"居民企业应当就其来源于中国境内、境外的所得缴纳企业所得税"，"非居民企业在中国境内设立机构、场所的，应当就其所设机构、场所取得的来源于中国境内的所得，以及发生在中国境外但与其所设机构、场所有实际联系的所得，缴纳企业所得税。非居民企业在中国境内未设立机构、场所的，或者虽设立机构、场所但取得的所得与其所设机构、场所没有实际联系的，应当就其来源于中国境内的所得缴纳企业所得税"。大多数国家之所以同时实行地域管辖权和居民管辖权，主要是从国家的税收利益角度考虑的。因为在开放的国际经济条件下，一方面是本国资本、技术、劳务的输出，另一方面又会有外国的资本、技术、劳务等输入。也就是说，一国的所得税课征既要面对本国居民的国外所得，又要面对外国居民在本国的所得，此时，如果实行单一的税收管辖权，势必会有一部分税收收入流失。例如，如果只实行地域管辖权，则对本国居民的国外所得就不能征税；如果只实行居民管辖权，则对外国居民从本国取得的所得也无法征税。所以，为了维护本国的税收权益，将所得税的征税权同时扩展到本国居民的境外所得和外国居民的境内所得是必要的。需要注意的是，一些国家规定对本国居民来源于境外的所得只在汇入环节征税，如果境外所得没有汇到本国居民的账上，则不对其征税；有这种规定的国家实际上仍在实行居民管辖权，而非单一的地域管辖权，只不过在实行居民管辖权时设定了一个前提条件。但也有的国家（如我国）就不设这种前提条件，只要我国居民企业的境外子公司做了利润分配，即使没有汇到我国居民企业的账上，我国也要对这笔境外所得征税。另外，也有的国家对本国居民的境外所得给予一定的免税待遇，比如许多国家实行的"参股免税"。然而，这种免税都有一定的前提条件，比如所得来源地的税负不能过低、本国居民股东在境外企业持股的比例不能过低等，如果不符合这些条件，就不能给予免税。这类国家实际上也在行使居民管辖权，只是对其做了一定程度的豁免，这与仅实行地域管辖权（单一地域管辖权）还是有区别的。如果一国只行使地域管辖权，则对境外来源的所得在任何情况下都是不征税的。

2. 实行单一地域管辖权

实行单一地域管辖权是指一国只对纳税人来源于本国境内的所得行使征税权，其中包括本国居民的境内所得和外国居民的境内所得，但对本国居民的境外所得不行使征税权。目前，公司（企业）所得税实行单一地域管辖权的国家（地区）主要集中在非洲，但也有少数拉丁美洲和亚洲国家（地区），如乌拉圭、哥斯达黎加、肯尼亚、乍得、刚果（金）、刚果（布）、科特迪瓦、赤道几内亚、加蓬、几内亚、塞内加尔、毛里塔尼亚、卡塔尔等。有些国家（地区）对特定类型的海外利润不征收公司所得税，不属于实行单一地域管辖权。例如，赞比亚对本国居民公司来源于海外的经营所得免税，但对境外来源的股息和利息征税。也有些国家（地区）对公司所得税实行单一地域管辖权，但对个人所得税却同时实行地域管辖权和居民管辖权，如乌拉圭、肯尼亚、科特迪瓦、加蓬、几内亚、塞内加尔、毛里塔尼亚。那些选择单一地域管辖权的国家（地区）也是从自己的整体利益考虑的，主要是想在经济发展过程中吸引外国投资。为此，它们在所得税管辖权上选择了单一地域管辖权，以便让外国投资者在本地设立公司并从事跨国经营，而又不必在本地就海外利润纳税。在这种情况下，这些实行单一地域管辖权的国家（地区）实际上就成了一种国际避税地。有一些拉丁美洲国家过去也实行单一地域管辖权，但在 1956 年召开的第一届拉美税法大会上，一些国家提出属地原则应是拉丁美洲国家对跨国所得课税的唯一原则。1964 年，第四届拉美国家税法大会又强调了这一立场。但后来，越来越多的拉丁美洲国家为了维护本国的税收权益纷纷转向同时实行地域管辖权和居民管辖权，如阿根廷、巴西等。

4.1.2　对海外利润有条件的免税

大多数国家对公司所得税实行居民管辖权，但为了避免双重征税，有些国家采取免税法来避免对跨国所得双重征税。由于免税法使居住国完全或部分放弃对本国居民的海外利润征税，从而使这些纳税人只需负担所得来源国的税收，因此它可以有效地消除国际重复征税。大多数实行免税法的国家都规定对境外所得全部免税，但有的国家规定只对境外所得的一部分免税：意大利、德国、西班牙、日本的免税比例为95％；挪威的税法规定，如果挪威公司在国外公司的持股比例达不到 90％以上，则海外分回的利润只能有97％享受免税。另外，免税是在有权征税的前提下免税，而不是不实行居民管辖权，所以在实践中，这种免税往往是有先决条件的。为了防止一笔所得境内、境外都不被征税（又称双重免税，double non-taxation）或只被课征较轻的税收，实行单边免税的国家在对本国居民企业来源于境外的所得给予免税待遇时往往有严格的限定条件。其中，比较重要的两个条件为：

（1）在境外公司的参股比例。因为居住国之所以要给本国居民企业的海外利润免税，主要是为了鼓励本国企业走出去到海外投资创业，所以免税政策需要给予直接投资，即带有经营管理权的投资。这就需要投资者在境外企业中持有一定比例的股权，如果持股比例过小，其在被投资企业的经营管理中是没有发言权的（持股达到一定比例就可以向被投资企业派董事或监事）。所以，这种免税又称"参与免税"或"参股免税"。然而，各国规定的能够享受免税的参股比例也不尽相同，有高有低。例如，瑞典规定为25％，丹

麦规定为 20%，奥地利、德国、芬兰、卢森堡、澳大利亚规定为
10%，荷兰、法国和比利时规定为 5%。如果投资者在境外企业的
参股比例达不到规定要求，则这种投资就属于财务投资，就是为了
"吃股息"，由此取得的境外所得就不能享受免税待遇，同样需要负
担居住国的所得税。当然，为了避免重复征税，居住国在对境外股
息征税时也会允许本国投资者办理外国税收抵免。

（2）所得来源地的税负水平。许多实行免税法的国家都规定，
只有本国居民企业的境外所得在来源地负担了与本国所得大致相同
的税负才能在本国享受免税待遇。这条规定主要就是为了防止跨国
公司把利润转移到境外低税区，然后再享受居住国的免税待遇而从
中避税。例如，奥地利的税法规定，能够享受免税的境外所得必须
来源于公司所得税税率至少为 15% 的国家（地区）；法国的税法规
定，本国公司取得的境外所得如果要享受免税，其在来源国的有效
税率不能低于这笔所得在法国有效税率的 40%；意大利的税法规
定，能够享受 95% 免税待遇的境外所得必须来源于有效税率不低于
意大利公司所得税税率 50% 的国家（地区）；卢森堡的税法规定，
如果卢森堡居民公司从境外取得的利润要享受免税待遇，分配股息
的境外企业必须在境外缴纳了与卢森堡公司所得税相似的税收，并
且名义税率至少为 8.5%（卢森堡的公司所得税税率为 17%）；荷
兰的税法也规定，如果荷兰居民公司要享受境外所得免税待遇，所
得来源国必须对这笔利润课征合理的所得税（合理的所得税是指在
两国税制没有很大差异的情况下，名义税率至少要达到 10%）；西
班牙也有与荷兰类似的规定，即所得来源国的公司所得税制度与本
国基本相同，同时名义税率至少为 10%；葡萄牙的税法规定，本国
居民企业要享受海外利润参股免税，海外子公司所在国的公司所得

税税率不能比葡萄牙公司所得税的名义税率低 40％以上（2023 年的税率为 21％，即不能低于 12.6％）。不过，有的国家对海外利润免税没有严格的税负标准，但它们都有一些防范避税的措施。例如，英国从 2009 年后对海外利润免税，但这笔利润必须是来自境外的五类免税所得，境外支付所得的公司要位于合格地区（qualifying territory），并且支付的所得没有在来源地税前扣除，只有符合上述条件才可以享受免税待遇。日本的外国子公司股息扣除制度（海外股息的 95％从日本的应税所得中扣除，免于被征税①）虽然没有像一些欧洲国家那样明确要求股息所得要在来源国负担一定的税负水平，但规定日本居民公司在申报海外股息扣除时必须出示这笔股息在来源地负担或缴纳了预提所得税的证明，而对汇出股息征收预提所得税的国家（地区）往往都不是国际避税地，它们的实际税负也不会过低。由于参股免税往往要求所得来源国要有一定的税负水平，所以瑞士、爱尔兰、列支敦士登、塞浦路斯等有所得税但税负较低的国家（地区）就比较受跨国公司的青睐，从某种意义上说，这类国际避税地比所谓的纯避税地更有实用价值。

需要注意的是，美国长期以来一直用抵免法来解决跨国所得的双重征税问题，但特朗普在 2017 年上台后就开始推行税制改革，2017 年其《减税与就业法案》获得通过。从 2018 年开始，美国公司从海外控股 10％以上的子公司分得的股息有一部分可以从美国的应税所得中全额扣除。这实际上就是给予了这部分股息免税待遇，也就是美国从所得全球征税原则部分地转向了地域征税原则。如果

---

① 过去，日本也与美国一样实行推迟课税，即只有当海外子公司的股息汇回本国母公司时再对其征税，但这种规定导致日本公司将大量利润留存在海外子公司。为了鼓励日本公司将海外利润尽快汇回，日本政府从 2009 年开始对海外利润实行参股免税。

规定全部海外股息所得都可以在美国免税，美国政府也担心有些跨国公司可能会做一些特殊的安排，将自己无形资产的所有权交由低税国的子公司持有，从而将大量利润转移到低税国进行避税。为了防止跨国公司避税，特朗普政府 2018 年的税改只给予美国公司从境外子公司取得的一部分股息所得免税，这部分可以享受免税的所得被称为"有形资产收入回报"，它的数量等于境外子公司能够计提折旧的合格经营资产投资额的 10% 减去应扣利息费用之后的差额。也就是说，美国并不给予从境外子公司取得的全部股息所得免税，而是只给予由有形资产带来的股息所得免税。境外子公司的总所得减去这部分能够享受免税的有形资产收入回报后的差额为全球无形资产低税收入（global intangible low-taxed income，GILTI），这部分收入不能在美国免税。美国的税法规定，C 类股份有限公司从海外子公司分得的 GILTI，只需将其中的 50% 纳入当年的应纳税所得额中一并计算缴纳所得税，而其他美国公司取得的 GILTI 则要全额计税。另外，C 类股份有限公司还可以用 GILTI 在境外负担税款的 80% 抵免其在美国应缴纳的税款。在这种制度安排下，即使美国海外子公司设在了纯避税地，即 GILTI 适用的海外税率为零，也需要在美国补税，实际税负为 10.5%（=50%×21%），这就是人们所说的美国海外最低税。美国现任总统拜登在竞选时，就提出上任后要将联邦公司所得税税率从目前的 21% 提高到 28%，同时将 GILTI 的最低税率从 10.5% 提高到 21%。2021 年 1 月拜登上台后，便开始跟共和党讨论增税的问题，但面临的阻力很大。此后，拜登政府将要价从 28% 降到 26.5%，目前共和党还是没有表示同意。当然，拜登的如意算盘能否实现，还要看美国两党最后争斗的结果。

4.1.3 外国税收抵免

外国税收抵免法，有时简称抵免法，是指一国政府在对本国居民的国外所得征税时，允许其用国外已缴纳的税款冲抵在本国应缴纳的税款，从而实际征收的税款只是该居民应缴纳的本国税款与已缴纳的外国税款的差额。显然，抵免法可以有效地免除国际重复征税。此外，由于抵免法既承认所得来源国的优先征税地位，又不要求居住国完全放弃对本国居民国外所得的征税权，所以它有利于维护各国的税收权益，因而也受到了很多国家的采用。我国一直采用抵免法来解决跨国双重征税问题。《中华人民共和国企业所得税法》第二十三条规定，居民企业来源于中国境外的应税所得已在境外缴纳的所得税税额，可以从其当期应纳税额中抵免。另外，《经合组织范本》和《联合国范本》都将抵免法列为可供协定双方选择的、用于避免双重征税的方法。即使是一些采用免税法来解决双重征税的国家，其对不适用免税法的所得也规定可以办理税收抵免，以消除这些所得的跨国重复征税。例如，中国与法国签订的税收协定第二十二条规定："除了股息、利息、特许权使用费、财产收益、董事费和艺术家及运动员所得外，其他来自中国并在中国征税的所得在法国免于课征所得税和公司税；法国对上述股息、利息等所得可以就其全额征收，法国居民就这些所得缴纳的中国税收可以得到法国的税收抵免。"所以，从世界范围来看，抵免法的使用也是相当普遍的。

从防止国际避税的角度看，抵免法有一个好处，即如果跨国纳税人所在的居住国税负比较高，其海外子公司即使选择设在避税地或低税区，只要它从海外分得或取得了利润，就要向居住国政府申报纳税，这样就可以抑制跨国公司向境外低税区转移利润并从中避税。1995 年 9 月，《财政部、国家税务总局关于印发〈境外所得计征所得税暂行办法〉的通知》① （财税字〔1995〕96 号）第五条规定："纳税人来源于境外的所得，不论是否汇回，均应按照条例和实施细则规定的纳税年度（公历 1 月 1 日至 12 月 31 日）计算申报并缴纳所得税。"怎么判定企业有来源于境外的所得？2009 年 12 月，《财政部、国家税务总局关于企业境外所得税收抵免有关问题的通知》（财税〔2009〕125 号）第三条第（二）款指出："来源于境外的股息、红利等权益性投资收益，应按被投资方做出利润分配决定的日期确认收入实现；来源于境外的利息、租金、特许权使用费、转让财产等收入，应按有关合同约定应付交易对价款的日期确认收入实现。"也就是说，中国企业对于海外所得的纳税义务发生时间，股息、红利以被投资企业做出利润分配决定的日期为准，利息、租金、特许权使用费和财产转让所得以合同约定的支付日期为准。到了这两个日期，即使中国居民企业没有收到相应的款项（所得没有汇回中国），也要对海外所得负有纳税义务。其他一些国家（如美国、日本等）都采取海外利润汇回再征税、不汇回不对其征税的做法，即推迟课税。这是一个很大的税收漏洞，因为有了这个规定，跨国公司就可以把利润长期滞留在海外不汇回。这样一来，居住国对这种海外利润就征不到税，它使这些国家对所得的征税实际上变成了单一地域管辖权。例如，在特朗普总统减税前，美国联邦公司所得税的最高税率为 35％，但由于上述推迟课税的规定，美国许多大公司都把海外利润长期滞留在海外低税区（如爱尔兰、瑞士等国），其有效税率（实际税负）仅为 1.4％～2.8％。据统计，

---

① 该文已全文废止。

在 2018 年美国实行税改之前，美国公司在海外滞留的利润高达 2.6
万亿美元，其中有 1 万亿美元是现金。① 这些海外利润实际上都存
放在美国银行或投资到美国的资产，因而美国境内的母公司仍能轻
而易举地动用这些资金。但如果按照我国的法律规定，不论海外的
利润是否汇回，只要子公司宣布了利润分配方案，做了利润分配，
我国的母公司必须就这笔来源于境外的利润申报纳税。当然，在现
实经济生活中，有一些企业取得了来源于境外的所得，但不向当地
主管税务机关申报，而限于税收信息交换等原因，国内的主管税务
机关暂时没有掌握这笔境外所得；此时，这些企业不就海外利润向
国内税务机关申报纳税属于偷税行为，而绝不是什么避税。

4.2　受控外国公司法规

如前所述，实行抵免法的国家要对本国企业的境外所得征税，
但为了避免跨国双重征税，允许其用境外所得缴纳或负担的外国所
得税冲抵这笔境外所得应当缴纳的本国所得税。但是，这些国家对
境外所得征税的时点有所不同：有的是以境外所得汇回本国时为准
（如美国、加拿大、日本等），有的是以境外子公司向本国企业分配
利润时为准（如中国、印度尼西亚、韩国、卢森堡等）。在这种情
况下，为了规避境外所得向本国缴纳所得税，跨国企业往往让子公
司不分配利润或者分配了不汇回，等到很多年后再分配或汇回这笔
利润，从货币的时间价值角度看，这笔利润应当缴纳的本国税款就

---

① Kimberly A. Clausing, "Profit Shifting Before and After the Tax Cuts and Jobs Act", *National Tax Journal*, 2020, 73 (4).

会大打折扣，这实际上是一种推迟纳税的策略。然而，在税收征管问题上始终是"魔高一尺，道高一丈"，跨国公司使出了这种避税手段，那么实行抵免法的国家就要出招应对，这就是受控外国公司法规（CFC rule）。简单地说，受控外国公司法规就是居住国将那些境外子公司应汇回而未汇回或应分配而未分配的利润（股息）视同已经汇回或已经分配，仍需按照本国的税法对其征收所得税的法律规定。居住国政府一旦有了这个威慑性的反避税武器，跨国公司利用推迟课税的传统伎俩就很难得逞了。此外，跨国公司在避税过程中往往通过操纵转让定价将利润转移到避税地或低税区的关联企业，而有了受控外国公司法规后，跨国公司的居住国就可以把本不该给外国子公司的利润和税收重新争夺回来，所以这个法规又被称为转让定价税务管理法规的"守门员"（backstop）。

4.2.1 受控外国公司法规的产生与发展

受控外国公司法规首先是由美国在 20 世纪 60 年代初制定的。在第二次世界大战后，跨国公司在世界范围内有了很大发展，其中美国跨国公司的投资扩张占有突出地位。据统计，1951—1964 年全世界私人投资的 90% 采用直接投资形式，用于在海外建立子公司，其中有 3/4 的直接投资来源于美国。到 20 世纪 60 年代初期，美国的对外直接投资已占全世界直接投资总额的 50% 以上。由于当时美国的公司所得税税率较高（1952—1963 年美国联邦公司所得税税率最高为 52%），加之美国从 1954 年开始实施推迟课税（即海外利润汇回美国再对其征税），所以伴随着直接投资的增长，美国的跨国公司利用海外避税地推迟课税的问题日益严重。此外，由于美元不断升值，美国公司大量收购欧洲企业，美国的国际收支也出现了较大压力，这些都对美国当时鼓励海外投资的政策产生了一定的影响，从而也要求美国对海外投资的国际税收政策进行一定的调整。1961 年，肯尼迪总统在提交国会的《税收修正案》中列举了推迟课税的种种弊端，建议终止美国当时已开始实施的推迟课税措施，从而在美国朝野引起了一场关于是否保留推迟课税规定的争论。赞成保留推迟课税规定的人主要来自企业界，他们认为：只有实行推迟课税，美国的跨国公司才能与实施参与免税的欧洲国家的跨国公司以及低税国当地的公司开展有效的竞争。主张取消推迟课税规定的人认为，推迟课税不仅有利于跨国公司避税，而且还鼓励美国企业向低税国投资，破坏了美国税制对资本输出应保持中性的原则。最后，美国国会于 1962 年通过了一个折中的方案，有选择地或者说部分地取消了推迟课税的规定，即并不是所有美国股东拥有的外国公司的所得都不再享受推迟课税优惠待遇，而只是那些极易被充当避税工具的受控外国公司的某些所得（这些所得被列入美国《国内收入法典》第 951—964 节的 F 分部，所以又称 F 分部所得）今后不能再适用推迟课税的规定。取消对受控外国公司 F 分部所得的推迟课税，标志着美国开始限制跨国公司利用避税地进行国际避税的活动。美国颁布受控外国公司法规以后，其他国家也不断跟进，主要包括德国（1972 年），加拿大（1976 年），日本（1978 年），法国（1980 年），英国（1984 年），新西兰（1988 年），瑞典（1989 年），澳大利亚（1990 年），挪威（1992 年），芬兰、印度尼西亚、葡萄牙、西班牙、丹麦、韩国、巴西（1995 年），匈牙利、墨西哥、南非（1997 年），阿根廷（1999 年），爱沙尼亚（2000 年），意大利（2001 年），以色列（2003 年），立陶宛（2004 年），埃及（2005 年），土耳其（2006 年），荷兰（2007 年），冰岛

（2010 年），秘鲁（2013 年），希腊、智利（2014 年），俄罗斯、波兰（2015 年），哥伦比亚（2016 年），比利时、乌克兰（2017 年），保加利亚、罗马尼亚（2018 年），奥地利、捷克、斯洛伐克、斯洛文尼亚、拉脱维亚、克罗地亚、卢森堡、爱尔兰、毛里求斯、马耳他（2019 年），塞浦路斯（2020 年）等国。特别是 2016 年欧盟委员会发布了《反避税指令》（ATAD），要求欧盟成员国响应 OECD 防范税基侵蚀和利润转移（BEPS）的行动计划，一些当时还没有颁布受控外国公司法规的成员国（如比利时、卢森堡、爱尔兰等国①）也都修改了本国的公司所得税法，加进了受控外国公司法规。你可能会问，不是有很多国家特别是欧洲国家实行了免税法，它们怎么还有受控外国公司法规？是的，因为实行参与免税的国家并不是对本国公司所有的境外所得都给予免税，那些来源于低税区和避税地的所得就不能享受免税待遇，有的国家对消极投资所得也不给予参股免税，所以对有这类所得的企业而言，为了防止它们避税，仍有必要实施受控外国公司法规。

然而，目前仍有一些国家的公司所得税法中没有受控外国公司法规。比如在欧洲国家中，瑞士就没有这方面的法规；在拉丁美洲的 33 个国家（地区）中，只有 7 个国家的公司所得税法中有受控外国公司条款；在非洲国家中，只有埃及、南非、肯尼亚、坦桑尼亚、毛里求斯等少数国家的公司所得税法中有受控外国公司条款；在亚洲国家中，印度、马来西亚、菲律宾、沙特阿拉伯、新加坡、泰国、越南等国的公司所得税法中至今还没有受控

---

① 比利时、卢森堡、爱尔兰三国引入受控外国公司法规的时间分别为 2017 年、2019 年和 2019 年。

外国公司法规。

需要注意的是，目前发达国家中还有一些国家没有颁布对付避税地的立法，但其中有一些国家有严格的外汇管制，限制本国居民在避税地投资，或规定投资利润必须汇回本国。实际上，这也是对付那些以避税地公司为基地进行国际避税的方法。目前的趋势是，取消外汇管制（如英国、澳大利亚、新西兰以及苏联等过去都有外汇管制），同时强化和完善受控外国公司法规。

4.2.2　受控外国公司法规的基本内容

美国是受控外国公司立法的先行者，以后各国制定的这方面法规基本上都沿着美国的立法思路，但具体做法以及宽严程度不尽相同。受控外国公司法规要打击的是那些利用自己控制的低税区子公司留存利润或不分配利润以规避居住国对境外所得征税的本国居民企业，所以这类法规通常有三个要素，即受控标准、税负水平以及所得的性质。

1. 受控标准

受控是指境外的子公司能够被居住国的居民纳税人①所控制，这样才能让子公司不分配利润或者将分配给自己的股息、红利留存在境外。美国在 1962 年制定受控外国公司法规时首创了受控的"双所有权检验标准"，也就是说：如果一家外国公司能够成为受控外国公司（CFC），美国股东要在该外国公司各类股票的合计投票

---

① 此前，受控外国公司法规一直针对的是居民企业，但也有的国家（如爱沙尼亚、拉脱维亚、俄罗斯等）已经或正在研究将其引入对个人的反避税制度中。

权中占 50％以上[①]；而美国股东是指在该外国公司各类股票的合计投票权中占 10％及以上的美国股东（合格股东），包括自然人、信托机构、合伙企业、有限公司和股份有限公司等。如果在外国公司中的持股比例达不到 10％，则该美国股东的股份不能计入整个"美国股东"在该外国公司的合计投票权中的占比。美国通过这种"双所有权检验标准"，对受控外国公司以及受"打击"[②] 的美国股东进行了严格的限定。美国股东作为一个整体，如果在一家外国公司中占有投票权的 50％以上，说明这家外国公司是受美国股东控制的；而美国股东又是由持有该外国公司各类股票合计投票权 10％及以上的股东组成的。这两个条件叠加，导致在外国公司中美国股东的个数很少，如果美国股东在外国公司中的持股比例为 51％，那么美国股东的个数最多不超过 5 个。如果这几个股东之间再存在一些关联关系，那么外国公司的实际控制人就更少了，此时受控的外国公司就很有可能成为美国股东将所得滞留在海外并借以避税的工具。2017 年，美国特朗普政府的《减税和就业法案》通过后，对受控外国公司法规也进行了一定的修改，在控制的内容上由过去片面强调投票权的股份比例扩大为持有的股本价值比例，即外国公司受美国股东控制的条件增加了外国公司股本总价值的 50％以上由美国股东持有，同时美国合格股东也包括持有外国公司股本总价值 10％及以上的美国股东。

美国的"双所有权检验标准"推出后被一些国家采纳，比如日

---

① 1986 年，美国的《税收改革法案》将该比例改为"50％及以上"，以防止美国股东将外国公司的一半股权转让给外国股东而规避美国的受控外国公司法规。

② 这里的"打击"是指取得了应分未分的利润时也要将其汇总到当年全部应税所得中一并纳税。

本、澳大利亚、新西兰等国实行了与美国基本相同的"50％和10％"的标准；也有的国家制定的控制标准更为严苛，比如加拿大的受控外国公司法规实行10％和1％的标准，即只要加拿大股东在一家外国公司中的持股比例达到1％，同时这些持股比例达到1％的加拿大股东及其关联方合计直接或间接持有该外国公司任何类型的股份达到10％，那么该外国公司就属于受控外国公司，持有1％及以上股份的加拿大股东从该受控外国公司应分而未分的股息也要向加拿大政府申报纳税。1972年，德国通过的受控外国公司法规在控制的标准上与美国有所区别，它只要求德国股东整体（无论相互之间是否关联）持有外国公司投票权或股本的比例要超过50％，但不强调每个德国股东在其中的持有比例。如果德国股东的整体持股比例超过了50％，那么某一德国股东持有的比例即使不到1％，也要适用受控外国公司法规。① 印度尼西亚的受控外国公司法规也采取了德国的做法。英国的控制标准中包括了法律控制、经济控制和会计控制，其中的法律控制标准为一家英国居民公司在外国居民公司中直接或间接持有25％及以上的投票权，则该英国居民公司就属于控制了外国居民公司。也就是说，英国的股权控制不看英国股东整体的控股比例，而只关注个体股东的持股比例是否达到规定的标准（25％）。韩国的相关规定与英国类似，即只要韩国居民股东直接或间接持有外国公司10％及以上的股份，则该外国公司就属于受控外国公司法规的受控范围。墨西哥的受控外国公司法规对控制的标准定得比较高，它规定一个墨西哥居民公司持有某家外国公司

---

① 按照欧盟《反避税指令》（ATAD）的要求，目前德国的受控外国公司法规已经将控股标准改为德国股东或与其关联的股东直接或间接在外国公司的投票权、股份或利润分配权利中占50％以上的份额。

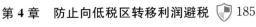

50％以上的投票权或股份价值，或有权得到该外国公司清算或赎回股权时 50％以上的资产或利润，或在该外国公司的总资产和利润中拥有 50％以上的利益时，这家外国公司就属于墨西哥居民公司的受控外国公司，就有可能适用墨西哥的受控外国公司法规。

2. 税负水平

美国在 1962 年出台的受控外国公司法规没有对受控外国公司适用的税率提出具体要求。2011 年美国参议院筹款委员会主席大卫·李·坎普（David Lee Camp）提出一项税收改革议案，将美国的公司所得税税率降至 25％，同时建议受控外国公司法规中加进 10％有效税率的要求，即如果美国合格股东从受控外国公司取得 F 分部所得，而且这部分所得在当地适用的有效税率低于 10％，则需要就这部分所得在当期缴纳美国的所得税。2014 年，坎普又提交了一份税收改革草案，除了继续主张公司所得税税率降至 25％以外，又将受控外国公司法规中受控外国公司的低税门槛规定为美国税率的 50％。不过，坎普的这两个提案最终都没有被采纳。继美国之后，其他国家出台的受控外国公司法规大多加进了对受控外国公司的税负限定条件；也就是说，只有受控外国公司的税负低于税法规定的水平，受控外国公司法规才可以启用。例如，德国的税法规定，当外国公司所得在来源国的税负低于这笔所得在德国应纳税额的 25％时，才可以使用受控外国公司法规；英国的受控外国公司法规规定，如果受控外国公司所处辖区的税率超过英国公司所得税税率的 75％，则该辖区可以从受控外国公司法规的适用范围中排除；法国的税法规定，受控外国公司所在地的实际税率要比法国的税率低 60％以上；芬兰的税法规定，受控外国公司法规适用的外国公司，其有效税率应当比芬兰的公司所得税税率低五分之三以上（即低于

12%）；奥地利的税法对受控外国公司的税负要求是不能超过12.5%；荷兰受控外国公司法规对低税率的定义是9%；韩国规定外国公司的未分配利润如果要适用受控外国公司法规，其在来源国的有效税率不能超过15%；巴西的受控外国公司法规将名义税率20%界定为低税区的标准，凡是注册在名义税率20%以下地区的外国公司均是低税区的公司；日本的受控外国公司法规将有效税率20%作为低税的门槛，如果受控外国公司位于有效税率低于20%的地区，则其消极投资所得就要适用该法规；墨西哥对低税门槛的规定是相同所得的税负只是墨西哥税负的75%（30%×75%＝22.5%）或以下。

3. 所得的性质

并不是受控外国公司所有的利润都要被纳入"打击"的范围，因为居住国的跨国公司出于避税的考虑往往要把一些高税国的利润转移到避税地或低税区的受控外国公司（CFC），而从受控外国公司的角度看，其取得的所得通常是以股息、利息、特许权使用费、租金、保险费等消极投资所得的形式存在的，而不是在当地的经营利润。所以，各国受控外国公司法规一般都明确规定应计入本国居民股东当年应税所得一并纳税的受控外国公司所得应当来自消极投资所得（有的称"污渍所得"，stained income）。

例如，在美国的税法中，这部分所得被称为 F 分部所得，其主要内容是外国基地公司所得。[①] 如果 F 分部所得在受控外国公司总所得中占 10%或 10%以下[②]，则持有 10%以上投票权的美国股东无须就其应分未分的所得在美国申报纳税。外国基地公司所得包括

---

① 除了外国基地公司所得以外，F 分部所得还包括保险所得、受国际制裁的所得、非法受贿、回扣等。

② 在 1975 年前，该比例为 30%。

以下内容：

（1）外国私人控股公司所得。私人控股公司是指被严密控制的公司，即股东在 5 人以下并拥有公司股票 50％以上的公司。外国私人控股公司是指美国公民或居民不足 5 人作股东，但握有 50％以上股权，并且其毛所得的 60％以上属于规定的特别类型投资所得的外国公司。外国私人控股公司所得主要是指股息、利息和特许权使用费等消极投资所得，以及因控股而不是实际生产或销售产品和提供服务所产生的所得。但是，这些所得必须是来源于第三国的所得，即来源于受控外国公司所在国之外的所得。例如，美国公司 A 在百慕大建立了一家控股公司 B，控股公司 B 在巴西和阿根廷又拥有子公司，那么控股公司 B 从巴西和阿根廷的子公司取得的股息，就被认为是控股公司 B 的 F 分部所得。

（2）外国基地公司的经营所得，包括其销售、服务、货运、内部保险等业务的所得。这些所得虽属于积极投资所得，但都源自与关联的第三方开展的业务活动。

1）外国基地公司的销售所得，是指美国公司在第三国生产和销售产品，但在财务上处理为经过其外国基地公司的销售。例如，一家美国公司实际上向德国的某一非关联公司销售一批产品，但在财务报表上列明这批产品销给了设在瑞士的基地公司，然后再由瑞士的基地公司向德国出售这批产品。在这一过程中，该美国公司就可利用转让定价手段将利润累积在瑞士公司。但是，根据 F 分部规定，瑞士公司的这笔销售利润属于 F 分部所得，美国公司应就其向美国税务当局申报纳税。

2）外国基地公司的劳务所得，是指美国公司在第三国提供劳务或管理而取得的，但支付给了关联的外国基地公司的所得。

3）外国基地公司的货运所得，是指美国公司在第三国从事交通运输活动但通过外国基地公司取得的收入。

4）内部保险公司所得和第三国保险所得，是指美国公司在避税地建立内部保险公司，美国公司就在美国和外国的保险项目向这些内部保险公司支付的保险费。对于这类保险费，母公司有时可以作为费用扣除，而在避税地的内部保险公司又可以不负担或仅负担少量税款。F分部规定，对美国公司支付给内部保险公司的保险费要课征美国税收。

美国受控外国公司法规对准的是受控外国公司的消极投资所得，此后的一些国家也效仿美国的做法。据统计，在欧洲国家中，奥地利、克罗地亚、捷克、希腊、意大利、立陶宛、波兰、葡萄牙、罗马尼亚、斯洛文尼亚和瑞典11个国家只对受控外国公司的消极投资所得征税。但过去也有一些国家的"打击"面更大，它们将征税范围扩大到受控外国公司的积极投资所得，也就是所有归属本国公司的受控外国公司所得无论是否分配或汇回都要对其征税，这些欧洲国家包括丹麦、芬兰、法国、冰岛、意大利、挪威、波兰、葡萄牙、瑞典、土耳其和英国。[①] 此外，还有一些国家的受控外国公司法规将"打击"对象列为没有真实商业目的的安排的所得，比如比利时、爱沙尼亚、匈牙利、爱尔兰、拉脱维亚、卢森堡和斯洛伐克。

需要注意的是，在OECD发布的应对BEPS的15项行动计划中，第3项行动计划"设计有效的受控外国公司法规"主张将"打

---

① 目前，欧盟国家都在按照《反避税指令》（ATAD）的要求修改本国的受控外国公司法规。例如，目前丹麦只能将受控外国公司的消极投资所得纳入丹麦股东的当期应税所得，而不能像过去那样把受控外国公司的全部所得作为应税所得。

击"的对象限定在消极投资所得,所以一些国家已经或准备按第 3 项行动计划的精神调整本国的法规。例如,印度尼西亚在 2019 年修改了本国的受控外国公司法规,将其适用范围从受控外国公司的全部所得改为只适用消极投资所得。墨西哥的受控外国公司法规也规定,该法规主要适用于消极投资所得,但如果受控外国公司的所得中消极投资所得占到 20% 以上,则全部所得都要适用该法规。

4.2.3 我国的受控外国公司法规

直到 2008 年现行的《企业所得税法》实施,我国一直没有受控外国公司法规。《企业所得税法》第四十五条规定:"由居民企业,或者由居民企业和中国居民控制的设立在实际税负明显低于本法第四条第一款规定税率水平的国家(地区)的企业,并非由于合理的经营需要而对利润不作分配或者减少分配的,上述利润中应归属于该居民企业的部分,应当计入该居民企业的当期收入。"

《企业所得税法实施条例》第一百一十六条规定:"企业所得税法第四十五条所称中国居民,是指根据《中华人民共和国个人所得税法》的规定,就其从中国境内、境外取得的所得在中国缴纳个人所得税的个人。"

第一百一十七条规定:"企业所得税法第四十五条所称控制,包括:

(一)居民企业或者中国居民直接或者间接单一持有外国企业 10% 以上有表决权股份,且由其共同持有该外国企业 50% 以上股份。

(二)居民企业,或者居民企业和中国居民持股比例没有达到第(一)项规定的标准,但在股份、资金、经营、购销等方面对该外国企业构成实质控制。"

第一百一十八条规定："企业所得税法第四十五条所称实际税负明显低于企业所得税法第四条第一款规定税率水平，是指低于企业所得税法第四条第一款规定税率的50%。"

2009年1月，《国家税务总局关于印发〈特别纳税调整实施办法［试行］〉的通知》（国税发〔2009〕2号）第八章"受控外国企业管理"中的第七十六条至第八十四条对受控外国公司法规又做出了一些详细的规定。

第七十六条规定：受控外国企业是指根据所得税法第四十五条的规定，由居民企业，或者由居民企业和居民个人（以下统称中国居民股东，包括中国居民企业股东和中国居民个人股东）控制的设立在实际税负低于所得税法第四条第一款规定税率水平50%的国家（地区），并非出于合理经营需要对利润不作分配或减少分配的外国企业。

第七十七条规定：本办法第七十六条所称控制，是指在股份、资金、经营、购销等方面构成实质控制。其中，股份控制是指由中国居民股东在纳税年度任何一天单层直接或多层间接单一持有外国企业10%以上[①]有表决权股份，且共同持有该外国企业50%以上股份。中国居民股东多层间接持有股份按各层持股比例相乘计算，中间层持有股份超过50%的，按100%计算。

第七十八条规定：中国居民企业股东应在年度企业所得税纳税申报时提供对外投资信息，附送《对外投资情况表》。

第七十九条规定：税务机关应汇总、审核中国居民企业股东申报的对外投资信息，向受控外国企业的中国居民企业股东送达《受

---

　　① 根据国税发〔2009〕2号文第一百一十四条的规定，文中的"以上""以下""日内""之日""之前""少于""低于""超过"等均包含本数。

控外国企业中国居民股东确认通知书》。中国居民企业股东符合所得税法第四十五条征税条件的，按照有关规定征税。

第八十条规定：计入中国居民企业股东当期的视同受控外国企业股息分配的所得，应按以下公式计算：

$$\frac{中国居民企业}{股东当期所得} = \frac{视同股息}{分配额} \times \frac{实际持股}{天数} \div \frac{受控外国企业}{纳税年度天数}$$

$$\times \frac{股东持股}{比例}$$

中国居民股东多层间接持有股份的，股东持股比例按各层持股比例相乘计算。

第八十一条规定：受控外国企业与中国居民企业股东纳税年度存在差异的，应将视同股息分配所得计入受控外国企业纳税年度终止日所属的中国居民企业股东的纳税年度。

第八十二条规定：计入中国居民企业股东当期所得已在境外缴纳的企业所得税税款，可按照所得税法或税收协定的有关规定抵免。

第八十三条规定：受控外国企业实际分配的利润已根据所得税法第四十五条规定征税的，不再计入中国居民企业股东的当期所得。

第八十四条规定：中国居民企业股东能够提供资料证明其控制的外国企业满足以下条件之一的，可免于将外国企业不作分配或减少分配的利润视同股息分配额，计入中国居民企业股东的当期所得：

（1）设立在国家税务总局指定的非低税率国家（地区）。

（2）主要取得积极经营活动所得。

（3）年度利润总额低于 500 万元人民币。

总的来看，我国的受控外国公司法规基本上采取的是国际通行的做法。

首先，在受控外国公司的界定方面，我国对股权的控制也采用了"双所有权检验标准"，即中国居民股东（居民企业或居民个人）在外国公司的股份中合计要占到 50％以上，而上述中国居民股东是指在该外国公司有表决权的股份中占到 10％以上的合格中国居民股东，占有股份达不到 10％的不参加计算。另外，在外国公司中持股（占有股份）包括了单层直接持有或多层间接持有，多层间接持有的股份比例按各层持股比例相乘计算；中间层持有股份超过 50％的，按 100％计算。例如，A 公司持有 B 公司 15％的股份，B 公司持有 C 公司 60％的股份；按照现行规定，A 公司持有 C 公司 15％的股份（中间层 B 公司持有 C 公司的股份超过了 50％按 100％计算，所以 A 公司持有 C 公司的股份比例为 15％）。否则，如果不按这个法规计算，则 A 公司持有 C 公司的股份比例为 9％（＝15％×60％）。如果 A 公司间接持有 C 公司 9％有表决权的股份，就不是一个合格股东，其在 C 公司的股份占比就不能参加中国居民股东在C 公司股份合计占比的计算，而且也不适用受控外国公司法规。此外，对于外国公司"受控"的认定，除了股权控制以外，我国也跟大多数国家一样根据"实质重于形式"的原则，还要看中国居民股东在资金、经营、购销等方面是否对该外国公司构成实质控制。

其次，一家外国企业（公司）是否构成《企业所得税法》第四十五条所述的受控外国企业，除了受控标准以外，还要看该外国企业的税负是否过低，这一点与大多数国家的规定也是相同的。《企业所得税法》对受控外国公司税负的要求是，其所在国家（地区）实际税负低于《企业所得税法》规定税率水平的 50%。《企业所得税法》规定的名义税率为 25%，实际税负低于这个税率水平的 50% 就是低于 12.5%。也就是说，如果一家外国企业在当地的实际税负水平超过了 12.5%，就不属于我国税法中的受控外国企业，其中国居民股东（企业）也不适用《企业所得税法》第四十五条的规定。这里的实际税负是指外国企业在当地实际缴纳的税额与我国税法口径的应纳税所得额之比。有的国家（地区）的名义税率可能超过了 12.5%，但企业在当地可以享受税收优惠，导致其实际税率（税负）低于 12.5%，这种情况在判定受控外国公司时必须加以考虑。为了便于对受控外国公司的认定，我国也借鉴澳大利亚、意大利等国的做法，制定了一份"白名单"，凡设在这个白名单上国家的企业均不属于受控外国企业。2009 年 1 月，《国家税务总局关于简化判定中国居民股东控制外国企业所在国实际税负的通知》（国税函〔2009〕37 号）规定："中国居民企业或居民个人能够提供资料证明其控制的外国企业设立在美国、英国、法国、德国、日本、意大利、加拿大、澳大利亚、印度、南非、新西兰和挪威的，可免于将该外国企业不作分配或者减少分配的利润视同股息分配额，计入中国居民企业的当期所得。"

再次，我国的受控外国公司法规的"打击"对象也是受控外国公司的消极投资所得。国税发〔2009〕2 号文第八十四条规定，如果受控外国企业主要取得的是积极经营活动所得，可免于将外国企业不作分配或减少分配的利润视同股息分配额，计入中国居民企业股东的当期所得。至于受控外国企业取得的积极经营活动所得在总所得中占多大的比重才满足"主要"这个条件，税法中并没有明确，但从中文"主要"这个概念来推断，应当达到 50% 以上。例如，中国一家居民企业在维尔京群岛投资注册了一家旅游公司，该旅游公司从事旅游服务，每年能够取得 3 000 多万元人民币的利润（积极经营活动所得），但多年不向其中国居民股东（母公司）分配利润。在这种情况下，母公司的主管税务机关不能依据《企业所得税法》第四十五条的规定要求母公司将这笔应分未分的利润视同股息分配计入当期所得纳税。

最后，我国的受控外国公司法规中也有零星豁免的规定，即如果受控外国企业的年度利润（即使是来自消极投资所得）总额低于500 万元人民币，其中国居民企业股东可以免于适用受控外国公司法规。

🛡 例 4 - 1①

江苏苏州工业园区地税局检查人员在梳理企业报送的对外投资受控企业信息报告时发现，本园区 A 公司于 2006 年 9 月在香港投资成立了全资子公司 B 公司。自 2014 年起，B 公司开始盈利，并在 2015 年底实现净利润 3 115.6 万元，但该企业并未进行利润分配，这一情况引起了税务检查人员的注意。综合 A 公司与其香港子公司 B 公司报表的数据，税务检查人员判断 A 公司涉嫌通过在低税率地区（香港）设立受控企业的方式，将大额利润留存在受控企业，以达到整体避税的目的。为此，苏州工业园区地税局成立专项工作小组，针对 A 公司的对外投资情况及账务处理实施调查。

在检查开始阶段，A 公司对税务机关的调查活动并不配合。财务人员以无法获得香港 B 公司方面的财务数据且未完成

---

① 余菁，程平，缪瑾. 境外有利润，为何迟迟不"回归"?. 中国税务报，2017 - 06 - 27.

审计报告为由，迟迟不提供 B 公司的财务资料及数据。为尽快了解 B 公司的实际经营状况，打开调查局面，检查人员启动了外部调查程序，从税务机关与招商局共同搭建的数据共享平台中调取了 A 公司向招商局报送的对外投资备案数据。检查人员发现，B 公司在招商局登记注册时的主营业务是企业管理咨询，但其备案信息显示，2014 年和 2015 年取得的大部分收入却来源于投资收益和股权转让，这笔收入与主营业务并无关联。在获得 B 企业的相关信息后，检查人员立即约谈了 A 公司的负责人和财务总监，向 A 公司表示配合税务机关的税收检查是纳税人应尽的义务和责任，同时检查人员向 A 公司人员出示了外部调查获得的相关数据，指出香港 B 公司存在收益与主营业务无关等问题，A 公司必须积极配合税务机关的调查。A 公司在权衡利弊后，最终向检查小组提供了香港 B 公司的历年财务报表、审计报告以及利润构成等会计资料。

检查人员在分析了 A 公司提供的相关会计资料后发现，2013 年 B 公司的可分配利润为－1 941 万元，2014 年的可分配利润为 618.05 万元，2015 年的可分配利润累积上年收入增加至 3 115.6 万元。但是，B 公司自成立以来从未向其母公司 A 公司分配过利润。检查人员经调查了解到，B 公司设立在我国香港地区，根据香港税制，企业应就产生或来自香港地区的利润缴纳 16.5％的利得税，但 B 公司取得的投资收益均为来源于香港地区之外的股权转让所得，因而 B 公司无须在香港地区缴纳利得税。检查人员认为，B 公司符合《企业所得税法》第四十五条的情况，并且其利润不作分配也没有合理的商业原因，因而避税的嫌疑较大，应将其不作分配的利润视同股息分配额，计入 A 公司的年度所得额，进行纳税调增，并补缴企业所得税。

A 公司在得知消息后，向税务机关表示异议，并成立了由财务总监、律师和注册会计师组成的工作团队，与案件调查工作小组进行了约谈。在双方第一轮约谈中，检查人员结合调查所获得的相关证据，向 A 公司指出：根据《企业所得税法》第四十五条的规定，企业必须接受反避税调查，其香港子公司已符合受控境外子公司的条件，应对其不作分配的利润视同股息分配额，计入 A 公司的年度所得补缴企业所得税。对此，A 公司提出异议，认为香港 B 公司未进行利润分配是为了企业长远经营发展，属于合理经营需要，不应作纳税调整。检查人员依据调查证据，对 A 公司的说法进行了反驳：一是香港 B 公司并未在当地缴税，实际税负为零；二是 B 公司历年形成的未分配利润仅作挂账处理，既没有用于拓展业务，又没有用于再投资，因而 A 公司的说法站不住脚。面对检查人员列举的事实证据，A 公司最终认可了检查人员关于 B 公司不作利润分配并非出于合理经营需要的认定意见。但是，A 公司随后又提出 B 公司的收入完全来源于积极投资产生的所得，应为积极经营活动所得，故 A 公司可免于将 B 公司不作分配的利润视同股息分配额计入当期所得。对此，检查人员表示，核查 B 公司财务报表的结果显示，其经营收入来源于股息、红利和股权转让所得，并且 2015 年的经营收入主要为股息、红利所得，而股息、利息、特许权使用费和资本利得等均为国际公认的消极投资所得。面对检查人员提供的企业经营的翔实数据，以及充分的法律依据，A 公司相关人员最终认可了税务检查人员的处理意见，同意调增 A 公司年度应纳税所得额 3 115.6 万元，并补缴企业所得税 778.8 万元。

在这个案例中，B 公司属于受控境外企业，其实际税负低于 12.5%，取得的所得主要是消极投资所得，这些事实都是十分清楚的，关键的问题是 A 公司怎么能够证明其香港子公司（B 公司）不对其作利润分配有合理的经营需要。2014 年，《国家税务总局关于居民企业报告境外投资和所得信息有关问题的公告》（国家税务总局公告 2014 年第 38 号）指出："在税务检查（包括纳税评估、税务审计及特别纳税调整调查等）时，主管税务机关可以要求居民企业限期报告与其境外所得相关的必要信息。"也就是说，如果税务机关怀疑居民企业长期不让境外子公司分配利润有避税的嫌疑，企业具有举证责任，需要提供相关信息证明不分配利润有合理的经营需要。在上述案例中，税务调查人员发现"B 公司历年形成的未分配利润仅作挂账处理，既没有用于拓展业务，又没有用于再投资"，而 A 公司却拿不出证据来推翻调查人员的结论。

例 4 - 2①

A 公司是一家主要从事化工产品销售的公司，注册地址在山东省某工业园。B 公司为 A 公司设立在香港的全资子公司，主要从事国际贸易、信息咨询、投资业务。C 公司是 B 公司在中国香港设立的全资子公司，该公司拥有中国境内三家外商投资企业 D 公司、E 公司、F 公司各 90% 的股权。2011 年，B 公司与荷兰某公司签订股权转让协议，将 C 公司的全部股权转

---

① 魏俊. 疏议我国受控外国企业反避税规则：以山东省某受控外国公司（CFC）特别纳税调整案为例. 税务研究，2018（8）.

让给该荷兰公司，扣除相关股权成本，B公司取得股权转让收益 3 亿元。为享受《企业所得税法》第二十六条规定的免税待遇，2012 年 B 公司向主管税务机关提出中国居民企业身份申请。在审查过程中，税务机关发现 B 公司一直未分配应当归属于 A 公司的利润，且 A 公司与 B 公司提供的材料无法证明 B 公司的实际管理机构在境内。最终，B 公司未能被认定为中国居民企业。因为 B 公司转让 C 公司获得的转让收入若向 A 公司分配，则不属于《企业所得税法》第二十六条所规定的免税收入范围，无法享受免税优惠，所以 B 公司暂停了对 A 公司的利润分配计划。

主管税务机关根据审查过程中掌握的事实，认为 A 公司与 B 公司、C 公司存在实际的控制关系，A 公司利用这两家受控子公司转让中国境内居民企业的股权应适用我国税法有关受控外国公司法规对其进行特别纳税调整处理。A 公司辩称，虽然 A 公司与 B 公司之间以及 B 公司与 C 公司之间存在控制和被控制的关系，但 B、C 两家境外子公司在海外均开展实质性商业活动，其设立的目的不是为了避税，因此不适用受控外国公司的相关法规，B 公司也无须将其利润对 A 公司进行分配；与此同时，A 公司认为 B、C 两家公司皆为境外公司，依照当地税法规定无须就股权转让收入缴纳企业所得税。

主管税务机关依照程序报国家税务总局批准立案，经过 1 年多的特别纳税调查后，做出了如下处理决定：①B 公司对利润不作分配的行为并非出于合理经营需要，应将其利润向 A 公司进行分配；②A 公司应就分配所得补缴税款；③股权转让虽发生在两家境外企业之间，但因该转让行为不存在合理商业目的，应按照《企业所得税法》第四十七条将其确认为直接转让中国居民企业的股权，B 公司应就这笔转让收入补缴 3 000 万元的预提所得税。截至 2014 年，A 公司已申报税款 8 000 余万元，其中入库企业所得税 5 000 余万元，入库个人所得税 3 000 余万元。

这个案例涉及两个避税问题：一是中国居民企业 A 公司是非居民企业 B 公司的母公司，而 B 公司通过转让另一家非居民企业香港 C 公司的股权（转让给荷兰公司），间接转让了中国居民企业（外商投资企业）D 公司、E 公司、F 公司各 90％的股权。根据我国相关的税法，非居民企业 B 公司间接转让中国居民企业股权所取得的财产转让所得有可能需要缴纳中国的预提所得税（这部分内容后文将详细介绍）。本案例中提到"2012 年 B 公司向主管税务机关提出中国居民企业身份申请"，由此可见，B 公司试图通过这种方式规避中国的预提所得税。然而，即使 B 公司由非居民企业转变成了中国居民企业，其向荷兰公司转让香港 C 公司取得的股权转让收益（3 亿元）也要按 25％的税率缴纳中国的企业所得税，根本不可能避税。二是香港 B 公司不向中国居民企业 A 公司分配利润。本案例中提到，"在审查过程中，税务机关发现 B 公司一直未分配应当归属于 A 公司的利润"，A 公司的主管税务机关要不要根据《企业所得税法》第四十五条对 A 公司进行特别纳税调整？从上述案例介绍的情况看，A 公司对香港 B 公司的控制完全符合"双所有权检验标准"，但香港 B 公司的实际税负在本案例中并没有说明（虽提出 B 公司依照当地税法规定无须就股权转让收入缴纳企业所得税，但其积极经营活动所得是否纳税以及缴纳了多少税，本案例中并没有说明）。另外，香港 B 公司"主要从事国际贸易、信息咨询、投资业务"，而国际贸易、信息咨询取得的所得属于积极经营活动所得，投资业务所得属于消极投资所得，而在 B 公司一直未作分配的利润中，积极经营活动所得占多大的比重，本案例也没有详细说明。但根据国税发〔2009〕2 号文第八十四条的规定，如果 B 公司的未分配利润中主要是积极经营活动所得，中国居民企业股东（A 公司）就可以免于将 B 公司不作分配的利润视同股息分配额计入 A 公司的当期所得；换句话说，就是可以不对 A 公司进行特别纳税调整。

受控外国公司法规并不局限于公司（企业）所得税，一些国家（如意大利、希腊等）的个人所得税中也有这类法规，但直到 2018 年我国《个人所得税法》的第七次修订才将该法规纳入进来。《个人所得税法》第八条第（二）款规定：居民个人控制的，或者居民个人和居民企业共同控制的设立在实际税负明显偏低的国家（地区）的企业，无合理经营需要，对应当归属于居民个人的利润不作分配或者减少分配，税务机关有权按照合理方法进行纳税调整。但《个人所得税法》对"控制"和"偏低"都没有给出具体的标准，在这种情况下应当参照《企业所得税法》中的规定来理解。《个人所得税法》中的这条规定与《企业所得税法》第四十五条相互配合、相互补充，就可以防止我国居民企业和居民个人利用在境外设立受控企业，通过无故不作利润分配来规避我国的税收。在改革开放后，随着"红筹架构"和"VIE 架构"的发展，我国居民个人在境外企业中控股的现象也越来越常见：如果境外企业分红，境内居民个人就要按 20% 的税率缴纳个人所得税；如果境外企业不分红，过去由于《个人所得税税法》中没有受控外国公司法规，居民个人股东就没有纳税义务，就可以规避我国的个人所得税。在 2018 年

《个人所得税法》修订后，情况发生了变化，受控境外企业应当归属于居民个人股东的利润如果不作分配或者减少分配，而且没有合理经营需要，居民个人股东也需要就这笔应分未分的利润申报纳税，否则就要接受税务机关的纳税调整（反避税）。

例 4 - 3[①]

　　2010 年，我国税收居民 A 先生在 BVI 设立特殊目的公司（B 公司），计划在境外进行股权融资。同年，C 公司在开曼群岛注册成立，其中 B 公司持股 80%。C 公司在 Z 国投资设立 D 公司，D 公司在中国投资设立 E 公司。2016 年，C 公司在 Z 国成功上市。上述个人及实体的具体关系见图 4-1。

　　2020 年 1 月，E 公司向母公司 D 公司分派股息 2 亿元人民币，D 公司取得股息后又向 C 公司分派股息，C 公司已取得 Z 国税收居民身份证明。2020 年 6 月，C 公司分派股息 1 亿元人民币，其中 B 公司持有 C 公司 80% 的股权，取得股息 8 000 万元人民币。2020 年 12 月，A 先生将其持有的 B 公司股份全部赠予妻子 H 女士（Z 国税收居民）。

在这个案例中，A 先生向其妻子赠送 B 公司的股份以及其妻子接受赠予的 B 公司股份，《个人所得税法》并没有明确规定这两种行为需要缴纳个人所得税。问题在于，B 公司不向 A 先生分派股息是否合理？依据 2018 年修订的《个人所得税法》第八条的相关规定，居民个人控制的，或者居民个人和居民企业共同控制的设立在实际税负明显偏低的国家（地区）的企业，无合理经营需要，对应

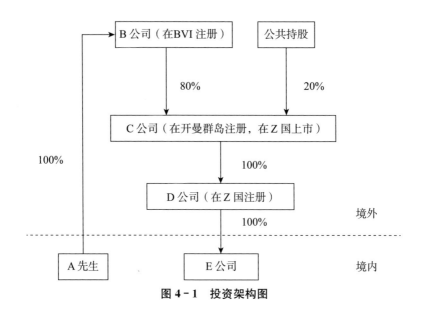

图 4-1　投资架构图

当归属于居民个人的利润不作分配或者减少分配，税务机关有权按照合理方法进行纳税调整。如果经过调查，B 公司不分配利润没有合理的商业目的，那么我国税务机关就可以对 A 先生进行个人所得税调整。

需要注意的是，在《企业所得税法》第四十五条以及《个人所得税法》第八条第（二）款出台后，我国一些合格的居民企业股东和居民个人股东如果没有按照税法规定就其应当归属于自己的境外企业利润向主管税务机关申报纳税，这种行为已构成偷税，并不属于避税，因为这种行为已经属于《税收征管法》第六十三条偷税行为中的"在账簿上少列收入"和"进行虚假的纳税申报"。但在实务中，税务机关可能由于种种原因确实没有发现纳税人的这种偷税行为，或者纳税人有这种偷税行为但税务机关并没有对其采取税务稽查。不过，既然是偷税，那么按照《税收征管法》第五十二条第三款的规定，对偷税、抗税、骗税的，税务机关追征其未缴或者少缴的税款、滞纳金或者所骗取的税款，可以不受追征期限的限制（无限期追征），即老百姓常说的"躲得过初一，躲不过十五"，早晚要受到应有的处罚。特别是近年来反避税、反偷税的国际合作不断加强，跨国税收情报交换已经非常普遍。即使受控外国公司设在了国际避税地，税务机关也可以通过税收情报交换获取需要的信息。据统计，从 2009 年到 2014 年，我国先后与巴哈马、英属维尔京群岛、马恩岛、根西岛、泽西岛、百慕大、阿根廷、开曼群岛、圣马力诺、列支敦士登 10 个国家和地区签订了税收情报交换协定，通过双边税收情报（包括任何形式的事实、说明、文件或记录）交换，相互之间在税收的确定、核定、查证与征收，税收主张的追索与执行以及税收事项的调查或起诉等方面提供具有可预见相关性的信息。其具体实施有两大内容：一是专项情报交换。被请求方税务主管当局经请求后，应当提供协定范围内的情报。不论根据被请求方法律，被调查行为在被请求方境内是否构成税收违法，均应交换情报。如果被请求方税务主管当局掌握的信息不足以满足情报请求，被请求方应启动所有相关情报收集程序向请求方提供所请求的情报，即使被请求方可能并不因其自身税收目的而需要该情报。二是境外税务检查。被请求方可以根据其国内法，在收到请求方通知后的合理时间内，在获得当事人书面同意的前提下，允许请求方税务主管当局的代表进入被请求方领土，就有关请求会见当事人和检查有关记录。应请求方税务主管当局的请求，被请求方税务主管当局根据其国内法，可以允许请求方税务主管当局代表出现在被请求方境内税务检查适当环节的现场。应当说，签订税收情报交换协定后，这些国家和地区就要跟中国的税务当局在信息交换方面进行深度的合作，这就为中国的税务机关全面了解中国居民股东在受控外国公司的获利情况打开了方便之门。

另外，受二十国集团（G20）的委托，2014年7月经济合作与发展组织（OECD）发布了金融账户涉税信息自动交换标准（CRS），为各国加强国际税收合作、打击跨境逃税和避税提供了强有力的工具。CRS提供的《主管当局间协议范本》是规范各国（地区）税务主管当局之间开展金融账户涉税信息自动交换的操作性文件，分为双边和多边两个版本；"统一报告标准"规定了金融机构收集和报送外国税收居民个人和企业账户信息的相关要求及程序。在签署协议后，签字国（地区）的金融机构首先要通过尽职调查程序识别另一国（地区）税收居民个人和企业在该机构开立的账户，按年向金融机构所在国（地区）主管部门报送账户持有人的名称、纳税人识别号、地址、账号、余额、利息、股息以及出售金融资产的收入等信息，再由该国（地区）税务主管当局与账户持有人的居民国税务主管当局开展信息交换，最终为各国（地区）进行跨境税源监管提供信息支持。截至2022年1月31日，世界上已有115个国家和地区签署了CRS，其中不乏一些被公认的国际避税地，如巴哈马、英属维尔京群岛、百慕大、开曼群岛、库克岛、塞浦路斯、根西岛、中国香港、马恩岛、泽西岛、列支敦士登、瑙鲁、瓦努阿图等。2014年9月，我国在G20财政部长和央行行长会议上承诺将实施"标准"，首次对外交换信息的时间为2018年9月。2015年12月，国家税务总局签署了《金融账户涉税信息自动交换多边主管当局间协议》，为我国与其他国家（地区）间相互交换金融账户涉税信息提供了操作层面的多边法律工具。

4.2.4　BEPS 行动计划 3 对受控外国公司法规的要求

受二十国集团的委托，经合组织针对税基侵蚀和利润转移（BEPS）研究出了一揽子解决方案，包括 15 项行动计划，其中的第 3 项行动计划（以下称为"行动计划 3"）名为"设计有效的受控外国公司法规"（designing effective controlled foreign company rules），为选择实施这项反避税措施的国家和地区制定相关法规提供了一些政策建议。行动计划 3 的研究报告共分为六大部分：①受控外国公司（CFC）的定义；②CFC 的豁免和门槛要求；③所得的定义；④所得的计算；⑤所得的归属；⑥防止和消除双重征税。由于各个国家（含管辖区，下同）的首要目标不同，所以行动计划 3 提出的政策建议有很大的灵活性和选择性，以便各国结合本国税制的整体目标以及国际法律责任来实施这些法规。下面介绍行动计划 3 的主要内容。

1. 关于 CFC 受控的认定

行动计划 3 建议 CFC 的范围可以扩大到境外的透明实体（如合伙企业）和常设机构，因为有些国家对本国居民设在境外的透明实体和常设机构取得的所得也实行免税法，这样也带来了税基侵蚀和利润转移的问题。另外，在本国居民对外国公司控制的标准上，建议采用法律控制（表决权或股权控制）和经济控制（着眼于对利润或资产的享有权利）两个标准，满足其中之一就构成对 CFC 的控制。此外，一国还可以实行事实测试，即采用实际控制标准以观察谁在外国公司的事务上享有最高决策权或谁有资格指导或影响外国公司的日常事务。

在 CFC 的受控程度上，行动计划 3 建议：当一国居民股东

（包括法人和自然人）持有外国公司的控制权超过50％时，该外国公司即为CFC。不过，行动计划3也允许各国将"控制"的门槛制定得更低，比如将控制的门槛定在50％以下。另外，如果不是单一居民股东，就要考虑少数股东"一致行动"的问题。例如，在计算居民股东的控制比例时，可以将其与关联的非居民股东的控制比例合并计算。假定A国居民股东在C国公司中持股35％，而其在B国的关联公司在C国公司中持股30％，则可视为A国居民股东在C国公司中持股65％，按照A国50％以上的控制标准，C国公司为CFC。另外，行动计划3也提出可以采用集中所有权要求（concentrated ownership requirement）来判定少数股东是否对外国企业施加了影响。这种做法就如同美国的"双所有权检验标准"，要看少数股东在外国公司中的控制权是否达到一个最低标准（如10％），然后把所有达到标准的少数股东的控制权集中起来计算（加总），看看是否达到了50％以上，而且达标的少数股东要把外国公司应归属给自己的利润计入当期的应税所得。然而，这种做法并不能准确地识别那些达标的居民股东是不是真实的一致行动人。此外，CFC的控制法规应当既包括直接控制，又包括间接控制。如果不包括间接控制，则这个法规很容易被规避。至于居民股东的控制比例在哪个时点计算，行动计划3认为不应仅限于年末，建议增加在一年内任何一个时点都要拥有必要程度的控制权。

2. CFC法规的豁免和门槛

（1）关于CFC所得的最低门槛。很多国家为了降低监管成本和提高制度的有效性，在受控外国公司法规中规定了外国公司的所得门槛（如我国规定年度利润总额低于500万元人民币），低于这个门槛的可以不按CFC对待。行动计划3建议设立这个门槛，而门槛既可以按照绝对额设立，又可以按照应归属收入（消极所得）占 CFC 总所得的比例设立。为了防止居民股东通过分解收入规避这个门槛（把收入分给多个外国子公司，让每个外国子公司的收入都达不到这个门槛），行动计划 3 建议可以借鉴美国和德国的制度。美国的受控外国公司法规中有一个反滥用条款，即如果设立、兼并多个外国子公司的主要目的是绕过最低门槛测试，从而使 CFC 的所得可以不纳入应归属收入，则应将两个或两个以上的 CFC 的所得加总计算，并将其视为一家 CFC 的所得。德国的制度规定，最低门槛测试的前提条件是，CFC 层面的可归属所得不能超过股东层面的可归属所得；也就是说，如果德国股东持有的各家 CFC 的所得加总后超过了这个门槛，即使某一家 CFC 的所得没有超过门槛，那么这家 CFC 的所得也属于应归属所得，当期也要计入其德国股东的应纳税所得额中。

（2）反避税要求。欧洲法院一直主张，只有当母公司把 CFC 作为避税的手段时才能对其进行"打击"（即计入其应归属本国股东的利润当期征税）。但行动计划 3 认为，如果把反避税作为一个门槛要求，将会大大降低作为预防性措施的受控外国公司法规的有效性，而且还会增加该法规的管理和遵从成本及负担。此外，如果该法规将要打击的所得定义得非常准确，也没有必要在其中加进反避税门槛。因此，行动计划 3 并不主张将其作为实行受控外国公司法规的前提条件，但它也不否认反避税要求在应对税基侵蚀和利润转移方面也能发挥一定的作用。

（3）税率方面的豁免。行动计划 3 建议在受控外国公司法规中加进 CFC 税负标准，并认为这样做有两大好处：一是将使受控外国公司法规只针对那些从低税率中受益的 CFC，而这类外国公司最有可能带来利润转移的风险；二是将打击目标确定在低税的 CFC，这样会给纳税人提供更大的确定性，并降低整个管理负担。在加进税率豁免标准后，如果外国子公司的实际税负（有效税率）非常接近母公司，并没有明显偏低，则可以将其排除在受控外国公司法规的适用范围之外。行动计划 3 提出，衡量 CFC 所处国家的税率是否过低可以有两种方法：一是用 CFC 所处国家的税率与一个被认为是低税率的具体税率进行比较；二是用 CFC 所处国家的税率与母公司适用的税率进行比较。第一种方法就是前面提到的德国模式，即 CFC 的税率不能超过 25％；第二种方法属于前面提到的英国、芬兰等国家的模式，比如英国规定 CFC 的税率超过英国税率的 75％，则不适用受控外国公司法规。不过，行动计划 3 主张在衡量和比较 CFC 的税率水平时采用有效税率（税款与应税收入之比），而不是名义（法定）税率，这样可以把税基和其他影响税款支付的因素都考虑进来，进而计算出来的结果更准确。此外，行动计划 3 对一些国家受控外国公司法规中的白名单或黑名单制度也给予了认可。

3. CFC 所得的定义

受控外国公司法规首先要确定什么是 CFC，然后要确定哪类 CFC 所得要归属到其股东或控制方当期的应纳税所得，即使这类所得应分未分或应汇回而未汇回也要申报纳税。这种应归属所得在行动计划 3 中被称为 CFC 所得。行动计划 3 认为，应当给这种所得下一个定义，但也要有一定的灵活性，以便各国都能设计与本国的政策框架和政策目标一致的受控外国公司法规。另外，各国应能根据自己面临的税基侵蚀和利润转移的风险程度自由选择和确定 CFC 所得的规则。

行动计划 3 还提供了一份受控外国公司法规可以采用的方法列

表，各国可以用它涵盖那些能够带来 BEPS 问题的应归属所得，包括但不限于控股公司类型的 CFC 取得的所得、提供金融和银行服务的 CFC 取得的所得、从事销售开票①的 CFC 取得的所得、知识产权的所得、数字货物和服务的所得、自保和再保险所得。受控外国公司法规应当将那些脱离了价值创造、只是为了减轻税负的所得纳入，也可以实行全部纳入制度（full-inclusion system），即把 CFC 取得的全部所得都作为 CFC 所得，而不再区分所得的性质。这种制度可以防止长期的延期纳税。

此外，行动计划 3 对目前各国 CFC 所得的分类与范围进行了总结和分析，认为各国可根据自己的政策目标从中进行选择。

（1）按所得类别分析。

1）按法律类别分类，将股息、利息、保险所得、特许权使用费和知识产权所得、销售及服务所得等界定为 CFC 所得。

2）按关联性分类，即将从关联方取得的所得界定为 CFC 所得，因为这类所得更容易也更可能被转移，从而达到避税的目的。

3）按收入来源地分类，即将从 CFC 所在国家以外取得的所得界定为 CFC 所得。其底层逻辑是，CFC 从本国赚取的所得不太可能带来利润转移的问题。至于从哪些国家取得的所得属于 CFC 所得，则要看居住国的政策目标，如果是为了防止侵蚀母公司居住国的税基，就应当把 CFC 来自母公司居住国的所得界定为 CFC 所得；如果要实行更广泛的"反税基剥离规则"（anti-base-stripping rule），就应将所有来自 CFC 所在国以外的所得界定为 CFC 所得。

（2）实质性分析。实质性分析主要关注 CFC 是否从事了大量

---

① 指形式上的销售，但在该环节没有带来增加值。

的实质性经营活动，从而确定其所得是否为 CFC 所得。目前，许多欧盟国家的受控外国公司法规就采用分类法与真实经济活动排除法相结合的做法。实质性分析需要更多地依赖一些指标来确定 CFC 所得是否产生于实质性经营活动，包括人员、不动产、资产和风险等方面的指标。这些指标都帮助回答一个问题，即 CFC 自身是否有能力赚取收入。实质性分析还可以与按所得类别分析和超额利润分析结合起来使用。另外，实质性分析可以作为一个门槛，即在规则中列出一些实质性的经营活动，凡没有从事这些经营活动的 CFC，其收入全部属于 CFC 所得。实质性分析还可以用于比例分析。例如，假定 CFC 的收入中有 75% 来自自身的经营活动，那么其所得的 25% 可以视为 CFC 所得。然而，行动计划 3 也指出：虽然实质性分析可以提高受控外国公司法规的准确性，但也会增加监管成本和合规成本。因此，各国需要结合自身的政策目标在精准和简化之间进行权衡，设计出一套适合本国的规章制度。

（3）超额利润分析。目前，各国还没有采用这种方法，它是将位于低税区的 CFC 取得的超过正常投资回报率的利润归类于 CFC 所得。由于关联企业之间往往通过无形资产的交易转移利润，从而使低税区的 CFC 取得超额利润，所以超额利润分析法适用于无形资产和风险转移带来的所得。各国可以将超额利润分析法用于以下情景，即 CFC 使用了从关联方取得、由关联方研发或协助研发的无形资产，而且这种方法也可以与类别分析法结合使用。

（4）交易法和实体法。在确定 CFC 所得时，各国无论采取哪种方法都面临一个问题，即以实体（企业单位）为基础还是以交易为基础？如果以实体为基础算账，一个实体可能有一些应归属所得（CFC 所得），但整个实体的应归属所得没有达到规定的数量或者比例，所以此时整个 CFC 实体就不适用受控外国公司法规。如果以交易为基础算账，就需要评估每笔交易产生的所得是否属于 CFC 所得。也就是说，在实体法下，要根据大部分所得是否属于 CFC 所得来确定整个 CFC 的所得性质，它要么都是 CFC 所得，要么都不是。而在交易法下，即使大部分所得都不属于 CFC 所得，但有一部分所得却要计入 CFC 所得；或者大部分所得都属于 CFC 所得，但有一部分所得应当排除在 CFC 所得之外。行动计划 3 认为，尽管这两种方法各有利弊，实体法的监管负担和纳税人的合规成本较低，但交易法在收入分配方面更为精准，能够更有效地针对特定类型的所得，而且也有可能把那些容易引发 BEPS 问题的所得纳入 CFC 所得，所以交易法更符合行动计划 3 以及欧盟法律的目标。然而，交易法需要设立一个实施门槛。例如，澳大利亚规定：如果 CFC 的消极投资所得没有超过 CFC 全部所得的 5%，则 CFC 的全部所得都不需要被视为 CFC 所得。

4.2.5　欧盟反避税指令：实施受控外国公司法规

2016 年，欧盟委员会发布《反避税指令》（ATAD），其中包括五个有法律约束力的反滥用措施①，并要求所有成员国在 2019 年之前实施，以应对恶性税务筹划的挑战。ATAD 中包括了《欧盟反避税指令：实施受控外国公司法规（ATAD CFC rule）》（以下简称 CFC 指令），其目的是协调欧盟成员国实施 OECD 的行动计划 3，在欧盟内部形成一个最基本的防止利用 CFC 转移利润的反避税防

---

① 五大措施包括受控外国公司法规（CFC rule）、混合错配规则（switchover rule）、移出税（exit taxation）、利息限制（interest limitation）和一般反避税规则（general anti-abuse rule）。

护网。如果成员国认为有必要，可以实行比 CFC 指令更严格的受控外国公司法规。在欧盟发布 CFC 指令之前，各成员国已经颁布了相关的法规，但如果达不到 CFC 指令的要求，就需要对本国的法规进行修改，如果其严格程度超过了 CFC 指令，则不必进行修改。特别是一些欧盟国家在 CFC 指令发布之前并没有颁布受控外国公司法规，那么它们必须在 2018 年底之前出台本国的立法。奥地利、比利时、保加利亚、克罗地亚、捷克、德国、爱沙尼亚、爱尔兰、拉脱维亚、卢森堡、马耳他、罗马尼亚、斯洛伐克、斯洛文尼亚等国都是根据欧盟 CFC 指令引入了新的受控外国公司法规。

1. 受控外国公司（CFC）

CFC 指令要求欧盟国家的公司设在境外的子公司或常设机构（PE），如果其利润在该成员国不用纳税或免税，而且满足了以下条件，就要按 CFC 来对待：

（1）国内纳税人或母公司自身或与其关联企业共同直接或间接持有该外国公司的投票权、资本或利润分配权超过了 50%。

（2）该外国公司或常设机构在当地实际缴纳的公司所得税低于国内纳税人或其母公司取得相同利润应在成员国的纳税额与该外国公司或常设机构在当地实际缴纳的公司税款之间的差额。

2. CFC 所得

关于将哪类所得列为 CFC 所得（应归属所得），CFC 指令给成员国提供了两个模板，供各成员国选择。

（1）模板 A：预先确定一些 CFC 未分配的消极所得（如股息、利息、特许权使用费和金融活动所得等），这些所得即使没有分配，也要归属到纳税人或母公司当期的应税所得一并纳税。

目前，选择模板 A 的欧盟国家有奥地利、克罗地亚、捷克、希腊、意大利、立陶宛、波兰、葡萄牙、罗马尼亚、斯洛文尼亚和瑞典 11 个国家。

（2）模板 B：CFC 没有分配的来自非真实安排（non-genuine arrangements）的所得，其被放在 CFC 的账户上主要是为了享受当地的税收优惠，这类所得应当归属到纳税人或母公司的当期应税所得。

目前，选择模板 B 的欧盟国家有比利时、塞浦路斯、爱沙尼亚、匈牙利、爱尔兰、拉脱维亚、卢森堡、马耳他、斯洛文尼亚 9 个国家。2020 年 1 月退出欧盟的英国也曾选择了模板 B。

保加利亚和芬兰既没有选择模板 A，也没有选择模板 B，而荷兰选择的是模板 A 和模板 B 的结合模式。

3. CFC 所得的免除

（1）模板 A 的免除。如果成员国实施受控外国公司法规时选择了模板 A，同时纳税人（母公司）能够举证说明 CFC 从事了实质性的经济活动（substantive economic activities），比如有足够的人员、设备、资产和房地产，就可以不将 CFC 未分配的所得归属到成员国纳税人的税基之中。当然，各成员国也可以选择以下做法：

1）对位于非欧洲经济区（EEA）国家的 CFC 不实行实质性经济活动的免除。

2）如果 CFC 来自预先设定的消极投资所得不超过总所得的三分之一，或者对于某些金融企业来说，它与成员国纳税人（包括关联方）的交易所得不超过总所得的三分之一，就可以不将这些企业或常设机构视为 CFC。

在模板 A 的情况下，归属到成员国纳税人的所得应根据居民纳税人在 CFC 股本中所占的比例计算。

（2）模板 B 的免除。如果 CFC 的所得来自不是主要为了取得税收优惠的安排，就可以不将其计入国内纳税人的税基。另外，如果 CFC 的会计利润不超过 75 万欧元；或者达不到纳税年度运营成本（不包括已售货物的成本）的 10％，可以不将 CFC 的所得计入国内纳税人的税基。

在模板 A 的情况下，归属于国内纳税人的 CFC 所得要根据公平交易原则计算确定。

欧盟的 CFC 指令发布后，只有法国等极少数成员国基本上没有对本国的受控外国公司法规进行改动（主要是现行法规已经符合 ATAD 的要求），大多数国家都在 2019—2021 年按照欧盟的要求重新修改了本国的受控外国公司法规。例如，丹麦之前的受控外国公司法规规定，丹麦一个或多个居民股东直接或间接持有外国公司的投票权、资本或利润分配权至少为 50％，同时外国公司的有效税率低于丹麦公司所得税税率（20％）的五分之三（即 12％），在这种情况下，如果某个丹麦居民股东在该 CFC 中持有的投票权、资本或利润分配权达到了 25％，则该 CFC 的净所得应归属于该居民股东的部分无论是否分配都要计入其当期的应税所得。从 2019 年开始，丹麦实行新的受控外国公司法规，在按照 ATAD 修改后，控制的标准改为丹麦纳税人自身或与关联方（国内或国外）共同直接或间接控制外国公司至少 25％的投票权、资本或利润分配权，持股的股东不再强调丹麦居民，而是将关联的非居民也包括在内；与此同时，丹麦的控制比例也比 ATAD 的要求更严格，即从 50％降为 25％。除此之外，低税的标准以及实体法（CFC 的全部净所得）都没有发生变化。德国在 2021 年也对控制的定义进行了修改，与丹麦的修改类似，它把原来德国股东（无论相互之间是否有关联关系）对外国公司的控制（含投票权、股权或利润分配权）超过 50％，改为德国股东及其关联方单独或共同对外国公司的控制超过 50％。根据德国新的法律，在 CFC 的问题上，一致行动人也属于关联方。西班牙按照 ATAD 的要求对受控外国公司法规进行了改革，其主要的修改是将 CFC 持有 5％或 5％以上股份的外国公司① 的消极投资所得（股息和资本利得）也纳入西班牙受控外国公司法规的框架内进行管理。西班牙在改革前的规定是，如果 CFC 从事实质性经济活动，既有人员又有资产，就可以不把其从持股达到 5％的外国公司取得的消极所得纳入 CFC 所得。荷兰对受控外国公司法规的修改主要是将 CFC 所得在非真实安排所得的基础上增加了消极投资所得，这等于是同时实行了模板 A 和模板 B。但是，荷兰的新法规又规定：如果在 CFC 的所得中消极投资所得没有达到 30％，则 CFC 的未分配利润就不需要归属到荷兰股东的应税所得。另外，如果荷兰公司持有的一家外国公司（控制达到 50％）在当地有真实的经济活动（比如年工资开支达到了 10 万欧元，拥有自己的办公场所达到两年），则可以不将该外国公司认定为 CFC，也不对其适用受控外国公司法规。

4.3　全球最低税

4.3.1　为什么需要全球最低税

前面介绍了受控外国公司法规，现在各国的法规中都有一条：

---

① 　相当于西班牙居民公司间接持有这类外国公司的股权，ATAD 要求将这类间接持有的外国公司也视为 CFC。

如果 CFC 适用的税率过低，就要被纳入受控外国公司法规的打击范围。尽管各国对税率是否过低有不同的判定标准，它们的判定方法也不一致，但客观上形成了一个最低税，即如果本国居民股东（纳税人）来自 CFC 的所得在境外负担的所得税税负过低，无论 CFC 是否已向股东分配利润，都要被纳入居住国当期的征税范围，按居住国的税率征税，并给予办理外国税收抵免。然而，受控外国公司法规并不能带来全球最低税：①并不是所有国家都实施受控外国公司法规；②各国判定 CFC 的税率门槛高低不一，比如法国为 15％（＝25％×60％）①，奥地利为 12.5％，荷兰为 9％，在这种制度下就形不成全球统一的最低税；③很多国家受控外国公司法规打击的是消极投资所得，或者是非真实经济活动带来的所得，旨在抑制利润转移，而不是为了给各类所得（包括积极投资所得）设定税负（有效税率）的底线。所以，尽管在 OECD 的要求下，很多国家都在税法中加入了受控外国公司法规，但仍有必要建立一个全球统一的最低税制度。这种必要性主要来自世界范围内公司所得税的"逐底竞争"（race to bottom）以及国际避税地的存在。

在所有的生产要素中，资本的流动性最大。特别是在当前全球经济一体化的条件下，资本跨国流动的"围栏"在很大程度上基本消除，就像英国古典经济学家亚当·斯密在《国富论》中所说的，资本不是任何国家的国民。在各类税收中，公司（企业）所得税是对企业的经营利润、投资分红以及财产转让所得征税，这些所得都是资本带来的收益，所以公司所得税实质上是对资本的课税。随着

---

① 从 2022 年 1 月 1 日起，法国的公司所得税税率降为 25％，法国 CFC 低税率的标准是比法国税率低 40％以上。

国际经济一体化的深入，资本的跨国流动性越来越强，导致各国都不敢对资本课征高税，因为税率定高了，资本就向低税国流动，而本国的税基就流失了。在这种大趋势下，各国为了经济增长都想留住本国的资本，甚至吸引外国资本流入，因而纷纷降低公司所得税的税率。公司所得税的降税竞争是一场没有硝烟的税基争夺战，从20世纪80年代开始就在世界范围内激烈地展开。一般认为，打响这场减税战"第一枪"的是时任美国总统里根。里根总统在1981年初上台，当年美国就通过了《经济复苏税收法案》，将联邦公司所得税税率①从52.8%降为46%。里根连任总统后，于1986年10月又进行了第二次税改，公司所得税税率从46%降为40%，1988年又降到了34%。从1994年到2017年，美国的公司所得税最高税率一直维持在35%。在特朗普总统执政后，于2018年进行税改，将公司所得税税率降为21%。美国不断调减公司所得税税率，其税收收入确实大受影响。据统计，美国的公司所得税在20世纪40年代占联邦税收收入的40%，但目前还不到7%，2019年仅为6.7%，而OECD各成员国的平均水平是14%；2019年，美国的公司所得税收入占GDP的比重只有0.7%，而OECD各成员国的平均水平约为2.9%。此外，虽然美国降低了税负，但对提高跨国公司的竞争力却大有好处。2020年，美国公司的平均有效税率为16%，而国外200家与美国公司竞争的公司的平均有效税率为24%。美国强生公司在2020年的实际税率只有11%；2020年，美国动视暴雪（Activision Blizzard Inc.）公司的实际税率为16%，

①　美国的公司所得税税率在2018年以前一直是超额累进税率，这里的税率是指最高边际税率。

而竞争对手日本索尼公司的实际税率为 22%，任天堂公司为 28%。因此，美国降低公司所得税税率，其他发达国家的压力就大了——如果它们不跟着减税，资本就会从本国流出，并流入美国。所以美国一带头，发达国家纷纷效仿。下面以英国为例，英国的公司所得税税率原来非常高，1982 年高达 52%。美国里根总统一降税，英国就坐不住了，从 1983 年开始不断调低本国公司所得税的税率：1983 年为 50%，1984 年为 45%，1985 年为 40%，1986—1990 年为 35%，1991—1997 年为 33%，1998 年为 31%，1999—2007 年为 30%，2008—2010 年为 28%，2011 年为 26%，2012 年为 24%，2013 年为 23%，2014 年为 21%，2015—2016 年为 20%，2017—2022 年为 19%。德国的公司所得税税率过去非常高，20 世纪 80 年代美、英降税后，德国由于东西德合并需要财政资金，所以一直没有降低公司所得税的税率，在 2001 年之前税率（含各种附加）都维持在 50% 以上，特别是 1995—1997 年高达 56% 以上。从 2001 年开始，德国的公司所得税税率才从 51.6% 降为 38.3%，在 2008 年国际金融危机爆发后降为 29.5%，直到 2021 年德国公司所得税的税率基本保持在 29.4% 和 30% 之间。如果把观察的范围扩大到整个经合组织（OECD）成员国，20 世纪 50—60 年代公司所得税的平均税率为 50%，到了 21 世纪的头十年（即 2000—2010 年），公司所得税的平均税率降到了 35%。据 OECD 官方网站公布的数字，2000 年 OECD 成员国公司所得税的平均税率为 32.3%，到 2021 年降到了 22.9%；同期，G20 的公司所得税平均税率也从 36.5% 下降到 26.2%。通过以上观察，我们可以看出一个非常明显的事实，即世界范围的公司所得税出现了一种"逐底竞争"的大趋势。其实，OECD 成员国不断降低公司所得税的税率并不是因为财政不需要钱，而是因为被这种"逐底竞争"的浪潮所裹胁，不得不降。据统计，在 20 世纪 50 年代初，美国的公司所得税收入占联邦税收收入的比例超过了 30％，但到 2019 年，这个比例降到了 7％左右；与此同时，个人所得税在联邦税收收入中的占比从 42％上升到 50％。

　　由于税收竞争，目前一些发达国家或比较发达的国家已经将公司所得税税率降到非常低的水平，从而吸引了大量外国公司来本地"安营扎寨"。例如，爱尔兰的公司所得税税率在 21 世纪初降为 12.5％，这在当时欧盟成员国中是最低的，在 OECD 成员国中也属于第三低的税率，因而遭到了欧盟委员会以及其他很多欧盟成员国的谴责，认为这是损人利己。事实上，低税率也确实给爱尔兰招来了大量"金凤凰"，特别是美国公司。据统计，2007 年爱尔兰公司所得税收入的 28％是由美国公司在爱尔兰的关联公司缴纳的。到 2012 年，外国跨国公司在爱尔兰缴纳的公司所得税占比达到了 79％，2020 年的这一比例更是高达 82％。爱尔兰不仅公司所得税税率低，而且还是欧盟成员国，它是通向欧盟内部大市场的一个通道，因此也吸引了大量高水平的投资。根据 2012 年《IBM 全球地点趋势报告》（*IBM 2012 Global Location Trends Report*），爱尔兰获得了三个第一、一个第二：引进投资在质量和价值上排名世界第一；研发创造的就业岗位排名欧洲第一；医药行业的投资排名欧洲第一；人均投资和就业人数排名欧洲第二。匈牙利于 2004 年加入欧盟，为了与爱尔兰开展税收竞争，在 2017 年将公司所得税税率从 19％直降到 9％，成为欧盟内公司所得税税率最低的国家。瑞士也是欧洲公司所得税税率较低的国家，其公司所得税税率为 7.8％，再加上地方所得税（各州不同），平均税率为 14.9％，但在瑞士 26 个州中有 18 个州的公司所得税税率达不到这个水平，楚格州

（Zug）的公司所得税税率水平仅为 11.9%。

此外，目前世界上还存在一些不征收所得税的所谓"纯国际避税地"，如果跨国公司在这些"避税天堂"注册成立公司，并通过这里的中介公司与其他国家的企业进行交易，那么就很容易把利润转移到这些避税地的公司，形成所谓的"双重不征税"。这类 BEPS 是当前国际社会最主要的打击对象。美国财政部有一个统计，2018 年在美国跨国公司利润囤积的前 10 个国家（地区）中就有 7 个是国际避税地；例如，百慕大群岛的人口只有 6.4 万，但美国跨国公司 10% 的海外利润都留存在这里的美国子公司，其规模已经超过百慕大 GDP 的几倍。据 OECD 的统计，目前各国由于 BEPS 每年流失的税收收入达到 1 000 亿～2 400 亿美元，占全球公司所得税收入的 4%～10%。

随着各国的人口老化以及公共服务水平的不断提高，各国财政都需要资金，但因为税收规模不能大幅提高，所以政府就只能通过发债筹集财政资金。据统计，1990 年 OECD 成员国中央（联邦）政府的债务占 GDP 的比重为 36.4%，1998 年提高到 45.3%；到新冠疫情暴发前的 2019 年，这个比重已经提高到 70%，而疫情暴发后的 2020 年更是超过了 80%。这个数字只是 OECD 成员国的平均数，个别成员国的债务负担率更高。例如，2020 年英国中央政府的债务负担率为 97%，法国中央政府的债务负担率为 115%，美国联邦政府的债务负担率为 128%，日本中央政府的债务负担率甚至高达 266%。

4.3.2　全球最低税方案的产生

经合组织前顾问 H. 奥特（H. Auet）就曾说过："没有国际

合作，不久的将来对所得和资本的课税都将不复存在，政府只能依靠消费课税了。"其实，很早就有人提出成立世界税收组织的构想，以协调各国的公司所得税税率，但由于这项工作涉及国家主权，挑战性极大，所以一直没有实现。欧盟在这方面也做过多次努力。早在 1975 年，欧盟的前身欧共体就提出了一项协调成员国公司所得税的政策建议，其中的一项内容就是将各国公司所得税的税率框定在 45％和 55％之间；1992 年，欧盟又计划协调成员国的公司所得税税率，规定一律不能低于 30％；2015 年，德国和法国提出协调公司所得税税率，规定最低税率。但上述努力均遭到一些成员国（特别是英国）的反对，最后只能不了了之。

鉴于世界范围内的公司所得税"逐底竞争"以及众多国际避税地的存在，通过国际协调在全球范围内设立最低税（minimum tax）制度就成为许多国家特别是高税国的一种迫切愿望。有了这个最低税，一方面可以抑制各国公司所得税的"逐底竞争"，另一方面也可以防止税基向避税地大规模转移。2018 年美国税改设立的 GILTI 税制实际上开了这个头，它为美国公司的海外利润设立了 10.5％的最低税。但 GILTI 税制并不适用于其他国家的公司，如果没有一个全球范围的最低税，实际上就使美国公司处于一个十分不利的竞争地位，而且还可能促使发生公司倒置，即通过外国子公司收购美国母公司，使美国母公司变成外国公司的子公司。这些都是美国不希望看到的，所以美国非常希望有一个全球范围的最低公司所得税。OECD 在 G20 的委托下组织了 130 多个国家参加的"包容性框架"（目前已增加到 142 个管辖区），并推出了应对数字经济国际税制改革的"双支柱"方案。这对美国而言可以算是一个"天赐良机"，因为其中的支柱二就是在全球设立最低有效税率的计划。这个计划是美国盼望已久的，所以它一经提出就得到美国政府的大力支持。2021 年 4 月，美国财政部长耶伦上任后不久，在芝加哥市政厅就全球事务发表的演讲中表示："美国可以使用全球最低税来确保全球经济的繁荣，这种繁荣是建立在跨国公司面临更加公平的税收竞争环境上。相互关联的全球经济导致公司所得税税率经历了 30 年的逐底竞争。拜登总统建议在美国国内采取大胆的行动，包括提高美国的最低税率、更新国际承诺，这些都意味着与其他国家共同努力来结束税收竞争压力和对公司所得税税基的侵蚀是非常重要的。"

"解决数字经济对税收的挑战"是 OECD 15 项行动计划中的第 1 项，但与其他 14 项行动计划相比，这项行动计划一直进展缓慢。为了防止各国在应对经济数字化税收政策方面各行其是，G20 委托 OECD 在包容性框架的范围内研究统一的解决方案。经过大量的研究、论证和公开征求意见，OECD 秘书处于 2020 年 10 月公布了所谓的"双支柱"方案蓝图。这个方案由支柱一和支柱二组成：支柱一主要是为了解决经济数字化条件下市场国（含用户国）无权征税的问题，其核心要素是要求数字化大型企业将一部分剩余（超额）利润划分给市场国供其征税；支柱二是为了应对税基侵蚀和利润转移（BEPS）问题而在全球规定一个最低有效税率（最终确定为 15%）。按理说，支柱二所要研究和解决的问题与经济数字化并没有太直接的关系，但 OECD 拿出的方案硬是要把它塞进应对经济数字化税收挑战的大课题内；应当说，这是美欧"一拍即合"的结果，也是很多不主张"逐底竞争"国家的共识。如前所述，美国从 2018 年开始已经有了自己的最低税制度（GILTI），但如果全靠自己单打独斗，仍不能解决问题，甚至还会把自己置于不利地位。欧盟主要国家由于高福利、高支出需要大量的财政资金（2021 年欧盟国家公共支出占 GDP 的平均比重已经达到 52.97%），面对公司所得税的国际税收竞争虽不堪其扰，但在压力面前也不得不调减公司所得税税率（例如，2022 年法国的公司所得税税率已从长期实行的 33.33% 降到了 25%）；尽管如此，但一些欧盟国家的公司所得税税率相较而言仍显偏高。例如，2022 年全世界公司所得税的平均税率为 23.37%，德国的公司所得税税率（包括联邦和州以及附加税）为 23%～33%，法国为 25.8%，意大利约为 28%，奥地利、比利时、荷兰、西班牙为 25%。[①] 这些高公司所得税的欧洲国家饱受避税地和低税区税收竞争的危害，一直也有设立全球最低税的想法。所以，这次 OECD 包容性框架一提出在全球范围内设立最低税的计划，美国和欧盟大国都表示支持，极力发对的国家并不多。

2021 年 7 月 1 日，G20/OECD 包容性框架中的 130 个国家（地区）发表《关于应对经济数字化税收挑战"双支柱"方案的声明》，宣布就新的国际税收规则达成协议。2021 年 10 月 8 日，OECD 包容性框架 140 个成员中的 136 个成员再次发表声明[②]，正式就新的国际税收规则（"双支柱"方案）中的几个重要参数达成一致。2021 年 10 月 30 日至 31 日，G20 领导人罗马峰会通过 G20/OECD 包容性框架发布的《关于应对经济数字化税收挑战"双支柱"方案的声明》，就应对经济数字化税收挑战"双支柱"方案达成共识。这标志着"双支柱"方案开始由政治谈判逐步转入落地实施阶段。根据 OECD 的测算，在支柱二实施后，每年将在全球范

---

① 　The EY Organization，Worldwide Corporate Tax Guide 2021，July 2021.

② 　截至 2022 年底，包容性框架的 142 个成员中已有 138 个加入了新声明。

围内增加 1 500 亿美元的税收收入。

15％的最低税率对欧盟高税国来说可谓是正中下怀，却引起了欧盟低税国（如爱尔兰和匈牙利）的强烈反对，因而支柱二的最终方案也做出了一些让步，比如将最低税率定为15％而不是更高，这与拜登政府最初要求的 21％的最低税率还是有一定差距的。另外，匈牙利等国也获得了较长的经济实质排除期，仍可在方案实施后的10 年内对其辖区内的有形投资提供低税率优惠。当然，爱尔兰和匈牙利等欧盟国家最终同意签署协议与欧盟内部的协调和力求一致行动也不无关系。

当然，"双支柱"方案在各国能否落地还有一个立法程序问题。特别是在美国，由于"三权分立"，美国国会能否通过这项改革计划就至关重要。当年（1946 年），美国政府就曾提议成立国际贸易组织，但后来就是由于美国国会不批准美国加入国际贸易组织，所以成立国际贸易组织的设想当时未能实现，只能用关贸总协定替代《国际贸易组织宪章》。

4.3.3　全球最低税方案（支柱二）

支柱二的目的是在世界范围内设立公司所得税的最低有效税率，该最低有效税率为15％，它适用于全球营业收入 7.5 亿欧元以上的跨国企业集团，但营业收入达不到 7.5 亿欧元的跨国企业集团也可以自愿实行。全球最低有效税率主要通过全球反税基侵蚀（GloBE）规则和应税规则（STTR）来实现，而前者又包括收入纳入规则（IIR）[①] 和低税支付规则（UTPR）。全球反税基侵蚀规则不

---

① 也有译成"所得纳入规则"的，来自英文 income inclusion rule（IIR）。

强制实行，但如果实行，则要按照支柱二中规定的方法进行，并接受其他成员对该规则的应用。

（1）收入纳入规则，即如果跨国企业海外实体（包括子公司和常设机构）按辖区计算的实际税率低于 15％，跨国企业集团母公司的居住国有权对该笔低税所得征收补足税（top-up tax），使其税负达到规定的 15％的最低税率标准。

（2）低税支付规则①，即如果跨国企业的成员实体取得的低税所得不适用其母公司所在国的收入纳入规则，则相关国家可对该成员实体采取一定的调整措施，或限制其税前列支，或对其补征预提所得税。收入纳入规则在实施上优先于低税支付规则，只有对未适用收入纳入规则的跨国企业海外实体的低税所得才能实行低税支付规则。

（3）应税规则，即当公司集团内部关联方之间支付费用时，如果双方所在国之间签订有税收协定，此时支付的费用只有在对方协定国能够对其征收最低有效税率的前提下，支付方所在国（来源国）才能根据双边税收协定给予其一定的协定利益。如果对方协定国对支付的利息、特许权使用费和其他特定类型的付款所征收的名义企业所得税税率低于应税规则中 9％的最低税，则支付方所在国（来源国）可以对其补差征税。

为了防止支柱二对一些有大量实体经济活动存在但税率又较低的国家（地区）产生过大的影响，全球反税基侵蚀规则设置了经济实质排除规则，即将相当于有形资产现值和工资总额 5％的所得额排除在规则之外，同时设置了 10 年的过渡期，并引入了所得排除规模的递减模式：从有形资产现值的 8％和工资总额的 10％起步，

---

① 也有译作"征税不足付款规则"的，来自英文 undertaxed payment rule（UTPR）。

前 5 年的排除比例每年减少 0.2 个百分点，后 5 年的有形资产每年减少 0.4 个百分点、工资总额每年减少 0.8 个百分点。另外，为了扶持企业走向国际化，最终方案还增加了一条："处于国际化活动初始阶段的跨国企业可免于适用低税支付规则，这类跨国企业是指海外有形资产不超过 5 000 万欧元，而且在不超过 5 个海外管辖区从事经营活动。"

从支柱二的角度看，全球反税基侵蚀规则对我国企业的影响虽然不是特别巨大，但影响还是存在的。首先，我国企业所得税的名义税率为 25%，但也有一部分企业因同时享受多项行业和鼓励创新的税收优惠政策（高新技术企业的企业所得税税率为 15%、研发费用加计扣除、快速或加速折旧等），导致实际税负较低，可能达不到 15% 的最低要求。如果我国不调整企业所得税政策，根据支柱二中的低税支付规则，相关的其他国家可能就要对其一部分国内低税利润进行补税，但这种补税可能会设置上限，而且随着我国税制的不断完善，这种情况也不会是常态。其次，为避免国际重复征税，我国一直实行的是抵免法，要对居民企业从境外取得的利润或股息、红利按照我国的税率补税；高新技术企业在特殊情况下也要按最低 15% 的税率进行补税（财税〔2011〕47 号）。而且我国还有受控外国公司法规，对居民企业来自 CFC 的应分未分利润也要按国内的税率补税。目前，我国 CFC 的低税门槛为 12.5%，而且是名义税率，如果 CFC 在当地享受了税收优惠，其实际税率可能更低；支柱二确定的最低税率是 15%，而且是实际有效税率，两者之间还是有一定差距的。另外，我国受控外国公司法规打击的是 CFC 取得的消极投资所得，而支柱二中 15% 的最低税适用于各类所得，也包括积极投资所得。需要注意的是，我国对居民企业从境外取得的

利息、特许权使用费、财产转让所得等消极投资所得一般也要按
25％的税率征税，并办理税收抵免。此外，如果居民企业的国内业
务出现了亏损，我国税法允许纳税人先用境外来源的利息、特许权
使用费等弥补亏损；在这种情况下，这些境外来源的消极投资所得
就有可能达不到最低税率标准。但全球最低企业税改革方案从本质
上说与我国的税制并不存在根本的冲突，我国作为包容性框架的成
员支持这项改革也是一种理性的选择。

4.3.4　IIR 规则与美国 GILTI 税制的差异

OECD 设计的支柱二中的收入纳入规则，实际上是借鉴了美国
GILTI 税制的思路，所以又被人们称为"GILTI 类制度"（GILTI-
like regime）。OECD 提出，为了防止跨国所得负担过低的税收，
国际社会在基础所得税①方面应该规定一个最低的有效税率，并由
各国通过收入纳入规则来实现。也就是说，如果跨国公司集团的海
外所得在东道国负担的基础所得税有效税率低于最低标准（15％），
其母公司所在国（居住国）就应当补征，以使该所得的有效税负达
到最低标准。但支柱二中的 IIR 与美国 GILTI 税制也有所不同，主
要包括（但可能不限于）以下几个方面：

（1）在计算海外利润的有效税率时，GILTI 税制采用全球汇总
法，位于高税率国家［但税率相当于美国税率 90％（即 18.9％）
以上的国家不纳入汇总范围］和低税率国家的子公司利润可以互相
混合（blending），A 国子公司的利润与 B 国子公司的亏损也可以

---

① 基础所得税（underlying tax）是公司所得税中最主要的征收部分（即我国 25％
税率征收的部分），与之对应的是预提所得税（withholding tax），即对非居民支付的股
息、利息、特许权使用费等征收的部分。

相互抵消；而 IIR 实行的是按辖区汇总法。

（2）GILTI 税制适用于受控外国公司的所有美国股东，基本不设门槛；而 IIR 设置的适用门槛为企业集团年营业额 7.5 亿欧元。

（3）GILTI 税制只适用于外国子公司；而 IIR 适用的范围除了外国子公司，还包括本国公司设在境外的分支机构（常设机构）。

（4）GILTI 税制中没有零星收入排除的规定，但 GloBE 规定跨国公司所在的管辖区如果营业收入低于 1 000 万欧元、利润低于 100 万欧元，可以排除在适用范围之外。

（5）GILTI 税制要对本国企业来自境外且实际税负低于一定水平（13.125%）的超额利润（非常规利润）进行补税（补税金额取决于境外实际税负，最高金额相当于 GILTI 的 10.5%）；而 IIR 在计算海外利润的税负率时也借鉴了公式化排除方法，但其方式与美国有所不同，IIR 采取的是从分母（海外利润）中扣除相当于有形资产和工资总额 5% 的数额，从而提高海外利润的有效税率，降低对跨国公司在低税率地区开展真实经济活动的影响。

由此可见，虽然 IIR 借鉴了 GILTI 税制的一些思路，但两者还存在很多不同。G20/OECD 包容性框架在 2021 年 10 月 8 日发表的声明中强调要考虑 IIR 与美国 GILTI 税制共存和兼容的问题，以确保各国企业公平竞争。目前，拜登政府也提出修改美国的 GILTI 制度，除了把最低税率从 10.5% 提高到 21%①，还要将计算混合利

① 拜登政府计划将公司所得税税率从 21% 提高到 28%，并把 GILTI 在美国的应纳税比例由 50% 提高到 75%，从而使美国公司海外 GILTI 的最低税负从目前的 10.5% 提高到 21%（＝28%×75%）。另外，在现有 GILTI 制度下，如果海外子公司适用的有效税率为 13.125% 或更高，则不需要在美国补税（50%×21%－13.125%×80%＝0），也就是美国海外利润最高税负为 13.125%，但如果美国税率提高到 28%，GILTI 的纳税比例为 75%，外国税收抵免比例仍为 80%，则海外利润的税负将提高到 26.25%。

润从全球算账改为按国别（辖区）算账，以及允许抵免过程中超限额的外国税款向后结转使用，但要看美国国会是否同意。如果美国坚持 GILTI 税制优先，可能就会干扰 IIR 的实行（因美国的 GILTI 税制是全球综合汇总，可能会覆盖 IIR 涉及的辖区或单一实体），造成国家间税收利益的争夺，还会给跨国纳税人造成双重征税。目前，OECD 实际上也做出了一些妥协，同意将 GILTI 税制视为合格的 IIR，但前提条件是两者的共存能够达到同等的效果；同时强调，如果美国以后的相关立法实质性地收窄了 GILTI 的税基或降低了规定的税率，那么上述将两者同等看待的立场也会相应调整。

第5章
离岸间接转让财产的反避税措施

目前，离岸（跨国）间接转让（offshore indirect transfer）非居民企业的财产是跨国公司规避资本利得税的一种比较普遍的方式，发展中国家由于缺乏相关的反避税立法，往往深受其害。然而，OECD 发布的应对 BEPS 的 15 项行动计划中并没有应对这种避税手段的反避税措施，但因为这种避税手段导致很多发展中国家的税收收入大量流失，所以越来越受到国际社会的关注。在二十国集团（G20）的要求下，由国际货币基金组织、经合组织、联合国和世界银行共同倡议发起的税收合作论坛（Platform for Collaboration on Tax，PCT）组织专家研究了离岸间接转让财产的税收问题。2020 年 6 月 4 日，经合组织发布了 PCT 专家关于这个问题的最终研究报告，题目是《离岸间接转让的课税》，为广大发展中国家对离岸间接转让本国财产设计和实施税收制度提供了指引。

5.1　跨国公司离岸间接转让企业财产的避税动机

5.1.1　离岸间接转让财产为什么能避税

转让财产往往会取得资本利得（我国税法称为财产转让所得）。资本利得（capital gain）是指财产（股票、不动产等）价值的增值，而财产所有权的变更（一般通过销售或有偿转让）会使资本利得得以实现，其数量等于财产的买卖差价。在征收所得税的国家，资本利得往往是课税对象，只不过有的国家对资本利得使用较低的税率征税，因而也有人把对资本利得征收的所得税称为资本利得税。① 不过，近年来美、英、法、德、日等主要发达国家以及包括中国在内的广大发展中国家都对资本利得按与经营利润相同的税率征税。由于税率拉平了，人们一般也不再称其为资本利得税。

征收所得税的国家一般都要对来源于本国的资本利得征税。例如，《企业所得税法》第二章"应纳税所得额"中列举出的应纳税收入就包括转让财产收入。《企业所得税法》第三条第三款规定："非居民企业在中国境内未设立机构、场所的，或者虽设立机构、场所但取得的所得与其所设机构、场所没有实际联系的，应当就其来源于中国境内的所得缴纳企业所得税。"《企业所得税法实施条

---

① 对资本利得使用较低的税率征税主要是因为资产的价值是波动的，有时可能会贬值，从而给持有人造成资本损失。所以，为了鼓励风险承担，有的国家对资本利得按较低的税率征税，而对经营利润和股息、红利等按正常税率征税。另外，大多数国家将资本利得纳入一般所得税的征税范围，但也有少数国家专门设立对资本利得征收的税种。

例》第七条对来源于中国境内、境外的所得做出了明确规定，其中"转让财产所得，不动产转让所得按照不动产所在地确定，动产转让所得按照转让动产的企业或者机构、场所所在地确定，权益性投资资产转让所得按照被投资企业所在地确定"。也就是说，按照《企业所得税法》的相关规定，一家外国企业直接持有我国境内的财产并将其转让（这种情况称为"直接转让"），取得的财产转让所得（资本利得）需要缴纳我国的企业所得税（税率为 10%）。如果外国企业不直接持有我国境内的财产，而是通过境外的另一家企业间接持有我国境内的财产，那么其转让境外另一家企业的股权，就不属于转让我国境内的财产，而是一种离岸间接转让，按照我国的税法，它就不需要缴纳我国的企业所得税。

国际税收协定对转让财产的资本利得由哪个国家征税也做了规定，比如关于不动产转让产生的财产收益或资本利得由哪国征税，OECD 和联合国的《税收协定范本》第 13 条"资本利得"中都规定：一缔约国居民转让位于另一缔约国的不动产取得的资本利得，可由另一缔约国对其征税。但就股权转让所得而言，两个税收协定范本则有不同的规定。《经合组织范本》规定，一缔约国居民取得的资本利得来自转让股份或与股份类似的利益（如合伙企业或信托中的利益），如果在转让前的 365 天中的任何时间，这些股份或利益的价值 50% 以上直接或间接来源于位于另一缔约国的不动产，则可以由另一缔约国对该资本利得征税，否则由转让者所在的缔约国对其征税。这里提到的"间接来源于"实际上就是指间接转让股权的情况。例如，甲国 A 企业持有乙国 B 企业的股权，乙国 B 企业又拥有丙国境内的不动产或持有丙国 C 企业的股权，而 C 企业的价值 50% 以上来自其在 C 国拥有的不动产。此时，如果甲国与丙国签订有税收协定，那么甲国 A 企业转让乙国 B 企业的股权所取得的财产转让所得就应当由丙国对其征税。如果不属于上述情况，那么甲国 A 企业转让乙国 B 企业的股权，丙国就无权对这笔股权转让所得征税。《联合国范本》对转让股权或利益所产生的资本利得由哪国征税又附加了另一种情况，即一缔约国居民转让另一缔约国公司的股权或可比利益，如果转让前的 365 天中的任何时候直接或间接持有被转让公司或实体至少 X％（缔约双方谈判确定的比例）的资本（capital），则这笔转让的资本利得可以在另一缔约国征税，但这条规定并不涉及跨国间接转让股权的问题。在现实中，并不是所有的双边税收协定都有上述涉及不动产的间接转让条款；据统计，其在全世界国际税收协定的总数中也只占 35％。① 在我国对外签订的双边税收协定中，与泰国、波兰、澳大利亚、孟加拉国等国签订的协定中就没有"转让一个公司财产股份的股票取得的收益，该公司的财产又主要直接或者间接由位于缔约国一方的不动产组成，可以在该缔约国一方征税"的条款。

从上述国内税法和税收协定的规定来看，**如果跨国公司直接持有我国境内企业或实体的股权或利益，一旦要将这些股权或利益转让出去，其取得的财产收益（资本利得）就有可能在我国缴纳企业所得税（预提所得税），而规避这种纳税义务的办法就是离岸间接转让（OIT）财产，即转让者与财产不在同一个国家，而且两者之间至少有一个中介性的实体。**也就是说，外国转让者间接持有并间接转让我国居民企业或者实体的股权或利益，借以规避我国对财产转让所得课征的预提所得税。特别地，即使别的国家与我国签订了

---

① IMF, etc. , *The Taxation of Offshore Indirect Transfers : A Toolkit* , 2017 - 12 - 10.

税收协定，但一旦按税收协定的要求从我国取得的财产转让所得需要缴纳我国的预提所得税，税收协定是不能提供优惠税率的，一律要按照 10% 的税率缴纳，这与股息、利息、特许权使用费等所得的协定税率可能降到 5% 及以下有所不同。[①] 下面举个间接转让的例子加以说明。

在图 5-1 中，如果 P 国的 P1 公司直接持有 L 国 A 公司的股权（资产），一旦 P1 公司决定将 A 公司的股权（资产）转让给 P2 公司，则差价部分（资本利得）就要在 L 国缴纳所得税。特别地，

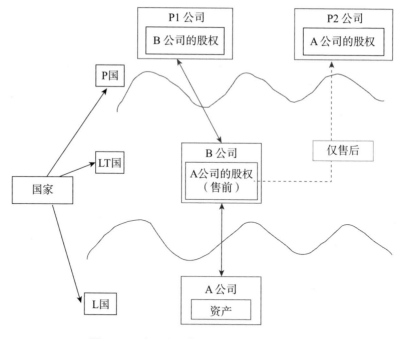

图 5-1 跨国公司离岸间接转让资产示意图

---

① 我国与格鲁吉亚签订的税收协定规定，如果股息的受益所有人直接或间接拥有支付股息公司至少 50% 的股份，并在该公司投资超过 200 万欧元，则预提所得税率为 0。

如果 L 国的税负较高，则这笔财产转让的税收成本就会较高。如果 P1 公司先在税率较低或对资本利得不征税的 LT 国成立一家 B 公司，再由 B 公司持有 A 公司的股权（资产），此时的 P1 公司属于间接持有 A 公司的股权（资产）。一旦 P1 公司决定退出 L 国市场，其只需将 B 公司的股权转让给 P2 公司，资本利得就会在 LT 国实现，这样财产转让所得的税负就会大大减轻。当然，图 5-1 是离岸间接转让非居民企业财产最简单、最基本的例子，现实中的案例可能比这个要复杂，比如 P1 公司和 A 公司之间的中间层公司可能有两个或更多，但这些都属于离岸间接转让非居民企业的财产。显然，P1 公司的这种避税安排会严重损害 L 国的税收利益，L 国有权进行反避税。

5.1.2　离岸间接转让财产的国际避税案例①

1. 英国沃达丰集团避税案

英国沃达丰集团避税案是离岸间接转让财产的国际著名案例，它引起了国际税收界的广泛关注。香港和记电讯国际有限公司（HTIL）通过开曼群岛的子公司 CGP 持有印度和记爱莎（HEL）公司 67% 的股权。2007 年 5 月，香港和记电讯国际有限公司（HTIL）将其子公司 CGP 的股权转让给了英国沃达丰（Vodafone）集团（世界上最大的移动通信网络公司之一）设在荷兰的子公司（BV），转让价格约为 111 亿美元。CGP 公司所在的开曼群岛不征收所得税和资本利得税，但印度税务局根据印度所得税法第 9 节

---

① Oxfam，Capital Gains Taxes and Offshore Indirect Transfers，Oxfam International，July 2020.

（1）（i）款中的规定，要求股权收购方沃达丰荷兰子公司 BV 代扣代缴资本利得税，其理由是：虽然 HTIL 转让的是开曼公司 CGP 的股权，但 CGP 持有印度和记爱莎（HEL）公司 67％的股权，所以其目的是转让印度公司的股权。根据印度税法的规定，如果一笔所得涉及印度的财产或控制权转让发生在印度，则这笔资本利得属于印度来源的所得，印度有权对其征税；此外，按照印度的规定，这笔税款要由股权收购方通过预提所得税的形式替股权转让方（HTIL）代扣代缴。然而，沃达丰集团并不同意印度的观点，它认为这笔交易不涉及印度资产的直接转移，而且股权转让交易发生在荷兰和中国香港公司之间，并不在印度的管辖权范围内，所以印度对这笔资本利得没有征税权。此后，征纳双方进行了很多次较量，最后沃达丰集团将印度税务局告上了印度最高法院。2012 年，印度最高法院做出了有利于沃达丰集团的判决，认为印度税务局并没有对非居民公司之间海外交易征税的管辖权。但在印度最高法院判决后不久，印度议会通过了财政法修正案。该法案规定，如果满足以下条件，股权转让交易的所得可以在印度征税：①股权转让发生在印度以外；②股权的价值主要来自位于印度的资产。这个财政法修正案奠定了印度对离岸间接转让财产反避税的制度基础，但它引起的最大争议是这个新的反避税条款可以追溯使用到 1962 年以后发生的交易。在 2013 年再次收到印度税务局的缴税通知后，沃达丰集团于 2014 年 4 月根据印度-荷兰双边投资协定对这个可追溯的法规向海牙常设仲裁法院提出仲裁。2017 年，沃达丰集团又依据印度和英国的双边投资协定发起了第二次仲裁程序。印度政府也采取了各种方式要求国内法院阻止沃达丰集团的仲裁请求，从而引发了新一轮司法争议。印度税务局官员认为，税收问题并不在双边投资协定的范围内，所以不能通过仲裁来解决；此外，印度也不接受可能的仲裁令，因为如果仲裁令否决了纳税人的纳税义务，那就等于对印度的税收管辖权提出了质疑。2020 年 9 月，海牙国际法院做出裁决，宣布印度要求沃达丰集团支付预提所得税以及利息和罚款（共计约 37.9 亿美元，其中税款为 20 亿美元）违反了印度和荷兰之间的双边投资协定，同时也违反了印度的国际法义务，并要求印度政府向沃达丰集团支付 547 万美元作为法律费用的补偿。但是，印度政府不同意海牙国际法院的裁决，又向位于新加坡的国际商事法院（SICC）提起了诉讼。2021 年 9 月，该法院根据荷兰与印度之间的双边投资协定做出暂停诉讼的决定，并提出最早在 2022 年 1 月以后再审理此案。在双方僵持不下的情况下，印度政府在 2021 年 8 月修改了法律，规定 2012 年 5 月 28 日之前发生的间接转让印度资产的交易不需要缴纳印度的税收。这项对追溯征税条款的修改可以使英国凯恩能源（Cairn Energy）等 15 家外国公司解决因追溯征税规定而与印度政府发生的税收争议。2021 年 10 月，印度政府向沃达丰集团提出一项新的有利于争议解决的规则：印度政府将退回沃达丰集团已缴纳的部分税款并撤回各项诉讼和仲裁请求；而沃达丰集团也必须承诺撤回全部诉讼，并放弃各种损害、利息和诉讼费用的补偿要求。随后，沃达丰集团在 45 天的时限内提出了采用这项争议解决规则的申请，从此印度政府与英国沃达丰集团的税收争议基本得到平息。纵观英国沃达丰集团避税案的发展，实际上印度政府采取了一种折中的解决办法：一方面坚持对离岸间接转让印度境内财产的资本利得征税，另一方面取消了追溯征税的决定。

2. 澳大利亚帕拉丁能源公司避税案

澳大利亚铀矿公司帕拉丁能源（Paladin Energy）在 2012 年从

澳大利亚阿兹太克资源公司（Aztec Resources Ltd.）购买了位于纳米比亚的海因里希铀矿，这个铀矿的开采许可权由纳米比亚的海因里希铀有限公司持有，而澳大利亚帕拉丁能源公司通过毛里求斯的子公司——海因里希毛里求斯（LHMHL）持有纳米比亚海因里希铀有限公司的股权。2014年，帕拉丁能源公司将其持有的海因里希毛里求斯（LHMHL）25%的股权以1.73亿美元的价格转让给了中国核工业集团（CNNC），取得5 800万美元的财产转让所得。由于2011年纳米比亚修改了所得税法，对出售持有纳米比亚矿产开采权公司的股权要征收资本利得税，但所得税法并没有明确股权在哪里转让才需要征收资本利得税；资本利得税的税率在2011年为34%，2014年降为33%。对于帕拉丁能源公司出售海因里希毛里求斯（LHMHL）公司股权所取得的5 800万美元资本利得，纳米比亚税务局要求其缴纳1 914万美元（＝5 800×33%）的资本利得税。但澳大利亚帕拉丁能源公司认为自己并没有直接转让纳米比亚的采矿权，也没有转让持有纳米比亚采矿权公司的股权，交易发生的地点也不在纳米比亚境内，根据纳米比亚所得税法并不构成应税交易，不应当缴纳资本利得税。特别是根据纳米比亚与毛里求斯签订的双边税收协定，在本案例的情况下，资本利得税的征税权也没有分配给纳米比亚，毛里求斯也不征收任何资本利得税，所以帕拉丁能源公司认为自己不应就这笔股权转让交易缴纳任何税收。对于本案，目前纳米比亚财政部还在进一步调查之中。

3. 英国英联投资公司避税案

2005年，英国私募股权基金英联投资（Actis）开始管理乌干达送电公司（ULTD）。英联投资原来是英国政府投资成立的一家企业，但2012年转制成为一家私人企业。英联投资并不直接持有乌干达送电公司的股权，而是通过百慕大的一家子公司（UHOL）管理控制乌干达的 ULTD。随后，UHOL 又迁移到了毛里求斯。2012年 11 月，毛里求斯 UHOL 所持的乌干达 ULTD 的股票在乌干达证券交易市场上的价格上涨了 39%，增值了大约 6 500 万美元。2014年，毛里求斯 UHOL 将持有的 45.7% 的 ULTD 股票出售，取得资本利得 1.29 亿美元。英联投资并没有直接持有乌干达 ULTD 的股权，所以这 1.29 亿美元的资本利得被认为发生在毛里求斯，但根据毛里求斯与乌干达签订的双边税收协定，转让财产取得的资本利得应当仅在转让者为其居民的缔约国征税，在这里就是毛里求斯。但毛里求斯对资本利得征税的税率为 0，所以英联投资通过这种公司架构取得的这 1.29 亿美元的资本利得可以不缴纳任何税收。如果这笔资本利得由乌干达政府征税，税率为 30%，则可以为乌干达政府带来3 870 万美元的税收收入，约等于乌干达政府卫生支出的 6%。对于这起避税事件，乌干达税务部门开始并不知晓，是由乌干达《观察者报》（*The Observer*）和英国的《未披露的融资》杂志（*Finance Uncovered*）联合调查后发现的，后来引起了乌干达财政部的关注。

4. 英国康菲公司避税案

康菲石油公司（CP）是一家美国跨国石油公司，在世界各国都有子公司。2012 年，康菲石油公司在英国的子公司（CPUK）将其持有的两家英国子公司 Gama 和 Cuu Long 的股权出售给了法国石油公司佩朗科（Perenco）设在英国的佩朗科海外控股公司。Gama 公司和Cuu Long 公司在越南持有康菲石油公司大量的石油利益。佩朗科海外控股公司收购 Gama 公司和 Cuu Long 公司的价格为 13 亿美元，英国康菲石油公司从中获得了 8.96 亿美元的资本利得。通过这笔股权的离岸间接转让，越南资产从英国康菲石油公司转让给了法国佩朗科石油公司，但并没有给越南带来资本利得税。根据英国的大规模持股免税（SSE）的规定，如果一家英国公司（trading company）转让子公司的股权（要求持股比例至少达到10％），其取得的财产转让所得（资本利得）可以免于缴纳英国的所得税。英国康菲石油公司和法国佩朗科石油公司都认为，股权转让发生在两家英国居民公司之间，而且转让的两家目标公司也是英国居民公司，所以这笔8.96亿美元的资本利得不应该在越南纳税。越南在2015年修改税法，明确规定外国公司从资本转让中取得的收益，只要资本的底层价值（underlying value）来自越南的资产，无论转让地点是否在越南境内，越南都有权对其征税。但这条新的法规并没有追溯力，不能适用于2012年发生的英国康菲石油公司与佩朗科石油公司之间的股权转让。不过，越南税务部门希望根据越南与英国签订的双边税收协定来对这笔资本利得征税，而越南没有专门的资本利得税制度，所以股权转让者和被转让者都可能被要求按财产转让所得缴纳20％的所得税。但欧盟-越南投资保护协议规定，欧盟公司可以选择到越南以外通过仲裁来解决与越南政府之间的纠纷，所以2017年11月英国康菲石油公司与法国佩朗科石油公司向联合国仲裁法院提起预防性仲裁案，阻止越南政府对这笔股权转让征收资本利得税。目前，此案还没有结论。

5.2　我国对跨国公司间接转让中国居民企业财产的反避税措施

5.2.1　从"698号文"谈起

在改革开放以后，我国吸引的外商直接投资不断增加，2022

年实际利用外商直接投资金额已达 1 891.3 亿美元。那么，哪些国家和地区的企业对华直接投资最多呢？商务部的《中国外资统计公报 2021》中的数字显示，2020 年我国香港地区和新加坡是两个最主要的投资来源地，分别占我国实际利用外资金额的 70.8％和 5.1％；英属维尔京群岛名列第三，占 3.5％；至于发达国家，比如日本、荷兰、美国、德国、英国直接对华投资所占的比例分别仅占 2.3％、1.7％、1.5％、0.9％、0.7％。2020 年中国香港地区的 GDP 仅为 3 466 亿美元，当年对内地的投资为 1 057.9 亿美元。显然，这背后有很多发达国家的企业通过中国香港地区"绕道"来内地进行直接投资。也就是说，其他国家的跨国企业首先在我国香港地区设立子公司，然后再通过该香港子公司持有我国内地企业的股权，即间接持有中国居民企业股权。其之所以要费尽周折"绕道"来我国投资，主要就是为了在退出我国市场时进行前文所说的离岸间接转让财产，从中规避我国的预提所得税。

在 2008 年我国现行《企业所得税法》实施以前，我国反避税的法规和措施都不健全，对于跨国公司间接转让我国企业股权的避税行为，由于无法可依，最后只能不了了之，任其自由泛滥。例如，互联网上就有这么一个案例：2006 年，某省税务机关接到纳税人举报，称 K 公司设在英属维尔京群岛（British Virgin Islands，BVI）的子公司转让香港一公司的股权，实质上是转让该省会城市某房地产公司的土地使用权。举报人称，K 公司为了完成这一交易，先在 BVI 建立了一个子公司 A 公司，A 公司又在香港地区建立了一个全资子公司 B 公司，B 公司属于 1 港元注册公司。B 公司在该省会城市成立了一个全资子公司 M 公司，其性质为外商投资企业。M 公司的实际资产只有一块地的土地使用权。M 公司出售该土地使用权是以 A 公司出售 B 公司股权的形式来操作的。① 由于该举报人提供的信息完善，加上 2006 年开始执行的新公司法引入了"刺穿公司面纱"这项制度安排，即当公司股东滥用公司有限责任规避法律责任、损害其他股东和债权人的利益时，法官可以针对具体的情形适用刺穿公司面纱、否定公司的法人人格、要求公司的控股股东或者董事及经理承担赔偿责任。此外，从国际税收来看，在执行中也广泛应用了"透视原则"。因此，该税务机关认为：A 公司出售 B 公司的股权，其实质就是出售内地的 M 公司资产，进而运用"透视原则"确定 A 公司要缴纳 7 900 万元所得税。然而，接到《税务处理决定书》的 A 公司不服，继而提起行政复议，并认为无论是"刺穿公司面纱"还是"透视原则"，都是理论层面的内容，中国在这方面并无实质性政策规定，不能用理论来执法。此后，该省税务机关请示国家税务总局后也认为，尽管利用"BVI—香港—中国内地"避税的情况比较常见，但在当时的税制情形下，对这种行为的处理没有明确的法律依据。最终该案以税务机关撤销《税务处理决定书》而告终。

2008 年我国实施了新的《企业所得税法》，其中第四十七条规定："企业实施其他不具有合理商业目的的安排而减少其应纳税收入或者所得额的，税务机关有权按照合理方法调整。"一般认为，这条规定属于一般反避税法规，是反避税的兜底性条款。2009 年，重庆市国税局就利用该条款成功地对非居民企业间接转让中国居民企业的股权进行了反避税。该案例的大致情况如下：新加坡 A 公

---

① 香港 B 公司是某省会 M 公司的全资母公司，M 公司股权对应的是土地使用权，从穿透的角度看，BVI 的 A 公司出售香港 B 公司的股权实质上是转让了这块土地的使用权，属于间接转让中国居民企业的财产。

司为了间接持有重庆 C 公司 31.6％的股权，花 100 新元在新加坡注册成立了 B 公司；B 公司通过融资筹集到资金后投资重庆 C 公司，持有重庆 C 公司 31.6％的股权，其职能除了持有重庆 C 公司的股权外不从事任何经营活动。2008 年 5 月，新加坡 A 公司将其持有的新加坡 B 公司的股权转让给了中国的 D 公司，取得一笔财产转让所得。D 公司在向重庆市国税局申请跨境业务对外付汇时引起了重庆市国税局对这笔间接转让中国居民企业股权交易的注意。重庆市国税局认为这笔间接转让股权的交易有几大疑点：一是新加坡 B 公司的注册资本金仅为 100 新元；二是新加坡 B 公司除了持有重庆 C 公司股权以外没有任何经营活动；三是新加坡 A 公司转让新加坡 B 公司的股权发生在新加坡 B 公司持有重庆 C 公司股权后的 12 个月以内。根据这些疑点，重庆市国税局认为，新加坡 A 公司表面上是转让新加坡 B 公司的股权，但实质上是在间接转让重庆 C 公司 31.6％的股权。因此，新加坡 A 公司搭建的持股架构并没有合理商业目的，新加坡 B 公司纯属"壳"公司，我国税务机关完全可以依据《企业所得税法》第四十七条进行反避税，对新加坡 A 公司取得的股权转让所得征收 10％的预提所得税。在事实和我国的法律面前，新加坡 A 公司最终向重庆市国税局缴纳了 96 万元预提所得税。

　　上述新加坡公司间接转让我国居民企业股权的避税案例也引起了国家税务总局的高度关注。2009 年 12 月，《国家税务总局关于加强非居民企业股权转让所得企业所得税管理的通知》（国税函〔2009〕698 号）①的第六条明确规定："境外投资方（实际控制方）

通过滥用组织形式等安排间接转让中国居民企业股权，且不具有合理的商业目的，规避企业所得税纳税义务的，主管税务机关层报税务总局审核后可以按照经济实质对该股权转让交易重新定性，否定被用作税收安排的境外控股公司的存在。"虽然国税函〔2009〕698号文（以下简称"698号文"）于2009年12月颁发，但它从2008年1月1日起执行。此后，我国税务机关参照698号文的精神对非居民企业间接转让中国居民企业股权的行为进行了大量反避税调查和补税，基本震慑住了境外跨国企业利用间接转让股权在我国的避税行为。下面举几个《中国税务报》上刊登的真实案例。

1. 扬州案例①

扬州某公司是由江都一个民营企业与外国一家投资集团合资成立的。其中，该投资集团通过其香港全资子公司持有扬州某公司49％的股权。2009年初，江都市国税局获悉，外方投资者可能进行股权转让，在推测的数种方案中，最大的可能就是间接转让，即境外控制方某投资集团整体转让香港公司来间接转让扬州公司股权。对于间接转让，因其超越国内税收管辖权，国内并无对其征税的相关税收法律法规。

江都市国税局及时向上级反映，江苏省、扬州市国税局国际税收管理部门对此高度重视：一方面，积极调研并主动向国家税务总局提出对间接转让股权进行规范的政策建议；另一方面，组成省、市、县联合专家小组，跟踪分析该企业的股权转让行为。

2009年12月10日，国家税务总局发布了国税函〔2009〕698号文，该文件在对非居民股权转让所得的税务问题进行规定的同时，赋

①　徐云翔，赵军，宋雁. 最大单笔间接转让股权非居民税款入库. 中国税务报，2010－06－09.

予在一定条件下间接转让我国居民企业股权的境外投资方（实际控制方）向中国税务当局提交资料的义务。对于间接转让行为，经国家税务总局审核后可以按照经济实质对股权转让交易重新定性，否定被用作税收安排的境外控股公司的存在。国税函〔2009〕698 号文的发布，显示了中国税务机关已决心遏制外国投资者通过转让特殊目的公司来间接转让中国境内公司股权，从而逃避中国税收的行为，也使得对间接股权转让行为征税有了政策依据。

2010 年 1 月 14 日，江都市国税局得到信息，扬州公司外方股权转让在境外交易完毕，这种间接转让形式证实了江都市国税局最初的分析推测。在交易发生后，江都市国税局由分管局长带队与该跨国投资集团代表及其税务代理人进行首次谈判。该投资集团表示，该股权转让的购买方、交易均在境外，在中国不负有纳税义务。此后，联合专家小组进行了热烈的讨论，认为应依法争取国家税收权益，并决定下一步行动的重点是采集交易相关信息。在这一思路的指导下，2 月 1 日、2 月 9 日、3 月 2 日江都市国税局先后向间接转让交易的股权购买方公司、转让方投资公司发出税务文书，在几经周折后，取得了这笔股权转让交易的协议和相关资料。2010 年 2 月 16 日，江都市国税局收到了投资集团提交的 3 份文件。江都市国税局立即启动应急程序，联合专家小组投入运转，一方面核对英语翻译过来的购买协议，另一方面对购买协议及相关资料进行研读和分析，用以了解交易实情、查找判定依据。为了进一步扩大信息来源，克服信息来源单纯依赖投资集团的不利影响，江都市国税局还从交易购买方公司的美国母公司网站上查悉，2010 年 1 月 14 日该公司正式宣布收购扬州某公司 49％股份的交易已经完成。该新闻稿件详细介绍了扬州某公司的相关情况，却未提及香港公司，间接证明该公司购买香港公司只是形式，而交易的实质是为了购买扬州公司49％的股份。联合专家小组通过对购买协议及相关资料的深入分析、相互印证，逐渐厘清了香港公司"无雇员，无其他资产、负债，无其他投资，无其他经营业务"的经济实质。

2010年3月18日，国家税务总局国际税务管理司有关领导专程到江都市国税局，与江苏省局大企业和国际税收管理处、扬州市局、江都市局共同就上述股权转让事项进行了审核，并一致认定：这次股权转让尽管在形式上是转让香港公司股权，但在实质上是转让扬州某公司的外方股权，应在中国负有纳税义务，并予以征税。根据国家税务总局的审核结果，4月2日和21日江都市国税局向扬州某公司先后发出相关文书，通知其该股权转让交易在中国负有纳税义务，应申报纳税。

在经过数次艰难谈判、交涉后，4月29日江都市国税局收到了扬州某公司提交的非居民企业所得税申报表。5月18日上午，1.73亿元税款顺利缴入国库。

江苏省国税局的有关负责人表示，对该投资集团在境外间接转让香港公司股权征收非居民企业所得税，它的意义不仅在于捍卫了国家税收主权，而且将对那些在中国投资赚取高额利润，却企图利用特殊目的公司逃避我国税收的跨国公司产生较大的震撼。

2. 汕头案例①

2010年11月，汕头市国税局通过查阅互联网上公开的第三方信息获悉，香港某上市公司（香港H公司）透过其全资子公司维尔京W公司向外国某集团公司（外国P公司）的全资子公司维尔京A公司间接收购汕头市某公司（汕头S公司）100％的股本权益，

---

① 黄永，林燕娥，郑冬燕．依托信息，境外间接转让股权非居民所得税入库．中国税务报，2011－05－11．

涉及金额 8 000 万元人民币，而外国 P 公司是香港 H 公司的主要及控股股东。非居民企业之间的股权转让往往涉及国家税收权益大事，而且时机"稍纵即逝"，汕头市国税局立即组织税务人员进行调查核实。

与几个公司联系后，汕头市国税局要求相关境外公司报送该笔股权交易的协议和资料，同时从香港 H 公司的网站上了解这笔股权交易的报道和背景。在此期间，汕头市国税局了解到，汕头 S 公司成立于 2004 年 6 月。2008 年 2 月，香港 G 公司通过股权收购成为汕头 S 公司的唯一投资方，又经系列股权变更，形成了外国 P 公司通过其属下的 4 个逐层 100％控股的子公司、孙公司（即维尔京 A 公司、维尔京 AA 公司、维尔京 AAA 公司和香港 G 公司），间接拥有汕头 S 公司 100％股权的股权结构。2010 年 11 月，维尔京 W 公司与维尔京 A 公司签订协议，收购维尔京 AA 公司、维尔京 AAA 公司、香港 G 公司及汕头 S 公司的 100％股本权益。维尔京 W 公司于 2010 年 11 月和 12 月支付了股权转让价款。

经过审核、分析，汕头市国税局发现：维尔京 W 公司从维尔京 A 公司收购的资产是 4 个逐层 100％控股的公司股权，其中维尔京 AA 公司、维尔京 AAA 公司和香港 G 公司的所在国家（地区）均不对其居民的境外所得征收所得税；这 3 个公司均是境外控股公司，除了层层 100％控股，对外无其他投资；维尔京 AA 公司和维尔京 AAA 公司均是 2009 年 7 月才在维尔京群岛注册成立，企业不能提供证据证明其合理商业目的，因而存在被用作税收安排的嫌疑。根据"实质重于形式"原则，该局认为：上述股权交易的实质是维尔京 A 公司向维尔京 W 公司转让汕头 S 公司 100％的股权，出让方维尔京 A 公司在中国负有纳税义务，要求维尔京 A 公司就其本次股权转让收益在中国缴纳企业所得税。但维尔京 A 公司认为，本次股权交易是境外公司间转让另一境外公司的股权，买方、卖方、买卖标的物都是境外公司，交易过程和价款支付也均发生在境外；对汕头 S 公司而言，其投资方并没有发生变化，因而其不应在中国境内负有纳税义务。

针对外方提出的问题，2011 年 2 月汕头市国税局根据《企业所得税法》及其实施条例和《国家税务总局关于加强非居民企业股权转让所得企业所得税管理的通知》的有关规定指出：非居民企业通过滥用组织形式等安排间接转让中国居民企业股权且不具有合理的商业目的，规避企业所得税纳税义务的，税务机关可按照经济实质对该股权转让交易重新定性，否定被用作税收安排的境外控股公司的存在。上述股权交易的买卖标的物实际上就是汕头 S 公司的股权，卖方的股权转让所得来源于汕头 S 公司的所在地（即中国），因此中国对该所得依法享有征税权。

最终，维尔京 A 公司认同了汕头市国税局的观点。3 月 29 日，维尔京 W 公司以扣缴义务人的身份，委托汕头 S 公司向汕头市国税局报送了扣缴企业所得税报告表，并于 3 月 30 日从境外将 720 万元税款汇入中国国库待缴库税款专户。这是汕头市国税局征收的首笔采用境外直接汇款方式缴纳的税款。

3. 贵阳案例①

贵州省国税局经调查发现：2000 年，一家香港集团公司通过其在香港的子公司，以 1 美元投资在英属维尔京群岛注册了一个全资子公司，该子公司控股贵州省一家居民企业。同年，英属维尔京

---

① 陈华为，陈宇，颜红宇，朱鸿. 运用一般反避税条款进行非居民企业股权转让案件调查：贵州国税局成功跨境追缴税款 3 150 万元. 中国税务报，2011 - 07 - 18.

群岛子公司又在香港进行商业注册，登记为居民企业。2009 年，上述居民企业进行利润分配时，香港集团公司以对国内公司进行管理的实际管理机构在香港为由，申请享受了《内地和香港特别行政区关于对所得避免双重征税和防止偷漏税的安排》的优惠。2010 年 4 月，香港集团公司转让了英属维尔京群岛的子公司。该集团公司通过一系列复杂的注册投资策划运作，在非居民股息分配上，享受了税收优惠。在间接转让英属维尔京群岛"壳"公司时，又可以避免缴纳来源于中国的收入应缴纳的非居民企业所得税。

在该案的调查过程中，由于股权转让交易已经完成，同时股权出让方（非居民企业）不在中国境内，因而获取信息资料、与企业见面约谈均很困难。贵州省国税局调查人员经过多次电话沟通，反复宣传我国反避税工作开展的情况，终于争取到非居民企业外方代表从境外到贵阳进行谈判。与此同时，由于该案是非居民企业在境外通过控股公司间接将股权转让给第三方，因此本案的难点是：确认转让的实际标的是中国境内的居民企业，而境外控股公司只是"壳"公司。如果非居民企业取得的收入来源于中国境内，中国税务机关就有征税权；反之，中国税务机关就没有征税权。该企业明确提出，股权转让的来源是英属维尔京群岛的企业，中国国内合资企业的性质未变，中国税务机关无权征税。然而，我国税务机关通过调查发现，该非居民企业在英属维尔京群岛登记的同时，在香港也登记注册了一样名称的企业，并且在 2009 年进行外方股息分配，到税务机关申请享受上述优惠待遇时，出示的材料证明了境外投资方的实际管理机构在香港，而不是在英属维尔京群岛，旁证了英属维尔京群岛企业"壳"公司的实质。最终，该集团公司认可了我国税务机关的调查事实并补缴了税款。该香港集团公司财务总监感慨道："你们做得非常专业。"

4. 晋城案例①

2011年3月，山西省晋城市国税局在重点税源监控中发现，拥有山西能源公司56%股权的某（香港）有限公司（以下简称"香港公司"）被其母公司BVI公司以6.69亿美元整体转让给在香港注册的某煤业控股公司。据了解，山西能源公司是我国首家中外合作的大型煤炭企业，2000年5月由三方共同出资组建。在经过数次股权转让后，香港公司拥有其56%的股权（香港公司是BVI公司的全资子公司）。晋城市国税局在获知这一信息后高度重视，立即组织有关人员召开专题会议，研究讨论相关征管措施和对策，开始了近一年的艰难征收过程。

晋城市国税局的有关人士表示，BVI公司此次间接股权转让形成的非居民企业所得税数额高达4亿多元，是迄今为止山西省也是全国最大的单笔非居民企业间接股权转让所得税。由于此次股权转让的外方股东组织结构复杂，股权变动次数多且过程复杂，为了准确确定股权转让收入、成本扣除，如何加收滞纳金、罚款，以及如何用外汇缴纳税款等问题，晋城市国税局认真查阅了相关资料，多次深入山西能源公司了解股权转让的有关情况，掌握股东变化信息，同时向股权转让双方发出税务事项告知书，要求其依法提供相关资料。

2011年7月，受让方某煤业控股公司代表在进驻山西能源公司

① 王心，王跃峰. 全国最大单笔非居民间接股权转让所得税入库. 中国税务报，2012-04-06.

后，晋城市国税局在第一时间对其开展政策宣传，让其了解相关的协税义务和法律责任，并要求加强与股权转让方的沟通联系。在采取政策宣传、下发税务事项告知书等措施后，税务机关先后与 BVI 公司委托的京都会计师事务所、德勤会计师事务所及其转让方代表，就本次股权转让的收入、成本确定问题进行了数次沟通及谈判。在数次沟通及谈判未果的情况下，晋城市国税局与受让方某煤业控股公司积极协商，做好从未支付转让款中扣缴税款的准备工作。在多方努力下，境外非居民企业 BVI 公司终于认可了税务机关对股权转让的收入、成本确定方法，同意依法缴纳税款。

国家税务总局国际税务司的有关人士表示，受全球经济持续低迷的影响，非居民企业股东转让居民企业股权活动活跃，带动非居民企业所得税增长，并且单笔税款金额攀升。2010 年，就有两笔分别高达 6 亿元的直接股权转让企业所得税入库。间接股权转让比直接股权转让更隐蔽，相关政策不够具体，需要在实践中判断征税权，税务机关在征税过程中面临更大难度。各地税务机关加强了与商务、工商、外汇等部门的联系，及时掌握居民企业的股权变动情况和非居民企业的股权转让信息，并按照公允价格调整非居民企业平价或低价转让股权的价格。2010 年，全国共征收非居民企业间接转让股权企业所得税 10.4 亿元，比 2009 年增长 4 倍，其中日本某公司间接转让康师傅饮品（BVI）有限公司股权缴纳企业所得税 3.06 亿元。他表示，2011 年将规范纳税人跨境投资、经营、财产类所得的税源监控，继续完善非居民企业间接转让股权的所得税管理，深入开展对非居民企业取得股权转让所得、特许权使用费等项目的检查，防范税收流失。

5.2.2　7号公告

698 号文的发布，对震慑跨国公司利用非居民企业间接转让我国居民企业股权并规避预提所得税确实起到了一定的积极作用，但由于该文件只做了原则上的规定，对什么是滥用组织形式，特别是在什么情况下持股的组织形式不具有合理商业目的，都没有进行详细和明确的说明，所以税务机关在实际工作中并不好操作，以至于出现对间接转让我国居民企业股权一律进行补税的反避税扩大化的倾向。针对这种情况，2015 年 2 月发布的《国家税务总局关于非居民企业间接转让财产企业所得税若干问题的公告》（国家税务总局公告 2015 年第 7 号）对国税函〔2009〕698 号文进行了完善。国家税务总局公告 2015 年第 7 号（以下简称"7 号公告"）指出："非居民企业通过实施不具有合理商业目的的安排，间接转让中国居民企业股权等财产，规避企业所得税纳税义务的，应按照企业所得税法第四十七条的规定，重新定性该间接转让交易，确认为直接转让中国居民企业股权等财产。"这个条款与国税函〔2009〕698 号文的精神是一致的，**但 7 号公告对间接转让中国居民企业股权是否具有合理商业目的的判断标准进行了明确，以防止出现扩大化的问题。**

首先，7 号公告给出了判断跨国公司所搭建的持股架构是否具有合理商业目的时应考虑的具体因素。"判断合理商业目的，应整体考虑与间接转让中国应税财产交易相关的所有安排，结合实际情况综合分析以下相关因素：

（一）境外企业股权主要价值是否直接或间接来自中国应税财产。

（二）境外企业资产是否主要由直接或间接在中国境内的投资构成，或其取得的收入是否主要直接或间接来源于中国境内。

（三）境外企业及直接或间接持有中国应税财产的下属企业实际履行的功能和承担的风险是否能够证实企业架构具有经济实质。

（四）境外企业股东、业务模式及相关组织架构的存续时间。

（五）间接转让中国应税财产交易在境外应缴纳所得税情况。

（六）股权转让方间接投资、间接转让中国应税财产交易与直接投资、直接转让中国应税财产交易的可替代性。

（七）间接转让中国应税财产所得在中国可适用的税收协定或安排情况。

（八）其他相关因素。"

在判断合理商业目的时，并不要求上述因素同时具备，但符合的上述因素越多，越说明跨国企业的持股架构不具有合理的商业目的。

为了便于人们排除那些真正具有合理商业目的的持股架构，7 号公告还提供了一份具有合理商业目的条件的"白名单"，即"间接转让中国应税财产同时符合以下条件的，应认定为具有合理商业目的：

（一）交易双方的股权关系具有下列情形之一：

1. 股权转让方直接或间接拥有股权受让方 80％以上的股权。

2. 股权受让方直接或间接拥有股权转让方 80％以上的股权。

3. 股权转让方和股权受让方被同一方直接或间接拥有 80％以上的股权。

上述间接拥有的股权按照持股链中各企业的持股比例乘积计算。

（二）本次间接转让交易后可能再次发生的间接转让交易相比在未发生本次间接转让交易情况下的相同或类似间接转让交易，其中国所得税负担不会减少。

（三）股权受让方全部以本企业或与其具有控股关系的企业的股权（不含上市企业股权）支付股权交易对价。"

上述三个条件可以简单归纳为：①股权在公司集团内部的关联企业之间转让，但要求转让双方的持股比例达到80％；②本次转让不影响以后再次转让的中国税负；③股权受让方全部以股权（但不含上市公司股权）支付交易对价。**如果一笔股权交易同时满足上述三个条件，就可以认为该股权交易具有合理商业目的，无须对其进行反避税。**

7号公告还列出了一份"黑名单"，即间接转让中国居民企业股权的安排如果同时符合以下情形，则应直接认定为不具有合理商业目的：

"（一）境外企业股权75％以上价值直接或间接来自中国应税财产。

（二）间接转让中国应税财产交易发生前一年内任一时点，境外企业资产总额（不含现金）的90％以上直接或间接由在中国境内的投资构成，或间接转让中国应税财产交易发生前一年内，境外企业取得收入的90％以上直接或间接来源于中国境内。

（三）境外企业及直接或间接持有中国应税财产的下属企业虽在所在国家（地区）登记注册，以满足法律所要求的组织形式，但实际履行的功能及承担的风险有限，不足以证实其具有经济实质。

（四）间接转让中国应税财产交易在境外应缴所得税税负低于直接转让中国应税财产交易在中国的可能税负。"

此外，7号公告还就间接转让中国居民企业股权等财产需要补税的操作规程进行了说明，它要求间接转让中国应税财产的交易双方及被间接转让股权的中国居民企业要向主管税务机关报告股权转让事项，并提交相关资料；同时明确：一旦间接转让股权的行为被我国税务机关立案调查并调整，间接转让股权所得按照规定应缴纳我国企业所得税的，则对股权转让方直接负有支付相关款项义务的单位或者个人为这笔税款的扣缴义务人；扣缴义务人未扣缴或未足额扣缴应纳税款的，股权转让方应自纳税义务发生之日起 7 日内向我国主管税务机关申报缴纳税款，并提供与计算股权转让收益和税款相关的资料。扣缴义务人未扣缴且股权转让方未缴纳应纳税款的，主管税务机关可以按照《税收征管法》及其实施细则的相关规定追究扣缴义务人的责任；但扣缴义务人已在签订股权转让合同或协议之日起 30 日内按 7 号公告的要求提交资料的，可以减轻或免除责任。如果在规定的期限内扣缴义务人没有扣缴税款，而且股权转让方也没有申报缴纳税款，那么税务部门除追缴应纳税款外，还应按照《企业所得税法》的相关规定对股权转让方按日加收利息。在利率的确定方面，7 号公告规定：股权转让方自签订境外企业股权转让合同或协议之日起 30 日内提供了 7 号公告所要求资料的，按《企业所得税法实施条例》第一百二十二条规定的基准利率计算利息；未按规定提供资料的，按基准利率加 5 个百分点计算利息。

5.3 个人间接转让中国居民企业财产的反避税问题

前文分析了跨国企业间接转让中国居民企业财产的避税和反避税问题，其实，非居民个人也可以利用这种避税手段规避我国的个人所得税。《个人所得税法实施条例》第三条第四款规定：转让中国境内的不动产等财产或者在中国境内转让其他财产取得的所得属于来源于中国境内的所得。因此，非居民个人转让我国境内的财产（不动产或股权等）所取得的财产转让所得，也要向我国政府缴纳个人所得税。如果非居民个人不直接持有我国境内的财产，而是通过间接持有、间接转让我国境内的财产，是否需要缴纳我国的个人所得税？此前，由于《个人所得税法》中一直没有这方面的反避税条款，所以给税务部门进行相关的反避税工作带来了一定的困难。

1. 深圳案例①

某香港商人在香港注册了一家典型的"壳"公司，注册资本仅为1万港元。2000年，该公司作为投资方在深圳注册了一家法人企业，专门从事物流运输，同时置办了大量仓储设施。经过近10年的经营，该公司已经形成品牌企业，经营前景看好，而且由于房地产市场一直处于上升趋势，所以该公司的存量物业市场溢价很大。2010年，该香港商人在境外将香港公司转让给新加坡某公司，而深圳公司作为子公司一并转让，转让价格为2亿多元。对于该香港商人个人取得的转让收益是否征税，税、企之间存在很大分歧。经过反复调查和多次取证，深圳市地税局认为本案的转让标的为香港公司和深圳公司，标的物业为深圳公司的资产，转让价格的基础是深圳公司资产的市场估价。鉴于香港公司在香港并无实质性经营业务，其转让溢价大多源自深圳公司资产的增值。该交易在形式上是直接转让香港公司的股权，但在实质上是间接转让深圳公司的股权，存在重大避税嫌疑。经请示国家税务总局，决定对其追征税

---

① 2011年6月8日的《中国税务报》刊登了《历时半年，深圳地税局跨境追缴1 368万元税款》的文章，披露了该案例。

款。全国首例对非居民个人间接转让中国境内企业股权追征的 1 368 万元个人所得税在深圳市地税局入库，从而结束了长达半年的跨境税款追踪，实现了非居民个人在境外直接转让母公司股权、间接转让境内子公司股权征税个案的突破。

2. 北京海淀案例①

2014 年 10 月，两名中国居民到北京市海淀区地税局第五税务所办理境外企业股权转让个人所得税缴纳业务。按照相关规程，该业务需要办理待解缴入库手续。为确保税款计算准确，出于谨慎起见，海淀区地税局国际税务管理科要求纳税人提供股权转让合同。然而，两名纳税人以各种理由推诿，仅提供了一份合同摘要。这份摘要中的"土地出让金"一词引起了税务人员的注意：该交易转让的是境外企业股权，但从合同内容看，交易定价约定的事项为何属于境内事项？

税务人员马上要求两名纳税人提供全套交易合同。该合同显示：2014 年 8 月，加拿大籍华人 L 与 H 公司（注册于英属维尔京群岛）以及中国居民李某、王某四方共同签署了《Z 公司整体股权转让协议》，将共同持有的 Z 公司（注册于开曼群岛）100％股权转让给注册于开曼群岛的 M 公司。加籍华人 L、H 公司、李某和王某在 Z 公司中所占的股权分别为 58％、30％、10％、2％，这项交易最终的转让价格为 4.1 亿元人民币。在该交易中被转让的 Z 公司拥有的唯一子公司是其 100％控股的境内企业 F 公司，而 F 公司拥有位于北京市海淀区的一栋写字楼 A 大厦，A 大厦是此次交易的

① 2015 年 9 月 22 日的《中国税务报》刊登了《海淀地税局追征境外企业股权交易税款》的文章，披露了该案例。

核心资产，合同中将近 90％ 的篇幅都是关于 F 公司和 A 大厦相关事项的约定。

如果认定 Z 公司是"壳"公司，那么境外注册的 H 公司的股权转让实质就是转让中国居民企业的股权，同样负有在我国纳税的义务。在对已掌握信息进行综合分析的基础上，海淀区地税局人员针对不同的交易方分别确定了工作方案：①确保两个中国籍居民应缴纳的个人所得税全额入库。②交易方之一的境外 H 公司存在明显的避税问题，但需要根据管辖权将其相关信息移交海淀区国税局。③加拿大籍华人 L 持有 Z 公司 58％ 的股权，是这项交易的最大获益方，并且具有重大避税嫌疑，需要对其实施调查。

做足准备工作后，在获知加拿大籍人员 L 入境后，海淀区地税局向 L 送达了《税务事项告知书》。在法律依据方面，税务机关引用了《国家税务总局关于非居民个人股权转让相关政策的批复》（国税函〔2011〕14 号）的规定。随后，税务人员与 L 委托的某著名执业机构人员进行了多轮约谈。经过近 9 个月的交涉，加拿大籍人员 L 最终同意就其来源于我国境内的所得补缴税款 4 651 万元。北京市海淀区国税局接到地税机关传送的注册于英属维尔京群岛的 H 公司信息，以及此次股权交易的相关资料后，迅速与该企业取得联系，调查核实相关情况。H 公司表示积极配合税务机关，并提供了相关资料。依据国税函〔2009〕698 号文，海淀区国税局确定境外注册的 H 公司需补缴税款 1 215 万元；经过约谈，该公司补缴了税款。至此，这项股权交易的应纳税款 6 853 万元全部缴纳入库。

在上述两个案例中，虽然税务机关都比较顺利地实现了补征税款，但当时各方对此的争议也比较大，主要原因是在《个人所得税法》中没有相关的法律依据。换句话说，当时《个人所得税法》在反避税方面还存在一些空白，给税务机关办案造成了一定的困难。2018 年修订的《个人所得税法》第八条加进了一些反避税条款，其中第三款规定：如果个人实施其他不具有合理商业目的的安排而获取不当税收利益，税务机关有权按照合理方法进行纳税调整。该条款实际上相当于《企业所得税法》第四十七条，属于反避税的兜底性条款或一般反避税规则。根据这个条款，税务机关就可以对非居民个人间接转让我国境内的财产进行反避税。

5.4 《联合国税收协定范本》第 13 条的修改内容

1980 年联合国首次发布《联合国税收协定范本》，而后在 2001 年、2011 年和 2017 年又对该范本进行了修订，最近一次修订是在 2021 年。《联合国税收协定范本（2021）》应广大发展中国家的要求重点强调了两个问题：一是对自动数字服务的征税问题；二是对"离岸间接转让"收益的征税问题。2021 年的范本在第 13 条"资本收益"（capital gains）中增加了第 6 款和第 7 款，针对的就是离岸间接转让财产取得的收益。

第 6 款规定："一个缔约国居民因转让另一缔约国法律许可的权利，而该项权利允许其使用位于另一缔约国并受另一缔约国管辖的资源所取得的收益，应在另一缔约国被征税。"

第 7 款规定："根据第 4 款和第 5 款的规定，一个缔约国居民因转让一个公司的股份或一个实体的可比利益（如合伙企业或信托基金中的份额）而取得的收益，在如下条件下应由另一缔约国对其征税：

（1）转让者在转让之前的任何 365 天内直接或间接持有该公司或实体的资本至少为［　　］%（具体比例由双方谈判确定）。

（2）在转让前 365 天内的任何时点，这些股份或可比利益的价值 50% 以上直接或间接地来自：①一笔财产，该财产带来的收益如果是由最先提到的缔约国居民从转让该财产取得的，根据本条以前各款的规定，则应当在另一缔约国纳税；②上述①中提到的财产组合。"

上述第 7 款实际上满足了广大的发展中国家要求对非居民企业离岸间接转让本国企业股权所取得的收益征税的要求。根据第 7 款，A 国的居民企业（跨国公司）转让本国或境外（B 国）企业的股权或可比利益所取得的收益，如果这些股权或可比利益的价值 50% 以上来自 C 国的财产，而根据第 13 条的其他款项，C 国有权对其直接转让的收益进行征税，则 C 国就有权对这笔间接转让所取得的收益征税。

《联合国税收协定范本（2021）注释》还给出了一个例子。假定 A 国的居民公司 A 持有 B 国居民公司 B 的 30% 股份，而 B 公司股份的全部价值为 100。在整个相关时期内，B 公司没有负债，其拥有的资产为：银行存款 30，X 公司 30% 的股份，Y 公司 25% 的股份，Z 公司 15% 的股份。X 公司、Y 公司和 Z 公司都是 C 国的居民公司，而且每个公司的股份总价值都为 100。A 国和 C 国按照《联合国税收协定范本（2021）》签订了税收协定，协定中第 13 条第 7 款第（1）项中规定的持股比例为 20%。此后，A 公司转让了一部分其持有的 B 公司股权，这笔转让交易满足第 7 款第（1）项，即 A 公司持有 B 公司 30% 的股份，超过了协定条款中 20% 的比例；此外，这笔交易也满足第 7 款第（2）项，即转让前 365 天中的任何时点，B 公司股份价值中的 50％以上（55％）来自一个财产组合（即 X 公司 30％的股份和 Y 公司 25％的股份），如果是 A 公司直接转让这两部分财产，其取得的转让收益根据第 13 条第 5 款的规定应当由 C 国对其征税。尽管 B 公司的银行存款和 Z 公司 15％的股份不符合第 7 款中的（2）①，但 B 公司的资产已经符合第 7 款中的（2）②，所以 A 公司转让 B 公司的股份满足了第 13 条第 7 款中的（1）、（2）两项，因而 C 国根据税收协定有权对 A 公司取得的股权转让所得征税。

目前，我国还没有按照《联合国税收协定范本（2021）》签订的双边税收协定。我国与卢旺达之间的税收协定是 2021 年 12 月 7 日签署的，但其中的第十四条"财产收益"条款并没有参照 2021 年的《联合国税收协定范本》。在此之前，我国签订的国际税收协定都没有规定在一定条件下我国对非居民企业离岸间接转让我国企业股权或财产所取得的收益有权征税，所以对这类避税行为，目前主要还是依赖国内税法，特别是其中的 7 号公告。

第6章

防止滥用税收协定

从 1899 年德国和奥地利签订第一个避免所得双重征税协定（以下简称"税收协定"）以来，全世界已有 3 000～4 000 个双边税收协定。**税收协定有一个重要的内容，就是限制股息、利息和特许权使用费等所得的来源国征收预提所得税的税率；也就是说，预提所得税的协定税率往往要低于国内税法确定的税率。**然而，很多国家国内税法确定的预提所得税税率非常高，如德国对股息征收 25％的预提所得税，法国对股息和特许权使用费征收 25％的预提所得税，美国对股息、利息、特许权使用费征收高达 30％的预提所得税。但根据税收协定，上述国家对协定国居民支付股息等所得征收的预提所得税税率都大为降低，有的甚至低至 0。在这种情况下，跨国公司滥用税收协定并从中避税的现象就越来越普遍，而国际社会也开始进行回应，推出相应的反避税措施。2015 年，OECD 包容性框架发布的应对 BEPS 的 15 项行动计划中的第 6 项就是"防止税收协定滥用"（prevention of tax treaty abuse），该报告为世界各国防范跨国纳税人滥用税收协定规避预提所得税提供了特定规则和政策建议。

6.1　什么是择协避税

税收协定的主要目的是避免对所得和财产跨国双重征税。根据《经合组织范本》和《联合国范本》，目前对股息、利息、特许权使用费等消极投资所得采取的避免双重征税办法是：所得来源国优先征收预提所得税，但税率要限制在一定水平（即较低的协定税率）；取得所得的跨国纳税人所在的居住国也有权对这笔所得征税，但为了避免双重征税，应该给纳税人办理外国税收抵免。目前，尽管世界上已有三四千个双边税收协定，但并不是所有国家之间都签订了税收协定。如果一国纳税人从另一国取得股息、利息、特许权使用费等所得，而这两个国家之间没有税收协定，则该纳税人就可能面临较高的预提所得税。此时，该纳税人就有可能选择一个与上述"另一国"签订有税收协定的国家，通过成为该国的税收居民，间接享受到上述"另一国"提供的预提所得税低税率优惠，这种行为就是"择协避税"（treaty shopping）。由此可见，**择协避税是指一个第三国居民为了规避某国的预提所得税，滥用该国与其他国家签订的税收协定，通过在其他国家设立居民公司的手段，将该居民公司作为"管道"公司（conduit company）间接获取税收利益的行为**。它是跨国纳税人滥用税收协定的具体方式。择协避税除了会使跨国纳税人"渔翁得利"，从而不正当地获取税收利益外，还会使两个协定国本来想给予对方国家居民的税收利益在无意中给予了一个第三国居民，从而破坏了两国之间的互惠原则，这样也会降低各国之间签订税收协定的意愿。

例 6-1

在图 6-1 中，一家英属维尔京群岛公司计划在我国投资设立子公司，但由于英属维尔京群岛是著名的国际避税地，我国一直没有与其签订税收协定，所以一旦英属维尔京群岛公司从我国取得股息、红利，就要负担我国 10% 的预提所得税。但内地与香港之间签订有税收安排，根据这个安排，如果香港企业在内地企业的持股达到 25%，则其取得的股息、红利可以享受 5% 的预提所得税税率。这样，英属维尔京群岛公司就可以先在香港设立一家控股公司并使其成为香港居民企业，然后再通过该香港控股公司持有内地企业的股权（持股比例至少为 25%）。由于 2023 年以前香港对公司所得税的征收实行地域管辖权，对本地居民公司来自境外的股息、红利所得不征收所得税，而且对向非居民支付的股息、红利也不征收预提所得税，因此外国投资者利用香港的"管道"公司对内地进行直接投资，就可以将中国预提所得税的税负降至 5%。

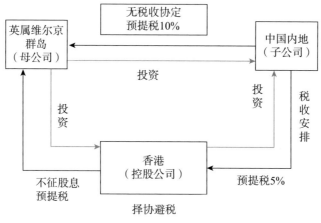

图 6-1　择协避税示意图

　　这就解释了为什么从 2008 年以后对华直接投资的第一位始终是香港，而且投资额都要占到我国吸收外商直接投资的 70% 以上。在 2008 年以前，我国对居民企业向非居民企业支付的股息、红利一般不征收预提所得税，所以在那个时期排在对华直接投资前几位的国家（地区）主要是英属维尔京群岛、开曼群岛、百慕大等国际避税地，香港并不在首位。2008 年，我国实施的《企业所得税法》开始对非居民企业从中国境内取得的股息、红利征收 10% 的预提所得税。这样一来，香港就成为外国投资者对华投资设立"管道"公司的最佳地区。除了比邻内地以及内地与香港的税收安排将预提所得税税率降为 5% 以外，实行单一地域管辖权（对境外来源的股息、红利不征税）以及对非居民支付股息不征收预提所得税也是外国投资者十分青睐香港并将其作为"管道"公司所在地的重要税收原因。

　　中国企业"走出去"其实也有一个择协避税的问题。目前，中国已经与 109 个国家签订了税收协定（其中，有 4 个协定仍未生效），如果中国企业走到没有与我国签订税收协定的国家，仍有可能面临较高的预提所得税。尽管我国国内税法①允许居民企业抵免其在境外负担的基础所得税和预提所得税，但由于有抵免限额的规定，因而我国居民企业负担的境外预提所得税未必能够被完全抵免，所以到与我国没有签订税收协定的国家进行投资有可能会增加税负。在这种情况下，择协避税对降低境外投资的税负就有比较重要的意义。

---

　　① 《财政部、国家税务总局关于企业境外所得税收抵免有关问题的通知》（财税〔2009〕125 号）和《财政部、税务总局关于完善企业境外所得税收抵免政策问题的通知》（财税〔2017〕84 号）对外国税收抵免制度做出了详细规定。

我国某企业"走出去"到非洲的莫桑比克进行投资。莫桑比克的公司所得税税率为32%，而且莫桑比克还没有跟我国签订税收协定，其对向我国居民企业支付的股息要征收20%的预提所得税。32%的基础所得税再加上20%的预提所得税，总税负高达45.6%，远超我国25%的抵免限额。该企业为了减轻税负，采取择协避税的方式，在阿拉伯联合酋长国（以下简称"阿联酋"）设立"管道"公司，并通过阿联酋"管道"公司间接持有莫桑比克企业的股权。由于莫桑比克与阿联酋之间有税收协定，该协定将莫桑比克的股息预提税税率降为0；阿联酋是国际避税地，其联邦政府不征收公司所得税（含预提所得税），地方政府基本上也没有所得税，而且即使征收预提所得税，我国与阿联酋签订的税收协定也将股息预提税的税率限定在7%以内。所以，如果我国企业要到莫桑比克投资，选择阿联酋作为"管道"公司所在国是比较有利的（见图6-2）。

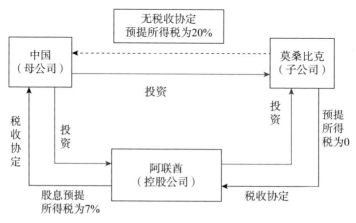

图 6-2　我国企业择协避税示意图

6.2　防范滥用税收协定的措施

从 20 世纪 70 年代起，国际社会就开始致力于抑制跨国公司的择协避税行为。例如，1977 年的《经合组织范本》在股息、利息、特许权使用费条款中就加进了"受益所有人"的概念；当年的《〈经合组织范本〉注释》在第一条的注释中也增加了"不适当地使用税收协定"一节。1986 年，经合组织财政事务委员会发布了两份报告，其中之一为《双重征税与使用管道公司》；2002 年，该委员会又发布了《限制获得协定利益的资格》的报告。2003 年，《〈经合组织范本〉注释》在协定第一条的注释中加进了一个样板条款，以供各成员用来对付择协避税行为。2014 年，经合组织在更新《经合组织范本》时，在第 10 条（股息）、第 11 条（利息）和第 12 条（特许权使用费）的注释中又对"受益所有人"的概念进行了新的说明，并允许经合组织通过审查、限制使用"受益所有人"的概念来应对各种择协避税行为。2015 年，经合组织在应对 BEPS 行动计划的第 6 项"防止税收协定滥用"行动计划中又提出了应对择协避税的一项最低标准。该行动计划认为，防止滥用税收协定是"应对 BEPS 最重要的方面之一"，因为滥用税收协定会使一个不该享受税收协定利益的第三方纳税人享受了协定签约双方相互提供的税收利益，从而使有关国家丧失一部分税收收入。该行动计划还指出：目前，税收协定中已存在一些规定，用以应对可能导致双重不征税的协定滥用情况，严格的反滥用条款加上国内税法中征税权的运用，在一些情况下对恢复来源地的课税会有很大帮助。针对跨国公司的择协避税行为，经合组织在应对 BEPS 的第 6 项行动计划中建议各国至少应按"最低标准"实行应对择协避税的措施。这些措施包括：一是在前言部分加进一项公开声明，表明签订协定的目的之一是防止逃避税行为（包括通过择协避税安排）造成的不征税或少征税；二是在三种反制择协避税的措施中选择至少一种。这三种反制择协避税措施包括：①合并采用"利益限制"（limitation-on-benefits，LOB）规则和"主要目的检验"（principal purposes test，PPT）规则。利益限制规则是指税收协定的利益只限于那些满足特定条件的企业才能取得。这些条件往往是基于法律性质、所有权以及企业的一般活动等制定的，其目的是要确保企业和居住国之间有充分的联系。主要目的检验规则是指，如果企业从事的交易或安排的主要目的之一是取得协定利益，那么协定的利益就不能让这些企业取得，除非已经确定给予这些企业的税收利益符合税收协定条款的目标和目的。②单独采用主要目的检验规则。③采用利益限制规则，同时辅以税收协定中没有采取的应对"管道"公司融资安排的一种机制。

另外，经合组织和联合国已经修订了税收协定范本，加进了特别反滥用规则、限制受益规则和基于主要交易目的的一般反滥用规则。通过实施这些规则，可以将税收协定提供的利益只给予那些符合某些条件的双方居民纳税人。例如，《经合组织范本》和《联合国范本》都增加了第 29 条"享受协定优惠的资格判定"（entitlement to benefits）。实践中，各国一般都选择同时使用以下多种方法，很少只局限于某种方法。

（1）排除法，即在协定中注明协定提供的税收优惠不适用于某一类纳税人，它实质上体现的是经合组织建议的利益限制规则。例如，1962 年美国与卢森堡签订的税收协定中就规定，在卢森堡注册成立的控股公司不属于该协定适用的纳税人。这样，第三国居民就不能借助在卢森堡成立的中介控股公司来享受美国的预提所得税优惠。又如，加拿大对外签订的一些税收协定中也规定，在巴巴多斯、塞浦路斯、以色列、科特迪瓦、牙买加和斯里兰卡注册成立的公司，如果可以在当地享受特别税收优惠，则不能得到加拿大根据税收协定提供的税收利益。除了美国和加拿大以外，澳大利亚、奥地利、比利时、塞浦路斯、丹麦、法国、德国、卢森堡、荷兰、西班牙、瑞典、英国等国也都使用排除法。总的来看，排除法限制受益的公司都是那些容易充当中介（管道）的公司。在使用这种方法时，税务部门并不需要具体核查被限制的公司是不是外国投资者为避税而建立的中介公司，只要某个公司不能排除其受限制的性质（如美卢协定中的卢森堡控股公司），就不能享受税收协定的利益。中捷（捷克）协定第二十一条"防止不正当适用规定"实际上也是排除法，它规定协定的利益不得给予本不应获得但意在获得协定利益的协定国公司。

（2）真实法，即规定不是出于真实的商业经营目的、只是单纯为了谋求税收协定优惠的纳税人，不得享受协定提供的税收优惠。这也是对经合组织在第 6 项行动计划中主张采用的主要目的检验规则的应用。例如，英国与荷兰签订的税收协定规定，如果债务和特许权交易只是纳税人为了利用协定而不是由于真正的商业原因而发生的，则该协定对利息、特许权使用费规定的预提所得税减免就对其不适用。英国与瑞士缔结的税收协定也规定，如果拥有股权只是为了取得本协定提供的税收利益而没有真实的商业原因，则凭借该股权得到的股息不能享受税收优惠。除英国外，澳大利亚、丹麦、荷兰、瑞典、瑞士、美国等国也采用真实法。

　　我国对外签订的一些税收协定也采用真实法来防止税收协定被滥用。例如，中国与新加坡、中国与芬兰签订的税收协定第十条都规定："如果据以支付股息的股份或其他权利的产生或分配，是由任何人以取得本条利益为主要目的或主要目的之一而安排的，则本条规定不适用。"另外，在上述协定中的第十一条"利息"和第十二条"特许权使用费"中也有类似的条款。

　　(3) 纳税义务法，即一个中介性质公司的所得如果在注册成立的国家没有纳税义务，则该公司不能享受税收协定的优惠。例如，比利时、法国、德国、意大利与瑞士缔结的税收协定就规定，由瑞士非居民大量控股的瑞士居民公司从缔约国另一方取得的利息、特许权使用费和资本利得只有公司在所在地有缴纳州所得税的义务，才能享受税收协定提供的优惠。此外，比利时与英国、加拿大与马来西亚、加拿大与新加坡、丹麦与瑞士、丹麦与英国、德国与英国、荷兰与新西兰、西班牙与德国签订的税收协定中也有纳税义务法的规定。

　　(4) 受益所有人法，即规定协定提供的税收优惠的最终受益人必须是真正的协定国居民，第三国居民不能借助在协定国成立的居民公司而从协定中受益。这里的"受益所有人"，是指可自由决定资本或资产是否可被使用或者资本的收益如何使用的人。《〈经合组织范本〉注释》将代理人等中介机构排除在受益所有人之外。例如，美国在1980年后对外缔结的税收协定或协定议定书中都有限定受益人条款，包括美国与澳大利亚、巴巴多斯、塞浦路斯、法国、意大利、加拿大、牙买加、新西兰等国签订的协定；美国在与我国签订的税收协定的备忘录中也有类似条款。例如，美国与塞浦路斯签订的税收协定规定，美国的税收优惠只给予下列企业：

①75％以上的股份由塞浦路斯居民个人所有；②企业的大部分股票在塞浦路斯证券市场上市；③企业的所得没有被大量支付给美国和塞浦路斯以外的第三国居民。除美国外，加拿大、丹麦、法国、意大利、荷兰、英国也采用受益所有人法。受益所有人法也是利益限制规则的一种应用。

我国对外签订的税收协定有的也有受益所有人限制条款。例如，中国和墨西哥税收协定议定书第六条"关于利益限制"规定：

"缔约国一方居民的人（不包括个人）在缔约国另一方不得享受本协定的税收优惠，除非：

（一）1. 其百分之五十以上的利益（如果是公司，每类股票的百分之五十以上）直接或间接由下列一人或多人单独或共同所有：（1）缔约国一方居民的个人；（2）本条第一款第（二）项所述公司；（3）缔约国一方、其行政区或地方当局。2. 涉及第十条（股息）、第十一条（利息）、第十二条（特许权使用费）规定的税收优惠时，其用于支付给非本条第（一）项第 1 目（1）至（3）所指的人的股息、利息、特许权使用费的数额低于其所得总额的百分之五十。

（二）其为缔约国一方居民公司，且其主要类别的股票经常并大量地在认可的证券交易所交易。"

2014 年修订并于 2017 年生效的中俄新税收协定也加进了"利益限制"条款。该协定第二十三条"利益限制"第一款规定："除本条另有规定外，缔约国一方居民从缔约国另一方取得所得，只有在该居民是第二款所定义的'合格的人'，并且符合本协定规定的享受协定待遇所需具备的其他条件时，才有资格获得本协定给予缔约国一方居民的全部优惠。"

该协定的第二十三条第二款对"合格的人"做了解释：

"缔约国一方居民只有在具备下列条件之一的情况下，才能成为某个纳税年度中的合格的人：

（一）个人。

（二）合格的政府实体。

（三）公司，条件是：

1. 该公司主要种类的股票在第六款第（一）项或第（二）项规定的'被认可的证券交易所'挂牌上市，并经常在一个或多个被认可的证券交易所交易；或者，

2. 该公司至少 50% 的表决权和股份价值直接或间接地由 5 个或更少的公司所拥有，并且这些公司是本项 1 目中规定的有资格享受协定待遇的公司。但是，在间接拥有的情况下，每个中间所有人必须是缔约国任何一方的居民。

（四）慈善机构或其他免税实体，但如果是养老金信托或专门为提供养老金或其他类似福利而设立的任何其他组织，其 50%（不含）以上的受益人、成员或参与者应是缔约国任何一方的居民个人。

（五）除个人以外的人，条件是：

1. 在有关纳税年度至少半数时间内，该人至少 50% 的表决权和股份价值或其他受益权益，由本款第（一）、（二）、（四）项或第（三）项 1 目规定的'合格的人'直接或间接拥有；并且，

2. 在有关纳税年度内，该人所得总额的 50%（不含）以下直接或间接支付给或归属于不是缔约国任何一方居民的人，且该支付或归属在该人的居民国可以在缴纳本协定适用的税收之前予以扣除（但不包括服务或有形财产的正常交易过程中的公平支付，也不包

括因金融债务向银行的支付，条件是假如该银行不是缔约国一方居民，该支付应归属于该银行位于缔约国任何一方的常设机构）。"

需要注意的是，在中俄新的税收协定中也加进了"主要目的检验"（PPT）条款，比如第二十三条第五款规定："缔约国一方居民既不是第二款规定的合格的人，又不能根据第三款或第四款享受协定待遇，但如果缔约国另一方主管当局认定该人的设立、取得或维持及其经营行为不是以获取本协定优惠为主要目的之一，则该居民仍应被给予协定待遇。"

（5）渠道法，即如果缔约国的居民将所得的很大一部分以利息、股息、特许权使用费的形式支付给一个第三国居民，则这笔所得不能享受税收协定提供的预提税优惠。渠道法主要是限制第三国的居民公司在缔约国一方建立居民公司并利用两国缔结的税收协定规避预提税。例如，比利时、法国、德国、意大利分别与瑞士签订的税收协定就规定，来源于另一国的股息、利息、特许权使用费除非满足以下条件，否则不能申请享受降低的预提税税率：①对所得来源国的非居民债务不能超过股本和公积金的 6 倍；②与非居民贷款人商定的贷款利率不能超过正常利率；③来源于缔约国一方的所得用于满足收到所得国家的非居民偿债要求的比重不能超过 50%，公司必须将来源于缔约国另一方 25% 以上的所得用于利润分配。这几条都是为了限制跨国公司把瑞士子公司作为中介控股公司、中介金融公司或中介特许公司进行国际避税。此外，美国与塞浦路斯、美国与丹麦签订的税收协定中也都包括类似的条款。

（6）禁止法，即不与被认定为国际避税地的国家（地区）缔结税收协定，以防止跨国公司在避税地组建公司作为其国际避税活动的中介机构。目前，澳大利亚、奥地利、比利时、丹麦、法国、德国、意大利、卢森堡、荷兰、新加坡、西班牙、瑞典、瑞士、英国和美国15个国家实行禁止法，不与避税地签订税收协定；如果与一国签订的税收协定适用于对方国家的前殖民地，而这些前殖民地又实行避税地政策，则要废除这些税收协定。美国就曾单方面废除了许多与英国、比利时前殖民地原有的税收协定，以防止跨国公司利用这些国家作为向美国投资的基地。例如，1983年1月1日美国废除了与英属维尔京群岛的税收协定；1984年1月1日美国又废除了与安哥拉、巴巴多斯、伯利兹、多米尼加、格林纳达、圣文森特等国的税收协定。

目前，我国在与智利、新西兰、刚果（布）、肯尼亚、阿根廷、卢旺达签订的税收协定中已按照应对BEPS第6项行动计划所要求的最低标准加进了应对择协避税的措施。首先，在这些协定的前言中都加进了公开声明。例如，在中智税收协定的前言中就有"中华人民共和国政府和智利共和国政府，为了进一步发展两国经济关系，加强税收事务合作，愿意缔结一项协定，以避免对所得的双重征税，同时防止逃避税行为造成的不征税或少征税（包括通过择协避税安排，为第三国居民获取本协定下的税收优惠），达成协议如下"。中新协定在前言中表明："中华人民共和国政府和新西兰政府，为了进一步发展两国经济关系，加强税收事务合作，愿意缔结一项协定，以消除对所得的双重征税，同时防止逃避税行为造成的不征税或少征税（包括第三国居民通过择协避税安排，取得本协定规定的税收优惠而间接获益的情况），达成协议如下"。其次，这些协定在"享受协定优惠的资格判定"条款中都按照第6项行动计划的要求选择了一项择协避税的应对措施。中智协定选择的是合并采用利益限制规则和主要目的检验规则，而其他几个协定采用的是主要目的检验规则。例如，中智协定在第二十六条第一款规定："除本条另有规定外，缔约国一方居民不得享受本协定原本给予的优惠，除非在优惠给予时，该居民是第二款定义的'合格的人'。"第四款规定："如果根据本条上述规定，缔约国一方居民没有资格享受本协定的所有优惠，拒绝给予协定优惠的缔约国一方主管当局可应该居民的请求，对相关事实与情况进行考虑，如果认定该居民的设立、收购或维持以及经营行为的主要目的之一并非取得本协定的优惠，仍应将该居民视作有资格享受这些优惠，或允许其针对特定所得享受优惠。"中国和新西兰协定的第二十三条规定："虽有本协定其他条款的规定，如果在考虑了所有相关事实与情况后，可以合理地认定就某项所得获取本协定某项优惠是直接或间接产生该优惠的安排或交易的主要目的之一，则不应对该项所得给予该优惠，除非能够证明在此种情形下给予该优惠符合本协定相关规定的宗旨和目的。"中国和卢旺达签订的税收协定第二十六条也有相同的条款。

　　2017 年 6 月 7 日，包括中国在内的 70 多个国家的代表签署了《实施税收协定相关措施以防止税基侵蚀和利润转移（BEPS）的多边公约》（Multilateral Convention to Implement Tax Treaty Related Measures to Prevent BEPS），该公约又被视为修改双边税收协定的"多边工具"，目前的签署国已达 100 个，其中有 79 个国家（2022 年 9 月 1 日对中国生效）的立法机构批准了这个多边公约。如果 100 个国家签署的公约全部生效，则可以一揽子修订现行1 850 多个双边税收协定（省去了协定国之间通过谈判修订双边税收协定的程序），并将经合组织应对 BEPS 的 15 项行动计划的思想和方法融入双边税收协定，其中也包括第 6 项行动计划（防止税收协定滥用）。例如，该公约第七章"防止协定滥用"的第一款规定：

"虽有被涵盖税收协定的任何规定，如果在考虑所有相关事实和情况的基础上，可以合理认定任何直接或间接带来被涵盖税收协定待遇的安排或交易的主要目的之一是获得该待遇，则不应将该待遇给予相关所得或财产，除非可以确认，在这些情形下给予该待遇符合被涵盖税收协定相关规定的宗旨和目的。"除了上述主要目的检验法外，公约第七章还允许签约方选择利益限制法，即限制符合条件的第三国居民获得税收协定提供的税收利益。例如，第七章第八款规定："被涵盖税收协定缔约管辖区一方居民应不能享受被涵盖税收协定本应给予的待遇，除非在给予该待遇时，该居民是第九款定义的'合格的人'。"

6.3　9号公告

由于并不是所有的税收协定中都加进了反滥用条款，所以有的国家通过国内立法来限制税收协定的滥用。例如，瑞士是一个有广泛税收协定的国家，而且其联邦公司所得税税率也非常低，这在发达国家中并不多见（2021年瑞士联邦和地方公司所得税合并税负为11%～21%）。另外，根据税收协定，协定国对向瑞士居民支付的股息、利息和特许权使用费征收较低的预提税，瑞士对股息、利息征收的预提税也可以降到很低。此外，瑞士对特许权使用费还不征收预提税。由于这些优越条件，瑞士过去经常被第三国纳税人选定为设立"管道"公司（中介控股公司、中介金融公司和中介许可公司）的地点，他们利用瑞士与其他国家签订的税收协定享受其他国家（主要是美国和一些欧洲国家）给予的预提税优惠。瑞士与美国签订的税收协定较早，所以当时美瑞税收协定被滥用的情况比较严重。迫于美国等国的压力，瑞士议会早在 1962 年 12 月就颁布了《防止税收协定滥用法》，决定单方面严格限制由第三国居民拥有或控制的公司适用税收协定。《防止税收协定滥用法》规定，除非下列条件得到满足，否则瑞士与他国签订的税收协定中的税收优惠不适用于股息、利息和特许权使用费。这些条件包括：①瑞士公司的债务不超过股本金的 6 倍，利率不能超过正常利率（市场利率的最高限）；②向居住在瑞士以外的纳税人以利息、使用费、广告费等形式支付的款项不能超过享受协定优惠所得的 50％；③如果非居民在瑞士公司中拥有控制权益，则享受协定给予税收优惠的所得至少应有 25％作为股息分配，缴纳瑞士的预提税。瑞士单方面采取反滥用税收协定的措施以后，利用瑞士与其他国家签订的税收协定进行避税的行为受到了一定的遏制。此时，一个第三国居民在瑞士建立中介控股公司或中介金融公司就不如设在荷兰有利。另外，瑞士在与比利时、法国、德国和意大利等国签订税收协定时，《防止税收协定滥用法》中的一些条款也被写进了这些双边税收协定。1998年 10 月，瑞士政府又发布新的通告，规定自 1999 年 1 月起，如果纳税人用享受税收协定优惠后的所得向无资格享受协定优惠的法人或个人支付股息、利息、特许权使用费，最多不能超过这笔所得的50％。该规定主要是为了限制第三国居民在瑞士建立"管道"公司，然后利用瑞士与其他国家签订的税收协定减轻预提税的税负。

为了防范对外签订的税收协定被跨国纳税人滥用，我国也比较重视在国内税收法规中增加限制择协避税的规定。《国家税务总局关于执行税收协定股息条款有关问题的通知》（国税函〔2009〕81号）第二条规定："按照税收协定股息条款规定，中国居民公司向税收协定缔约对方税收居民支付股息，且该对方税收居民（或股息收取人）是该股息的受益所有人，则该对方税收居民取得的该项股息可享受税收协定待遇，即按税收协定规定的税率计算其在中国应缴纳的所得税。"第四条规定："以获取优惠的税收地位为主要目的的交易或安排不应构成适用税收协定股息条款优惠规定的理由，纳税人因该交易或安排而不当享受税收协定待遇的，主管税务机关有权进行调整。"虽然国税函〔2009〕81号文和我国签订的一些税收协定中都有"受益所有人"的概念，但其具体含义和法律界定在过去一直没有明文规定。随着跨国纳税人滥用我国税收协定的现象不断增多，税务机关在执法过程中如何准确判定受益所有人的问题就显得越来越紧迫。2009年，国家税务总局下发《关于如何理解和认定税收协定中"受益所有人"的通知》（国税函〔2009〕601号）。2012年，国家税务总局发布《关于认定税收协定中"受益所有人"的公告》（国家税务总局公告2012年第30号）。上述两个文件后来又被国家税务总局在2018年1月发布的《关于税收协定中"受益所有人"有关问题的公告》（国家税务总局公告2018年第9号）所替代。

国家税务总局公告2018年第9号在上述两个文件的基础上，更加全面、系统、明确地阐述了受益所有人的判定标准和依据。我国对外签订的税收协定对股息、利息、特许权使用费等所得都规定了一定的限制税率，该限制税率有的要低于我国国内法规定的预提所得税税率（10%）。例如，我国与爱尔兰、新加坡等国签订的税收协定规定，双方在一定条件下对支付给对方国家居民的股息预提所得税税率不能超过5%；我国与智利签订的税收协定规定，双方对支付给对方国家居民为使用或有权使用工业、商业或科学设备的特许权使用费课征的预提所得税税率不能超过2%。然而，税收协定中提供的限定（优惠）税率并不是给予对方国家所有税收居民的，而是只给予其中的受益所有人，即那些对所得或所得据以产生的权利或财产拥有所有权和支配权的人。这就要求一国的税务机关在给予缔约国对方居民（申请人）税收优惠待遇时，必须先甄别其是否为所得的受益所有人，以防止第三方国家的税收居民滥用税收协定。国家税务总局公告 2018 年第 9 号为我国税务机关甄别受益所有人提供了具体的判定依据。其主要内容包括：

第一，税务机关在判定受益所有人时，要结合具体案例的实际情况进行综合分析。一般来说，下列因素不利于对申请人受益所有人身份的判定：

（1）申请人有义务在收到所得的 12 个月内将所得的 50％以上支付给第三国（地区）居民，其中的"有义务"包括约定义务和虽未约定义务但已形成支付事实的情形。例如，申请人从我国收到股息后的一个月内就以关联贷款的名义将这笔股息所得的 80％以上支付给母公司，同时也没有约定还款期限，母公司可在任意时间偿还全部或部分贷款，而且贷款利率也很低。这种情况就构成了"在收到所得的 12 个月内将所得的 50％以上支付给第三国（地区）居民"的支付事实。

（2）申请人从事的经营活动不构成实质性经营活动。实质性经营活动包括具有实质性的制造、经销、管理等活动。申请人从事的经营活动是否具有实质性，应根据其实际履行的功能及承担的风险进行判定。对于这一点，要结合申请人是否拥有与其履行的功能相匹配的资产和人员配置以及是否承担相应的风险一并考察。另外，申请人从事的具有实质性的投资控股管理活动可以构成实质性经营活动。在这种情况下，一般就需要申请人从事投资的前期研究、评估分析、投资决策、投资实施以及投资后续管理等活动。

例 6 - 3

A国甲公司在B国设立乙公司作为亚洲区域总部，乙公司除投资中国外，还投资日本、韩国、新加坡、越南等十余个国家近50家公司；虽然中国境内的市场调研、行业研究等部分功能由设在中国的投资公司承担，但评估分析、投资决策以及亚洲区域内各公司之间的资金统筹调配等功能均由乙公司承担，此时就可以认为B国乙公司从事的活动构成实质性经营活动。

例 6 - 4

A国甲公司通过设立在B国的子公司乙公司投资中国，B国乙公司希望其从中国取得的股息所得能够享受中国与B国之间的税收协定待遇。中国税务机关调查发现：虽然B国乙公司声称其从事投资控股管理活动并有多名雇员，但实际上，B国乙公司并未开展行业研究、市场分析等工作，也没有履行投资控股管理等功能，其所说的多名雇员实际上是与A国甲公司签订的受雇合同，并为A国甲公司履行职能；其收到的股息暂无投资计划，并一直在账户中闲置；中国公司的外方董事也不是由其股东B国乙公司直接派出，而是由A国公司直接派出；此外，中国公司的章程称该公司的招聘、培训、融资、财务等责任均由B国乙公司承担，但B国乙公司并无人员从事上述工作，经核实得知，上述责任实际为A国甲公司在北京的办事处承担；B国乙公司对中国公司和从中国公司取得的股息不承担相应的风险。根据上述事实，中国税务机关认为B国乙公司虽声称从事投资控股管理活动，但实际履行的功能及承担的风险有限，不足以证实其活动具有实质性。

如果申请人从事不构成实质性经营活动的投资控股管理活动，同时从事其他经营活动，如果其他经营活动不够显著，则不构成实质性经营活动。

📘 例 6 - 5

A 国甲公司通过 B 国乙公司间接持有中国境内多家公司的股份，但 B 国乙公司从事的投资控股管理活动不构成实质性经营活动。另外，B 国乙公司还向集团内其他公司提供采购服务并收取服务费，或从集团外其他公司采购货物后再销售给集团内公司并赚取进销差价。然而，调查发现，B 国乙公司从事的采购等其他经营活动所取得的所得仅占其全部所得（包括中国境内取得的全部所得）的 5%。根据上述情况，就可以认定申请人（B 国乙公司）从事的其他经营活动不够显著，不构成实质性经营活动。

（3）缔约对方国家（地区）对有关所得不征税或免税，或者征税但实际税率极低。

（4）在利息据以产生和支付的贷款合同之外，存在债权人与第三人之间在数额、利率和签订时间等方面相近的其他贷款或存款合同。

（5）在特许权使用费据以产生和支付的版权、专利、技术等使用权转让合同之外，存在申请人与第三人之间在有关版权、专利、技术等的使用权或所有权方面的转让合同。

第二，申请人从我国取得的所得为股息时，虽然申请人不符合受益所有人的条件，但如果直接或间接持有申请人 100％股份的人符合受益所有人的条件，并且属于以下两种情形之一，应认为申请人具有受益所有人的身份：

（1）上述符合受益所有人条件的人为申请人所属居民国（地区）居民。

（2）上述符合受益所有人条件的人虽不是申请人所属居民国（地区）居民，但该人和间接持有股份情形下的中间层均为符合条件的人。这里所谓的"符合条件的人"，是指该人从我国取得的所得为股息时根据我国与其所属居民国（地区）签署的税收协定可享受的税收协定待遇和申请人可享受的税收协定待遇相同或更为优惠。

🛡 例 6-6

香港居民公司 A（申请人）全资持有内地一家居民企业的股权并取得股息，香港居民公司 B 直接持有香港居民公司 A 100％的股份。虽然香港居民公司 A 不符合受益所有人的条件，但如果香港居民公司 B 符合受益所有人的条件，也应认为香港居民公司 A 具有受益所有人的身份。

🛡 例 6-7

香港居民公司 A（申请人）全资持有内地一家居民企业的股权并取得股息，香港居民公司 A 不符合受益所有人的条件；爱尔兰居民公司 C 通过其在新加坡的子公司（新加坡居民公司 B）间接持有香港居民公司 A 100％的股份。虽然香港居民公司 A 不符合受益所有人的条件，但如果爱尔兰居民公司 C 和新加坡居民公司 B 符合受益所有人的条件，则应认为香港居民公司 A 也具有受益所有人的身份。这是因为我国与新加坡和爱尔兰签订的税收协定规定股权比重超过25％的投资所分得的股息适用5％的预提所得税，内地与香港签订的税收安排也规定内地对香港受益所有人直接拥有至少25％资本的支付股息公司汇出利润征税适用5％的税率，所以爱尔兰居民公司 C 和新加坡居民公司 B 是"符合条件的人"。

第三，下列申请人从我国取得的所得为股息时，可不进行综合分析，直接判定申请人具有受益所有人的身份：

（1）缔约对方政府。

（2）缔约对方居民且在缔约对方上市的公司。

（3）缔约对方居民个人。

（4）申请人被上述第（1）～（3）项中的一人或多人直接或间接持有100％股份，且间接持有股份情形下的中间层为我国居民或缔约对方居民。

🛡 **例 6 - 8**

香港居民公司乙投资内地居民公司并取得股息时，香港居民甲通过香港居民公司丙间接持有香港居民公司乙100％的股份，如果香港居民甲为香港特别行政区政府、香港居民、在香港上市的公司或香港居民个人，可直接判定香港居民公司乙具有"受益所有人"的身份。

第四，代理人或指定收款人等不属于受益所有人。如果申请人通过代理人代为收取所得，无论代理人是否属于缔约对方居民，都不应据此影响对申请人受益所有人身份的判定。

第五，在管理上，申请人如需证明其具有受益所有人身份，应将相关证明资料按照《国家税务总局关于发布〈非居民纳税人享受税收协定待遇管理办法〉的公告》（国家税务总局公告 2015 年第 60 号）第七条的规定报送。其中，申请人根据上述第二条规定具有受益所有人身份的，除提供申请人的税收居民身份证明外，还应提供符合受益所有人条件的人和符合条件的人所属居民国（地区）税务主管当局为该人开具的税收居民身份证明；申请人根据上述第三条第（4）项规定具有受益所有人身份的，除提供申请人的税收居民身份证明外，还应提供直接或间接持有申请人 100％股份的人和中间层所属居民国（地区）税务主管当局为该人和中间层开具的税收居民身份证明；税收居民身份证明均应证明相关人员取得所得的当年度或上一年度的税收居民身份。

第 7 章

限制资本弱化

7.1 为什么要限制企业资本弱化

资本弱化（thin capitalization）是指企业的经营资金中股本金（equity）的数量较少而债务资金较多的一种状况。企业在生产经营活动中需要很多资金，这些资金既可以通过股权的形式筹集，又可以通过债权的形式筹集。然而，这两种融资方式对企业所得税的税负影响是不同的：在股权融资的情况下，企业向股东支付的股息、红利一般要在所得税后支付，不能在税前扣除；如果以债权的形式筹集，对于企业向债权人支付的利息，各国税法一般都允许其作为费用在所得税前扣除，从而冲减了企业所得税税基，减轻了税负。正是由于各国对股息和利息的税务处理方式不同，**所以理论和实践都证明债务融资有利于企业节税，并能增加企业的价值。特别地，如果企业将利息支付给位于避税地的关联企业，那么这笔利息将不会负担任何所得税或者负担的税负很低。这也是很多跨国公司常用**

的避税方法之一。著名的 MM 公司税模型（又称 MM 定理 2）是 1963 年美国经济学家莫迪利安尼和米勒（Modigliani and Miller）在 1958 年得出的"资本结构不会影响企业价值"结论的基础上提出的又一重要思想，即如果考虑公司税因素（利息税前扣除），那么企业的价值会随着杠杆的增加而提高。莫迪利安尼和米勒在 1963 年发表的论文中证明：企业的价值应当等于无杠杆的股权融资企业的价值加上杠杆的税收利益。然而，这两位经济学家也意识到企业不可能无限借债以增加企业的价值，因为在现实世界中还有破产成本问题；也就是说，企业可能会缺少足够的现金来支付借款的利息。1980 年，迪安杰罗和马苏里斯（DeAngelo and Masulis）发表关于"公司税和个人所得税下的最优资本结构"的文章，提出由于存在非债务性节税空间（nondebt tax shields），如折旧费用等，因而企业从利息费用税前扣除中所能得到的利益就会减少，从而导致每个企业都有一个最优的杠杆规模。对于可以享受大量非债务性节税空间的企业而言，债务杠杆的重要性就会下降。约翰·R. 格雷厄姆（John R. Graham）在 1996 年发表的《债务与边际税率》一文中指出，企业的杠杆会随着边际税率的提高而增加，由于企业借款越多，支付的利息越多，从而未来出现净经营亏损（NOL）的可能性也就越大，这样就会减少杠杆的边际税收利益。范·宾斯伯根、格雷厄姆和杨（Van Binsbergen，Graham and Yang）在 2010 年发表的《债务成本》一文中提出，根据他们所做的实证研究，债务的净利益等于资产价值的 3.5％。菲科和徐（Faccio and Xu）在 2015 年发表的《税收和资本结构》一文中也发现，根据他们的跨国研究，企业适用的税率越高，其使用的杠杆也就越大。

为了防范企业避税，解决企业过分依赖债务融资的问题，目前国际上的解决方法主要有两个：一是允许一部分股息在税前扣除①，这种办法被称为"公司股本金优惠"（allowance for corporate equity，ACE），又称名义利息费用扣除。1994 年，克罗地亚率先实行了这种制度，而后巴西（1996 年）、意大利（1997 年和 2011 年）、奥地利（2000 年）、比利时（2006 年）、拉脱维亚（2009 年）、葡萄牙（2010 年）、列支敦士登（2011 年）、土耳其和塞浦路斯（2015 年）等国也相继实行了 ACE 制度。② 2022 年 5 月，欧盟委员会发布题为"债务股本倾斜削减优惠"（a debt-equity bias reduction allowance，DEBRA）的政策建议，提出在新冠疫情期间，为了帮助企业纾困和鼓励股权融资，欧盟委员会准备通过 DEBRA 计划来解决债务融资和股权融资之间税收政策的不对称问题，其中的手段之一就是实行 ACE 制度。二是限制企业税前扣除的利息数量。也就是说，并不是企业实际支付了多少利息费用都可以在税前扣除，税法要给其规定一个上限，超过这个限额的利息并不能在税前扣除。这种做法具体又分许多种类。例如：有的国家只限制企业向关联方支付的利息，而有的国家不分关联方和非关联方，凡是利息支付都要受到限额的管理；有的国家利息支付的限额是根据债股比（debt-equity ratio）确定的（即超过股本一定倍数的债务所滋生的利息就不能在税前扣除）；有的国家规定了一个利息-利润比例（interest-to-earnings ratio），凡是超过利润一定比例的利息支出均不能在税前扣除。

---

① 扣除的金额等于企业年终的所有者权益乘以一个名义利率。
② 但是，有的国家又废除了 ACE 制度。

7.2　国际社会的解决方案

为了解决税基侵蚀和利润转移（BEPS）的问题，经合组织（OECD）包容性框架的各成员研究制订了 15 项行动计划，其中第 4 项行动计划"限制用利息扣除和其他财务支出侵蚀税基"就是专门针对纳税人利用资本弱化进行避税而提出的。该行动计划指出，税基侵蚀可能发生在以下三种情况：一是跨国公司集团让高税国的企业从第三方（非关联方）大量借债筹资；二是跨国公司集团让内部关联企业之间相互大量借债，而利息扣除的水平超过公司集团向第三方借款的利息水平；三是用关联方融资或从第三方融资的方式为产生免税收入的活动筹集资金。跨国公司通过一些简单借款的安排，就可以使支付的利息实现双重免税（double non-taxation），从而达到国际避税的目的。该行动计划建议采用净利息与息税及折旧摊销前利润（EBITDA）之比这个指标来限制关联方之间过量的利息支付；与此同时，以公司集团为单位进行核算，即只要整个公司集团的利息支付比例没有超标，其中某个企业支付的利息超过标准也是允许的；净利息与 EBITDA 的比例可以定在 10％～30％。该行动计划认为，将可扣除的利息与利润挂钩可以使利息费用与企业的经营活动相联系，同时也可以使利息费用与应税利润相关联，这样可以使利息扣除的规则更加合理和稳健。2016 年 6 月 20 日，欧盟理事会通过了由欧盟委员会建议的《反避税指令》（ATAD），这个指令中也包括了"利息限制"的内容，即不鼓励企业为了税收最小化而人为进行债务安排。该指令要求：欧盟公司与其关联企业之间的超额借款成本①（即利息支出大于利息收入的差额）在 300 万欧元内的，可以无条件扣除；如果超过了 300 万欧元，则超额借款成本不能超过 EBITDA 的 30%，而且超额借款成本和 EBITDA 都要以企业集团为单位进行核算。从 2019 年开始，欧盟国家相继实施《反避税指令》中对利息支付的规定。2022 年 5 月，欧盟委员会在题为"债务股本倾斜削减优惠"（DEBRA）的政策建议中又提出了一个新的限制利息支出的方法，即税前利息的扣除金额不能超过超额借款成本的 80%。鉴于欧盟的《反避税指令》已经对利息支出的限额做出了规定，所以欧盟委员会的政策建议提出：企业应先计算超额借款成本 80% 的税前扣除限额。如果按照《反避税指令》计算的扣除限额低于超额借款成本的 80%，那么纳税人可以将差额部分向以前或以后年度结转使用。

此外，非欧盟国家（如阿根廷、印度、马来西亚、挪威、英国、韩国、秘鲁）也采纳了经合组织第 4 项行动计划的措施。但是，目前还有一些国家没有采纳经合组织"限制用利息扣除和其他财务支出侵蚀税基"中的政策建议，仍采用债务/股本比率来限制向关联方支付的利息。例如，巴西的税法规定，如果巴西企业向关联方借债，只有债务/股本比率不超过 2∶1 时，借款的利息费用才可以在税前扣除。加拿大的税法规定，加拿大公司或信托基金向非居民股东或信托受益人支付利息，超过股本金 1.5 倍的债务利息不能在税前扣除。智利的税法规定，智利企业无论向关联方借债还是向非关联方借债，只要债务（包括境内和境外借债）金额超过其股本金的 3 倍，此时，如果利息是向境外关联方支付的，或者利息享

---

① 超额借款成本（excess borrowing costs）是指当期的借款成本超过利息收入的部分。借款成本包括利息支出以及具有利息性质的费用（如借款手续费、担保费等）。

受了 4％的优惠预提税税率，则这笔利息要负担 35％的附加税。日本税法限制日本企业向境外关联方支付过多的利息，税法规定的债务/股本比率为 3∶1。如果超过这个比率，则超标的负债利息不能在税前扣除。墨西哥也采纳了经合组织的政策建议，规定墨西哥企业向境外关联方支付的净利息费用不能超过 EBITDA 的 30％，但同时也实行 3∶1 的债务/股本比率。目前，俄罗斯也采用债务/股本比率来限制关联方之间的利息支付，该比率为 3∶1。当前，美国税法（《国内收入法典》第 163 节 J 条）一直规定所有纳税人支付的利息如果要在税前扣除，均不能超过调整后的应税所得（ATI），但从 2022 年开始，计算可扣除利息的基数是在 ATI 的基础上扣除折旧和摊销，基本上相当于息税前利润。另外，2020 年美国通过的《冠状病毒疫情救助和经济安全法》（CARES Act）规定：在未来两年，利息扣除的比例将由 30％提高到 50％。

另外，纳税人利用关联方借贷进行避税往往还采用提高利率的做法，即低税区企业以高于市场利率的水平向高税区关联企业进行贷款，后者向前者支付高额利息，从而减轻公司集团的税负。严格来说，这种避税手法属于滥用转让定价，而不属于资本弱化的范畴。当然，对于这种避税手法，各国也是严格防范的。例如，《企业所得税法实施条例》第三十八条第（二）款规定："非金融企业向非金融企业借款的利息支出，不超过按照金融企业同期同类贷款利率计算的数额的部分"，准予扣除。

7.3 我国税法限制资本弱化的规定

为了限制纳税人利用资本弱化手段避税，我国在自 2008 年 1

月 1 日起施行的《企业所得税法》中规定了相应的反避税条款。《企业所得税法》第四十六条规定："企业从其关联方接受的债权性投资与权益性投资的比例超过规定标准而发生的利息支出，不得在计算应纳税所得额时扣除。"《企业所得税法实施条例》第一百一十九条更明确地指出："企业所得税法第四十六条所称债权性投资，是指企业直接或者间接从关联方获得的，需要偿还本金和支付利息或者需要以其他具有支付利息性质的方式予以补偿的融资。企业间接从关联方获得的债权性投资，包括：（一）关联方通过无关联第三方提供的债权性投资；（二）无关联第三方提供的、由关联方担保且负有连带责任的债权性投资；（三）其他间接从关联方获得的具有负债实质的债权性投资。"2009 年 1 月发布的《国家税务总局关于印发〈特别纳税调整实施办法［试行］〉的通知》（国税发〔2009〕2 号）也明确规定："关联债权投资包括关联方以各种形式提供担保的债权性投资。"2008 年 9 月，《财政部、国家税务总局关于企业关联方利息支出税前扣除标准有关税收政策问题的通知》（财税〔2008〕121 号）规定："在计算应纳税所得额时，企业实际支付给关联方的利息支出，不超过以下规定比例和税法及其实施条例有关规定计算的部分，准予扣除，超过的部分不得在发生当期和以后年度扣除。（一）金融企业，为 5∶1；（二）其他企业，为 2∶1。"由此可见，从上述法律规定来看，我国对关联方之间的借款无论是境内还是跨境，都有严格的限制。另外，《企业所得税法》第四十六条所称的利息支出，包括直接或间接关联债权投资实际支付的利息、担保费、抵押费和其他具有利息性质的费用。

从立法初衷看，税法中限制资本弱化的规定是要用债务/股本比率（债资比）严格限制境内或跨境的关联方之间的借款，但从实际情况看，我国企业的内源融资过少，需要大量的借款，其中也包括银行借款；在银行狠抓风险控制的情况下，企业贷款往往要有抵押或者担保，而担保方往往又是借款企业的关联方；这样一来，按照《企业所得税法实施条例》第一百一十九条的规定，这种银行贷款也成了企业间接从关联方获得的债权性投资，也要受到债务/股本比率的限制，这对那些不是出于避税目的的企业是一种打击。考虑到这种实际情况，我国的资本弱化管理有所松动，主要体现在财税〔2008〕121 号文的第二条："企业如果能够按照税法及其实施条例的有关规定提供相关资料，并证明相关交易活动符合独立交易原则的；或者该企业的实际税负不高于境内关联方的，其实际支付给境内关联方的利息支出，在计算应纳税所得额时准予扣除。"也就是说，该条款给那些超过债资比的关联方借款开了个口子。如果企业大量从关联方借款不是出于避税（能够提供资料证明其借款利率、期限等符合独立交易原则），或者其实际税负并不比债权人的税负高，那么借款利息（包括那些超标的借款利息）也可以在税前扣除。《国家税务总局关于完善关联申报和同期资料管理有关事项的公告》（国家税务总局公告 2016 年第 42 号）第十五条第三款规定："企业关联债资比例超过标准比例需要说明符合独立交易原则的，应当准备资本弱化特殊事项文档。"该文件第十七条规定："资本弱化特殊事项文档包括以下内容：

（1）企业偿债能力和举债能力分析。

（2）企业集团举债能力及融资结构情况分析。

（3）企业注册资本等权益投资的变动情况说明。

（4）关联债权投资的性质、目的及取得时的市场状况。

（5）关联债权投资的货币种类、金额、利率、期限及融资条件。

（6）非关联方是否能够并且愿意接受上述融资条件、融资金额及利率。

（7）企业为取得债权性投资而提供的抵押品情况及条件。

（8）担保人状况及担保条件。

（9）同期同类贷款的利率情况及融资条件。

（10）可转换公司债券的转换条件。

（11）其他能够证明符合独立交易原则的资料。"

7.4　资本弱化避税的案例分析

例 7 - 1

某房地产开发企业 A 于 2018 年 11 月成立，注册资本为 2 000 万元；截至 2020 年 6 月，其注册资本一直没有到位，实收资本为 0。2020 年 5 月底，主管税务机关在金税三期系统中查询 A 企业汇算清缴数据时发现，A 企业的财务报表中出现大额财务费用——2019 年度 A 企业在企业所得税汇算清缴时列支财务费用 20 多万元，而 2020 年第一季度，A 企业的财务费用高达 300 多万元。

在通常情况下，企业的财务费用是由利息支出构成的，A 企业在注册资本尚未到位的情况下有大额利息支出，很可能存在涉税风险。例如，财务费用中包含股东应认缴的注册资本所承担的利息支出，不能在企业所得税税前扣除；在进行成本核算时，可能存在费用化利息支出和资本化利息支出划分不清的问题。

经过进一步了解，A企业于2019年12月向某金融机构借款5亿元，用于保证企业正常经营，因而产生大量财务费用。税务人员从企业注册资本金额、日常经营等方面进行分析，认为A企业大量财务费用的背后，可能存在税务风险。从特别纳税调整角度来看，还可能存在资本弱化的嫌疑。A企业的注册资本为2000万元，且迟迟没有到位，其顺利获得金融机构5亿元借款的背后，很可能存在关联企业担保、委托贷款等情况。

根据《特别纳税调整实施办法〔试行〕》的规定，关联方以各种形式提供担保的债权性投资都属于关联债权投资，要计算其关联债资比，只有在特定比例范围内的利息支出可以在企业所得税税前扣除。因此，从形式上看，A企业的借款直接来自金融机构而非关联方，但实质上仍属于关联债权投资，A企业仍存在资本弱化的风险。资本弱化是指企业通过加大借贷款（债权性筹资）和减少股份资本（权益性筹资）的方式来增加税前扣除，以降低企业税负的一种行为，是税务机关反避税调查的重点内容之一。

从事房地产、风电等行业的企业资金用量较大，自有资金往往不能满足其生产经营的需要，因而发生关联借贷业务的频率较高。需要注意的是，关联企业资金融通的形式越来越多样，比如关联方委托贷款、集团"资金池"、"统借统还"、内保外贷、"背靠背"贷款等。建议企业在发生关联借贷业务时，要透过现象看本质，准确判断其是否属于关联债权投资，避免因存在资本弱化嫌疑而遭到税务机关的纳税调整。与此同时，企业在报送同期资料时，如果关联债资比例超过规定标准，且利息费用要在税前扣除，应当准备好资本弱化特殊事项文档，向税务机关证明其业务符合独立交易原则，或对本企业的实际税负不高于境内关联方的情况予以说明，否则很容易引发税务风险。

第8章

一般反避税规则

一般反避税规则是指一些国家的税收立法中存在的授权税务机关可以否定纳税人从没有实质商业目的的交易或安排中获取税收利益的法律法规。许多国家除了制定特别反避税措施以外，还颁布了一般反避税规则，它构成了阻止纳税人进行避税活动的最后屏障，也有人称其为反避税的"兜底性条款"。之所以称为一般（general），是因为该反避税规则适用于所有交易、所有税种以及所有纳税人，因而其适用性远大于特别反避税措施。通常说来，一般反避税规则最早出现在澳大利亚（1915 年）和荷兰（1925 年），也有观点认为最早出现在 1919 年德国的《税收法令》中。此后，不断有国家开始将这个规则引入本国的税法，如法国（1941 年）、南非（1941 年）、阿根廷（1946 年）、西班牙（1963 年）、澳大利亚（1981 年）、加拿大（1988 年）、新加坡（1988 年）、意大利（1990年）、爱尔兰（1997 年）、印度尼西亚（2008 年）、秘鲁（2012年）、英国（2013 年）、波兰（2016 年）、印度（2017 年）、墨西哥（2020 年）。截至 2017 年，在 G20 和 OECD 的成员中，已有 35 个成员引入了一般反避税规则。例如，1981 年澳大利亚在《所得税评估法》（ITAA）中加进了一般反避税规则（177A－177G 节），授权税务机关可以不承认纳税人在一项完全为税收目的而实施的计划中所取得的税收利益。又如，1988 年加拿大修改《所得税法》，加进了第 245 节。该节规定：如果纳税人成功地进行了没有真实商业目的而只取得了税收利益的交易活动，则税务机关对上述纳税人的税收利益可以不予承认。2016 年，欧盟委员会发布《反避税指令》（ATAD），其目的是为欧盟成员国的税基提供一个最低的保护，同时也为欧盟成员国更好地实施 OECD 提出的 BEPS 行动计划提供协调的方案。ATAD 提出了五大领域的反避税措施，其中就包括一般反避税规则，其他四项分别为利息限制、移出税、受控外国公司法规和混合错配规则。ATAD 指出，尽管纳税人在商业活动中有权选择税收更少的业务结构，但各成员对那些没有真实性的交易应该实行一般反避税规则；在评价这些商业安排是否真实时，各成员可以考虑各种合理的经济理由，包括财务活动。

8.1　一般反避税规则的内容

　　一般反避税规则是反避税的"兜底性条款"，它授予税务机关不承认纳税人交易结果并否定其税收利益的权力。这种权力对纳税人的避税行为构成直接的威胁，也是反避税的最后一道屏障。然而，如果法律赋予税务机关过大的权力，允许其任意否定纳税人的交易行为或安排，又容易导致反避税扩大化的问题，给纳税人带来很大的税收不确定性。因此，一般反避税规则既要赋予税务机关权力，又要对这种权力进行一定的约束。制定科学合理的一般反避税规则，就是要在纳税人安排自己的经营活动要有确定性与政府有责任保护自己的税基和维护税制公平之间保持一种平衡。当税务机关在确定纳税人是否有避税企图时，一般需要考虑以下几个因素：

（1）纳税人是否有一项计划安排，而该计划安排又能给纳税人带来税收利益。这里所说的计划安排包括行动过程、协议、安排、承诺、保证、建议等；无论上述内容是否有明确的表述，以及是否可实际执行，都属于计划安排。一般反避税规则往往赋予税务机关一定的自由裁量权，以便其确定纳税人是否存在能够给自己带来税收利益的计划安排。特别是当一种避税的计划安排是由多个交易或步骤组成时，税务机关应当有权从其中选出部分交易或步骤作为税收驱动的计划安排。

（2）从客观上说，该计划安排的实质是否主要为了给纳税人带来税收利益。也就是说，此时主要是看税收利益是不是该计划安排的唯一或最主要的目的。这里的税收利益包括：①由于减税、抵免、扣除、退税等减少了纳税义务；②纳税义务被推迟；③由于推迟纳税而取得的其他好处。但需要注意的是，与避税计划安排相关联的税收利益并不包括税法给予纳税人特定的税收优惠或减免。也就是说，如果税法通过减税、抵免、扣除、退税等优惠方式鼓励纳税人从事特定的经营活动，而纳税人通过合法的手段实施了这些被鼓励的经营活动①，此时税务机关就不能对纳税人实施一般反避税规则。然而，如果纳税人是通过处心积虑或人为的手段谋取到这种税收减免，那么税务机关就可以对纳税人实行一般反避税规则。例

---

① 此时，纳税人的做法实际上是税务筹划，而不是这里所说的避税。对于税务筹划，税务机关是不能进行反制或调整的。

如，加拿大的税法规定，如果纳税人通过错误使用或滥用税法条款而得到税收利益，税务机关可以对纳税人启用一般反避税规则。但在实践中如何判定一项计划安排与税收利益之间存在因果关系，则是一件十分复杂的工作，这时就需要税务人员具有很高的政策水平。

（3）一般反避税规则仅适用于那些完全或主要是为了获取税收利益而实行的计划安排。如果纳税人是出于经营上的需要而做出一项计划安排，但与此同时又获取了税收利益，那只能算是"歪打正着"，并不属于一般反避税规则要制止的行为。因此，税务机关在采用一般反避税规则时，必须严格考察纳税人计划安排的实质，特别要关注以下几个方面：①计划安排实施的方式；②在计划安排方面是否有人为或"下套"的事实；③计划安排的形式和实质之间是否存在差异。为了防止干扰纳税人进行正常的商业交易，税务机关在采用一般反避税规则前还应当对纳税人进行客观和慎重的目的测试，以确定纳税人是否有避税行为。在这种情况下，就需要税务机关对纳税人的行为进行科学的评估。

在实践中，一般反避税规则适用不同的税种并可采取不同的形式。一般反避税规则可用于增值税、所得税、印花税等各个税种；同时其实施既可以通过立法的形式，又可以通过案例法的形式；既可以实体法的形式出现，又可作为一种司法原则（judicial doctrine）。

8.2　实施一般反避税规则的国际经验

8.2.1　英　国

英国在 1988 年引入了一般反避税规则。为了保护纳税人的权益，英国成立了专门的专家咨询组（GAAR advisory panel），该小组独立于英国税务海关总署（HMRC）。2014 年 1 月，英国税务海关总署发布《一般反避税规则指引》，该指引也经由这个专家咨询组审定。

英国税务海关总署成立了专门的反避税工作组，一旦这个工作组发现纳税人通过滥用税收安排（abusive tax arrangement）进行避税并决定根据一般反避税规则对其进行纳税调整，就需要有一个指定的级别较高的税务官员批准。在获得批准后，英国税务海关总署第一步要向纳税人发放反避税建议通知书，纳税人在收到该通知书后的 45 天内要向英国税务海关总署进行书面答复或按通知书的要求进行整改。如果纳税人在规定的时间内不采取任何措施，则英国税务海关总署就要将该事项通知专家咨询组，但如果纳税人进行了回复，则英国税务海关总署就需要考虑是否还要将此事项提交专家咨询组。如果英国税务海关总署仍决定提交给专家咨询组，则纳税人还可以向专家咨询组进行书面陈述。专家咨询组在考虑了各方面的情况后，要就纳税人的税务安排是否合理给出一个意见。在专家咨询组提交意见之前，纳税人可以不进行相关的税收调整。英国税务海关总署在收到专家咨询组的意见后，需要书面通知纳税人是否要对其税务安排进行纳税调整。如果专家咨询组认为纳税人的税务安排是合理的，英国税务海关总署根据一般反避税规则仍可以对纳税人的税务安排进行反避税调整。但在实践中，这种情况很少发生。如果专家咨询组同意英国税务海关总署的意见，认为纳税人的行为不合理，则英国税务海关总署就要向纳税人提交纳税调整最终通知书。

8.2.2　澳大利亚

澳大利亚是最早实行一般反避税规则的国家，其现代一般反避税规则是 1981 年推出的，2013 年又对其进行了修改和完善。澳大利亚税务机关在实行一般反避税规则时也建立了一个顾问团队，该顾问团队由税务局的官员和外部专家组成。这个顾问团队就纳税人具体的避税安排提供咨询意见，从而给一般反避税规则的应用提供具有一致性和独立性的意见。一旦纳税人被税务机关进行一般反避税调查，并按照规定进行补税，则根据法律规定，纳税人还需要缴纳罚款和利息。

8.2.3　加拿大

如果加拿大税务局（CRA）发现纳税人滥用了税法并从中取得了不应取得的税收利益，可以根据一般反避税规则对其取得的税收利益给予否定。一旦加拿大税务局与纳税人就此发生争议，纳税人需要承担举证责任来否定加拿大税务局的避税指控。但根据加拿大的一些相关案例，在实务中往往是加拿大税务局在对纳税人使用一般反避税规则时要拿出证据证明纳税人的行为违背了税收法规的目标和精神。另外，加拿大也有一般反避税规则委员会（GAAR Committee），该委员会由加拿大税务局、司法部和财政部的人员组成，当加拿大税务局要对纳税人使用一般反避税规则时，需要将案件提交该委员会讨论。从 1988 年到 2021 年，加拿大税务局根据一般反避税规则已经提交了将近 1 600 宗个案进行审议，其中有 1 300 宗案件处于主要或替代重新评估状态（primary or alternative reassessing position）。尽管加拿大税务局不能依据一般反避税规则对纳税人的避税行为百分之百地予以纠正和阻止，却起到了很大的震慑作用。

8.2.4 德 国

德国的一般反避税规则早在 1919 年的《税收法令》第 42 节中就有所体现，至今已有 100 多年的历史。但到目前为止，一般反避税规则在德国税务机关的手中并不能得心应手地应用，该规则在使用过程中需要评估不断发展的立法和商业形式的影响。德国的宪法法院一直明确持有一个观点，即纳税人有权构建一种法律架构以降低自己的税负。所以，在德国采用一般反避税规则先要分析纳税人的税收架构，此时要考虑的往往是其他一些规则，而不是一般反避税规则本身，这就给税务机关使用一般反避税规则带来了很大的困难。德国的一般反避税规则包括国际上普遍接受的目的检验，即只有当纳税人的税收架构不适当并给纳税人或第三方带来税收利益以及纳税人不能证明这种架构有合理的商业理由或其他可被接受的非税收原因时，纳税人的税收架构才能被认定为恶意避税。另外，德国税法中还有很多特别反避税规则，根据德国法律的规定，如果特别反避税规则适用，就不能使用一般反避税规则。在德国，违反特别反避税规则或一般反避税规则的行为都不属于违法，其后果只是按 6% 的年利率缴纳利息。

8.2.5 爱尔兰

爱尔兰于 1997 年在《税收加强法》（*Taxes Consolidation Act*）第 811C 节中引入一般反避税规则，该规则适用于 2014 年 10 月 23 日以后发生的交易。一般反避税规则打击的避税计划具有以下两个特点：一是没有或几乎没有商业目的；二是主要为了取得税收优势。如果纳税人的行为被认为是避税交易或从税收优势中受益，则税务机关就可以对纳税人进行反避税调查。如果纳税人不能在交易发生后的 90 天内向税务机关就避税交易做出合理的说明，税务机关就可以否定纳税人从税收优势中得到的利益，并要按照纳税人补税金额的 30％征收一笔额外的附加费。

8.2.6　新加坡

尽管新加坡在 1988 年就在《所得税法》的第 33 节中加进了一般反避税规则，但到目前为止，没有几起一般反避税的案例发生。2020 年，新加坡为了强化反避税的立场并遏制住纳税人的避税行为，修改了《所得税法》第 33 节，并在该节中增加了 33A 条款。该条款的内容是，如果税务机关根据第 33 节的规定对纳税人进行了反避税调查和纳税调整，则税务机关可以按照补税金额的 50％征收一笔附加费（surcharge）。然而，《所得税法（修正案）》同时也规定：附加费不能进行追溯征收，只能适用于 2023 年及以后年度进行的纳税调整。纳税人应当在税务机关开出附加费书面通知的一个月内缴纳，而且这笔附加费不能在税前扣除。

8.2.7　印　度

早在 1961 年，印度的《所得税法》中就有一般反避税规则的雏形，但一般反避税规则作为一个法律条款引入印度是在 2012 年。当年，印度的财政法案中加进了一般反避税规则，但由于当时各界对这个规则的争议比较大，所以一直没有在印度实施。英国沃达丰避税案（Vodafone deal with Hutchison-Essar）发生后，印度对反避税问题更加重视，所以推动了一般反避税规则在印度落地。该规则从 2017 年 4 月开始生效，并在 2018—2019 课税年度正式实施。根据印度的相关法律，一般反避税规则适用于"不允许的避税安排"（impermissible avoidance arrangement，IAA），当税务稽查人员发现纳税人的行为属于这种避税安排时，就要向税务机关主管领导汇报，后者确认后要向纳税人签发通知，说明纳税人的行为已构成 IAA；此时，纳税人就要进行举证，说明自己的经营行为具有商业目的，并不是主要为了税收利益；如果税务机关不认可纳税人的举证说明，就要将案件提交给一个审核小组（approving panel），若该小组经过审核后拿出同意的意见，就要通知纳税人和税务机关，然后再由税务稽查人员对纳税人下达反避税的指令。

8.2.8 墨西哥

墨西哥是在经合组织发布应对 BEPS 的行动计划后才在 2020 年 1 月引入一般反避税规则的。墨西哥的《联邦财政法典》第 5-A 条规定，税务机关在正常的审计中有权对纳税人缺乏商业理由（business reason）但取得了直接或间接税收利益的合法交易进行重新描述和定性，并否定纳税人取得的税收利益，也就是要对纳税人进行纳税调整和补税。但法律规定，在对纳税人使用一般反避税规则之前，需要得到一个特别委员会的授权，该委员会由财政部和税务局的人员组成。税务机关在审计结束后对交易进行重新定性之前要通知纳税人，以便纳税人对自己交易行为的商业理由进行辩解。如果特别委员会在两个月内没有授权税务机关，则说明它没有发现纳税人有逃避税行为，因而税务机关就不能对纳税人采取行动。

从上述国家的实际做法和经验来看，一般反避税规则赋予了税务机关较大的权力，如果没有这种权力，税务机关在反避税斗争中就可能处于被动地位，但如果这种权力不被束缚，也会给纳税人带来一定的困扰。所以，很多国家在税务机关和纳税人之间再加进一个中间环节，其名称可能各异，但都是有各方人员加入的比较中立的组织，这个中立的组织对纳税人的行为最终做出判断和决定。如果只由税务机关一家说了算，就有可能出现反避税扩大化的趋势，从而增加纳税人税收环境的不确定性。此外，还有一些国家对纳税人的避税行为也给予一定的行政处罚，这就大大增加了纳税人避税的成本，这对其避税行为可以产生较大的威慑作用。

8.3　我国一般反避税的管理办法

2014 年，国家税务总局发布《一般反避税管理办法（试行）》（国家税务总局令 2014 年第 32 号，以下简称《管理办法》），对在实务工作中执行一般反避税规则做出了明确规定。《管理办法》明确了不适用一般反避税规则的领域，包括转让定价、成本分摊、受控外国企业、资本弱化，它们适用于特别纳税调整范围（特别反避税规则）；另外，受益所有人、利益限制等税收协定执行范围的避税问题应当首先适用税收协定执行的相关规定，也不适用一般反避税规则。《管理办法》强调一般反避税的管理应当以具有合理商业目的和经济实质的类似安排为基准，按照实质重于形式原则加以实施。具体的反避税方法（调整方法）包括：①对安排的全部或者部分交易重新定性；②在税收上否定交易方的存在，或者将该交易方与其他交易方视为同一实体；③对相关所得、扣除、税收优惠、境外税收抵免等重新定性或者在交易各方间重新分配；④其他合理方法。

由于一般反避税管理针对的是纳税人不具有合理商业目或经济实质、以获取税收利益为唯一目的的滥用税法行为，而这种行为的隐蔽性较强，争议性也较大，即老百姓所说的"公说公有理、婆说婆有理"，所以解决起来比较复杂且政策性较强。因此，《管理办法》制定了一整套缜密的管理流程，特别是一般反避税的立案权和结案权均属于国家税务总局，以防止基层税务机关的误判和随意性。

8.3.1　立　案

一般反避税的案源来自各级税务机关的实际工作，如企业所得税汇算清缴、纳税评估、同期资料管理、对外支付税务管理、股权转让交易管理、税收协定执行等。主管税务机关在实际工作中发现企业存在避税嫌疑的，要层报省、自治区、直辖市和计划单列市（以下简称"省"）税务机关复核同意后，报国家税务总局申请立案。省税务机关应当将国家税务总局形成的立案申请审核意见转发主管税务机关。国家税务总局同意立案的，主管税务机关才能实施一般反避税调查。

8.3.2　调　查

主管税务机关在实施一般反避税调查时，应当向被调查企业送达《税务检查通知书》。被调查企业认为其安排不属于一般反避税管理范围的，应当自收到《税务检查通知书》之日起 60 日内提供下列资料：①安排的背景资料；②安排的商业目的等说明文件；

③安排的内部决策和管理资料，如董事会决议、备忘录、电子邮件等；④安排涉及的详细交易资料，如合同、补充协议、收付款凭证等；⑤与其他交易方的沟通信息；⑥可以证明其安排不属于避税安排的其他资料；⑦税务机关认为有必要提供的其他资料。企业因特殊情况不能按期提供的，可以向主管税务机关提交书面延期申请，经批准可以延期提供，但最长不得超过 30 日。主管税务机关应当自收到企业延期申请之日起 15 日内书面回复。逾期未回复的，视同税务机关同意企业的延期申请。企业拒绝提供资料的，主管税务机关可以按照《税收征管法》第三十五条的规定进行核定。

主管税务机关在实施一般反避税调查时，可以要求为企业实施筹划安排的单位或者个人（以下简称"筹划方"）提供有关资料及证明材料。一般反避税调查涉及向筹划方、关联方以及与关联业务调查有关的其他企业调查取证的，主管税务机关应当送达《税务事项通知书》。主管税务机关在审核企业、筹划方、关联方以及与关联业务调查有关的其他企业提供的资料时，可以采用现场调查、发函协查和查阅公开信息等方式核实。需要取得境外有关资料的，可以按有关规定启动税收情报交换程序，或者通过我驻外机构调查收集有关信息。涉及境外关联方相关资料的，主管税务机关可以要求企业提供公证机构的证明。

8.3.3　结　案

主管税务机关根据调查过程中获得的相关资料，自国家税务总局同意立案之日起 9 个月内进行审核，综合判断企业是否存在避税安排，形成案件不予调整或者初步调整方案的意见和理由，层报省税务机关复核同意后，报国家税务总局申请结案。主管税务机关应当根据国家税务总局形成的结案申请审核意见，区分下述情况进行处理：①同意不予调整的，向被调查企业下发《特别纳税调查结论通知书》；②同意初步调整方案的，向被调查企业下发《特别纳税调查初步调整通知书》；③国家税务总局有不同意见的，按照国家税务总局的意见修改后再次层报审核。

被调查企业在收到《特别纳税调查初步调整通知书》之日起7日内未提出异议的，主管税务机关应当下发《特别纳税调查调整通知书》。被调查企业在收到《特别纳税调查初步调整通知书》之日起7日内提出异议，但主管税务机关经审核后认为不应采纳的，应将被调查企业的异议及不应采纳的意见和理由层报省税务机关复核同意后，报国家税务总局再次申请结案。被调查企业在收到《特别纳税调查初步调整通知书》之日起7日内提出异议，主管税务机关经审核后认为确需对调整方案进行修改的，应当将被调查企业的异议及修改后的调整方案层报省税务机关复核同意后，报国家税务总局再次申请结案。

主管税务机关应当根据国家税务总局考虑企业异议形成的结案申请审核意见，区分下述情况进行处理：①同意不应采纳企业所提异议的，向被调查企业下发《特别纳税调查调整通知书》；②同意修改后调整方案的，向被调查企业下发《特别纳税调查调整通知书》；③国家税务总局有不同意见的，按照国家税务总局的意见修改后再次层报审核。

8.3.4　争议处理

被调查企业对主管税务机关做出的一般反避税调整决定不服的，可以按照有关法律法规的规定申请法律救济。主管税务机关做出的一般反避税调整方案导致国内双重征税的，由国家税务总局统一组织协调解决。

被调查企业认为我国税务机关做出的一般反避税调整，导致国际双重征税或者不符合税收协定规定的，可以按照税收协定及其相关规定申请启动相互协商程序。

图书在版编目（CIP）数据

避税之盾：税务机关反避税解析/朱青编著. --
北京：中国人民大学出版社，2023.4
ISBN 978-7-300-31593-5

Ⅰ.①避… Ⅱ.①朱… Ⅲ.①避税-基本知识-中国
Ⅳ.①F812.423

中国国家版本馆 CIP 数据核字（2023）第 063354 号

避税之盾：税务机关反避税解析
朱　青　编著
Bishui zhi Dun：Shuiwu Jiguan Fanbishui Jiexi

出版发行	中国人民大学出版社				
社　　址	北京中关村大街 31 号		**邮政编码**	100080	
电　　话	010 - 62511242（总编室）		010 - 62511770（质管部）		
	010 - 82501766（邮购部）		010 - 62514148（门市部）		
	010 - 62515195（发行公司）		010 - 62515275（盗版举报）		
网　　址	http://www.crup.com.cn				
经　　销	新华书店				
印　　刷	涿州市星河印刷有限公司				
开　　本	890 mm×1240 mm　1/32		**版　　次**	2023 年 4 月第 1 版	
印　　张	10 插页 2		**印　　次**	2023 年 4 月第 1 次印刷	
字　　数	229 000		**定　　价**	68.00 元	